走向美好

徐州大马路小学
教师自主成长团队纪实

张艳　刘杰　主编

南京师范大学出版社
NANJING NORMAL UNIVERSITY PRESS

图书在版编目(CIP)数据

走向美好:徐州大马路小学教师自主成长团队纪实/张艳,刘杰主编.—南京:南京师范大学出版社,2018.12

ISBN 978-7-5651-3956-7

Ⅰ.①走… Ⅱ.①张…②刘… Ⅲ.①小学教师-师资培养研究Ⅳ.①G625.1

中国版本图书馆 CIP 数据核字(2018)第 287902 号

书　　名	走向美好——徐州大马路小学教师自主成长团队纪实
主　　编	张　艳　刘　杰
责任编辑	翟桂叶
出版发行	南京师范大学出版社
地　　址	江苏省南京市玄武区后宰门西村 9 号(邮编:210016)
电　　话	(025)83598919(总编办)　83598412(营销部)　83598297(邮购部)
网　　址	http://press.njnu.edu.cn
电子信箱	nspzbb@163.com
照　　排	南京理工大学资产经营有限公司
印　　刷	江苏徐州新华印刷厂
开　　本	718 毫米×1 000 毫米　1/16
印　　张	15
字　　数	253 千
版　　次	2018 年 12 月第 1 版　2018 年 12 月第 1 次印刷
书　　号	ISBN 978-7-5651-3956-7
定　　价	58.00 元
出 版 人	彭志斌

于永正们：大马路小学的教师发展之“道”（代序）

国家督学　成尚荣

中国小学语文界出了一个名师、语文教育家：于永正。于永正是从徐州市大马路小学走出来的。于永正为大马路小学增添了无限的光彩，更为重要的是，为大马路小学注入了巨大的活力，酿就了名师成长的文化基因。

2017年，于永正老师走了，离开了我们。大马路小学在沉痛悼念的同时，自然发出一个共同的呼唤：于永正们在哪里？其实，他们早就有了积极而实在的应答：我们跟随于老师的脚步，走向远方。于是，像于老师那样做教师，像于老师那样教语文，像于老师那样教儿童，成了大马路小学名师成长的密码。

于永正们，一个多么自豪而又自信的名字。这是一个集体的称号，一个承继、弘扬优秀传统的共同愿景、共同追求和共同行动。

大马路小学为于永正老师创造了成名成家的良好生态，如今这一生态在延续、在优化，又为于永正们的成长搭建了平台。于永正和大马路小学，于永正和于永正们，形成了相互关联、积极互动、互为对话的关系，如一股意义之水在流淌，如一张意义之网关照每一个人，这股意义之水、这张意义之网就是文化。大马路小学教师专业发展、名师成长之道，说到底是文化之道。

张艳校长对学校教师自主发展、名师成长进行了认真梳理、深入总结、精心提炼，并用一个短语来表达：走向美好。走向美好，正是大马路小学教师队伍建设的价值愿景和价值立意。走向美好，意味着教育是美好的，课程教学是美好的，孩子们是美好的，教师们是美好的，幸福的。这一价值愿景、价值立意，告诉大家，教师，无论是年轻教师，还是中老年教师，无论是普通教师，还是优秀教师，都是在过一种教育生活，美好的、幸福的生活，同时让孩子们也在过一种童年生活，同样是美好的、幸福的。实践证明，教育生活以及其他生活都是美好的、幸福的，这样的生活才会酿造出优秀教师、名师。您看，于永正老师不是那么有生活的情趣吗？这是其一。

张艳校长还提炼了第二条，即让教师在自组织中成长起来。学校提出，“让每一位教师看见成长的自己”,“创建教师发展的自组织系统,实施个性化教师培养”。特别有创意的是为新入职和新调入的教师组建了“成长小分队”,其中,有学科团队、年级团队。自组织,调动了每一个教师专业发展的自主性、积极性。小分队具有相对独立性,具有较强的灵活性,因地制宜,因人而异;小分队有特别的战斗力,让教师在团队中学会合作,学会帮助,学会分享;不同的小分队,形成了学校教师专业发展的共同体,逐步建构起一种范式。在小分队中成长起来的教师才可能是于永正们。这是其二。

在读经典、实践、思考、写作的成长路径中,大马路小学还力求有突破,那就是让优秀教师从经典著作的阅读中,从教学的反思中,通过写作,提炼出自己的教学主张。所谓教学主张,就是让教学的核心理念进一步聚焦,使之学科化、教学化,体现自己的教学特色,并使教学特色概括、提炼,产生一次新的跃升。像特级教师、全国教学名师刘杰所凝练的“构造语文能力课堂,促进儿童生命成长”,吴音昊凝练的“尚美启智,达情立人”,像高乃国老师的“体验式数学”,孟凡英老师的“问题驱动,深化思维”,袁晋老师的“手脑同构,做思共生”……彰显了理念的前瞻、深刻,且有较强的操作性,个性较为鲜明。教学主张好比一个切口,让教师研究深入;又好比“发酵剂”,使核心理念和教学特色掘深、拓展、优化,引起其他一些变革;还好比一个新平台,让教师站得更高,瞭望得更远,与更广阔的世界对话,与自己的内心进行更深刻的对话。大马路小学的这一策略是正确的、有效的。这是其三。

还可以有一些其他方面的概括、提炼,总之,大马路小学的经验还是相当丰富的。这本集子,是大马路小学教师自主成长团队的纪实,像一座花园,百花齐放,和而不同。这是一幅优秀教师成长图谱,从里面我们看到了于永正老师的影子,看到了于永正们成长的未来,看到了他们正在走向美好,走向更灿烂的明天。

此时,于永正老师好似站在我们面前,微笑颔首,他看到一个个教师向自己走来,又走向孩子,又带领孩子向前走去,一定会伸出大拇指说:“大马路小学,好!”

是的,我们祝福你,大马路小学!我们祝福你们,大马路小学的教师们!

在优秀的超越中走向美好（前言）

徐州市大马路小学　张艳

春秋代序，岁月轮回。始建于1939年的大马路小学，穿越80年的岁月时空，沉积了深厚的人文底蕴，一直被看作徐州传统文脉与现代文明沟通的地理坐标和文化符号。全国著名特级教师于永正先生，特级教师张苗、刘杰、孙敏、吴音昊……大马路小学名师辈出，代际传承，教师队伍建设成为学校的最大亮色。

在长期的教育实践中，学校积极应对教师发展中存在着的功利性、被动性、同质化现象，立足于教师专业发展系统的相互协调、动态平衡和协同共进，使教师队伍建设走向了一个新阶段，引导教师"在优秀的超越中走向美好"。优秀是可贵的，而美好是一种境界，是一种行进着的姿态，是不断的超越与突破，是在一路追寻美好的过程中的积蓄与蜕变。"美好"已然成为大马路小学教师发展的主题词。

一、生命自觉，寻找教育人生的意义，开发教师的精神源泉

我始终认为，教师的成长问题，说到底是在培育教师的生命自觉意识。教育是以自身发展和完善为直接目的的教育活动，教师具有自主发展、自觉发展的意识，以积极、自觉的心态促进自身和学生的生命发展，才能够创造性地融于教育环境，从而在面对各种教育情境、教育问题时能够独立做出分析、判断和选择。可以说，教师的生命自觉是教师成长的根本密码。

近几年来，学校推行了旨在培育教师生命自觉意识的系列活动：

阅读经典：阅读是一种精神需要。在阅读中，能够感受平凡的美好，能够遇见更好的自己。我们倡导教师从经典中寻找自己的榜样，并且知觉到与榜样的相似性，从情感或认知上相信自己也能够做到这些事情并且付诸行动，从而产生自我效能感而不断向前，勇于超越。

教师叙事：故事是能够打动人心的最佳教育方式，校园是充满"故事"的地方。校园里，课堂上，教师们的教育故事朴实温馨，但又让人刻骨铭心。故事能够嵌入

教师特定领域的情感世界，从而激发教师形散而神不散、意境深邃的拳拳之心、殷殷之情。教师们在教育叙事与表达中，生命的过程得以展开，那些美好的情感和内生的力量也成为内在生命的一部分，是一个与生命共生共融的过程。

树立榜样：在教师中树立典型，让教师自己发现身边的榜样。尊重、关心、信任每一位教师，对教师提出一系列教师专业发展的价值理念，让规范与自由沟通，让理解与发展融合，让智慧与创新共舞。

一系列活动培养了具有生命自觉意识的教师，让大马路小学的教师们呈现出独特的气质：爱岗敬业，知性平宁，好读善思，执着勤勉。为了设计好一次研学互动，教师们放弃休息时间，一次次到博物馆研究教育主题，规划路线。为了设计好校本课程，教师们最先想到的是调研学生的需求，倾听学生的心声，把“尊重”化作具体的行动，把爱学生的热情转化成智慧。教师们坚守自身的专业尊严，内省不疚，守住了为师的良知，也守住了学生的希望。

二、名师传承，让优秀传统成为“现在时”“未来时”，弘扬大马路小学的优良“家风”

春华秋实八十载，一代代教育者在大马路小学辛勤耕耘，留下了“五重教学”“蹲下来看学生”“自主习得课堂教学模式”“六小德育活动”等丰厚的教育思想财富。苏教版小学语文教材主编张庆先生在这里度过了少年时光，全国著名特级教师于永正成为这所学校杰出的教师代表，特级教师张苗也是从这里成为德育教育专家的。进入新世纪以来，学校在浓郁的人文氛围的影响下，又有一批名师成长起来。目前，大马路小学培养了在职正高级教师 1 名、特级教师 3 名（语文学科刘杰老师，数学学科孙敏老师，音乐学科吴音昊老师），省市区级名教师、学科带头人、骨干教师 57 名。

80 年的办学历程，每一位教师始终坚守对学生的“爱”与“尊重”，把生命的阳光播洒到每一位学生的心田。正如于永正老师所说的：“尊重是教育的第一原则。要尊重学生的人格，尊重学生的差异。有了尊重，学生才会舒畅、活泼、健康地成长。老师脸上阳光，学生脸上才会灿烂。教育是影响，是唤醒。我深信‘身教’的力量。‘言传’可以奏效一时，榜样却能影响一生。”于永正老师的徒弟、全国“万人计划”教学名师、全国优秀班主任、全国模范教师刘杰享受着做一名小学教师的职业幸福，用自己的专业智慧影响着学生的成长，带动家长的成长，也引领着学校教师团队的主动发展。传承名师精神，坚守儿童立场，锤炼教育智慧已成为大马路小学教育人的成长准则。

全体教师阅读“于永正”，共读《我的为师之道》，感受于永正老师基于儿童，为了儿童，成全儿童的教育立场。像于老师那样做教师，像于老师那样教语文，像于老师那样教儿童，教育家的思想在新生代教师的实践中闪光、延续。

开展“身边的人讲身边的事儿”，“小故事大教育”专题活动，小中见大，日常中见付出。教师们以德立身、以德立学、以德施教、以德育德。平凡虽简单，但把平凡的事情尽力做到极致又何尝不是一种伟大？

充分借助名师人格魅力和教育教学管理能力，凝聚和吸引一批优秀中青年骨干教师共同发展，形成学习共同体，提升团队凝聚力。通过名师带徒、自主学习、个别指导、个案研究、专题探讨等方式，传播先进教学理念，传授精良教学经验，促使青年教师健康成长。通过名师示范辐射作用，促进优质师资队伍快速成长，实现专业化发展。

教育的生命在于传承。在大马路小学，一代代教育人血脉中涌动的师魂、智慧得以继承与延续，而年轻一代的教师也在传承中续写着有温度、有深度的教育情怀。

三、成长分队，建立发展“自组织”，让每一位教师成为校园中最可爱的人

教师的专业发展是我从事学校管理近十年间一直用心思考并积极实践的重要课题。教师作为个体学习者，其成长与发展离不开群体以及社会大环境的影响和支持，教师应该融入群体，充分共享群体环境下的信息资源。我们认为，教师的专业学习已然不再是传统意义上的“他组织”的单一产物了，而在更大程度上是源于教师群体中“自组织”力量的促进。“自组织”，就是让有着共同专业学习需求和成长追求的教师在可支配的自由时空内，以满足专业学习为目的，自愿加入，自定计划，自主管理，自觉发展，激发自身内生的教育潜质。近年来，学校着力抓住教师专业发展的关键环节，优化顶层设计，创建教师发展的“自组织”系统，实施个性化教师的培养，针对不同教师的成长需求组建不同的团队，取得显著成效。

面对新入职和新调入的教师组建了“成长小分队”，重点开展适应型培养，实施青年教师“三二一”工程，即关注青年教师成长的三年关键期，以阅读教育专著和实施课题研究两项重点为抓手，坚持每月一次的交流汇报，以此帮助新教师明晰成长路径，缩短适应过程。

面对全体教师组建了“学科分队”和“年级分队”，重点开展提高型培养，主要依托整体把握教材活动、专题研究课、教师讲坛及阅读沙龙、课题引领等活动展开，让同学科同年级的教师根据学情有针对性地解决问题，在问题解决中共同成长。

面对一批名优教师则组建了“自主成长团队”，重点实施特色型培养，由校长和两位特级教师作为导师，团队成员每周撰写一篇千字文，每月进行一次读书交流、开展一次课堂观察活动。学校对“自主成长团队”中的成员提出了更高的要求：要在不断地读书、实践、反思中提炼出自己的教学主张，形成自己的教学风格。

因为追求一致，大家愿意走到一起，因为在团队中相互影响、相互激励，又相互支持、相互推动，每一个团队中的成员都感觉到成长的道路不孤单，所以每一个团队对大家都有着浓浓的吸引力。特别是学校教师“自主成长团队”，教师们秉持开放性的理念，不断与他人进行交流互动，成员之间相互联系、相互尊重、相互作用，通过对话来促进个体在群体环境中的交互，通过以共享、交流为主的合作方式进行专业学习。在这个过程中，每位教师实现自己的专业成长，又在积极影响着身边的教师，成为学校最具影响力的一个团队。

成长的姿态最美丽，每一个团队中的教师以阅读教育经典为载体，以课堂教学为主阵地，探索教育教学规律，提升教育科研的能力与水平，以研究的方式思考自己的教学主张，逐步走向专业化发展。校园中每一个蓬勃向上积极生长的样子都是最可爱的。

四、锻造教师成长链条，超越路径依赖，鼓励教师成为反思型的实践家

在多年关注教师专业发展的实践中，我也在思考优秀的教师应该具有一些显著的特质。一是优秀教师必然是读书人。优秀教师一定具有终身学习的意识，一定会有自己的读书计划，一定有着自己喜爱的图书。二是优秀教师必然是研究者。研究是一种意识，也是一种品质。研究教育，研究教材，研究学生。在研究中形成自己独特的教学主张和教育理念。三是优秀教师必然有着追求卓越的“自觉”。能够自觉志存高远，自觉将理论与实践相结合，自觉做到勤奋写作。这些特质，是教师自主发展的基础，也是优秀教师的重要行为习惯。

教师成长是有路径可循的，在我们学校，要重点做好三个环节。

（一）阅读原理书籍，奠定学术根基

牛顿曾说："如果我看得比别人远，那是因为我站在巨人的肩膀上。"这里的"巨人的肩膀"换一种角度而言也包括那些经典书籍。阅读原理性的经典书籍，就是站在巨人的肩膀上，拓展自己的视野，眺望远方，瞻望世界。我们鼓励教师读经典的书，读原理性的书，正是因为这些原理性的书籍揭示的是事物发展的客观规律，这些书籍奠定了教师精神及学术的根基，影响其形成专业思维方式，教师们通过对这些书籍的阅读，将其中有价值的东西吸纳、内化到自己的知识结构之中，从而使原有的知识结构得到丰富、优化和重建。

首先共读的是美国著名教育心理学家加涅的《学习的条件和教学论》和《教学设计原理》两本专著。这两本书作为美国教师职前培训的必读书，作为20世纪末科学心理学与学校教育相结合的最高成就，虽然晦涩难懂，却值得深入阅读。加涅的伟大之处在于打破学科的界限，改变了我们对于知识与技能的一贯看法，将复杂的学习活动划分为言语信息、智慧技能、认知策略、动作技能、态度五类，他指出了每一类学习必须具备的学习者自身的条件和外界环境提供的条件，并以学习理论为基础，将其与教学相结合，形成了一整套指导教师教学设计的方法体系，这对教师们的教学实践起到了重要的理论指导作用。在此基础上，教师们又集体共读了华东师范大学梁宁建博士撰写的《当代认知心理学》这本书，作者用信息加工的观点研究学习者，认为人的认知过程就是信息的接受、编码、贮存、交换、操作、检索、提取和使用的过程，他将这一过程归纳为四种系统模式，即感知系统、记忆系统、控制系统和反应系统，强调学习者已有的知识和结构对其行为和当前的认知活动所起的决定性作用。这些学习原理对于教师们了解学生的认知、掌握学习的原理、懂得学习的过程发挥了重要的作用。

我们依托"教师讲坛"活动，组织教师轮流"讲书"。每一位主讲教师经过自主研读、多方请教，尝试着将教育教学实践与教育原理相结合，深入浅出地为同伴解析教育理论。通过"自己读""同伴讲""集体议"的过程，有效地促进了教师对教育理论的吸收内化，提高了教师的专业学养。

我认为，除了集体共读，教师们还要有目的有计划地围绕某一个专题系统地读某一类书籍，对其进行深入的思考和研究。这些专题可以是研究学生的认知特点，可以是思考教师的教学行为，可以是摸索师生交流的有效策略，也可以是引导后进生的巧妙方法，等等。教师们通过阅读经典书籍，可以在教育教学中发现问题，提出问题，研究问题，不断地围绕专题系统阅读、思考实践，总结出科学的方法

来解决问题，因此，阅读经典书籍是提升教师专业水平的有效途径。

（二）加强实践反思，提升研究能力

一位专家曾经这样总结教师的专业成长：“生涯规划谋发展，理论学习是关键。实践反思天天做，深入研究出成果。名师成长自有路，注重师德看学术。”其中，实践是智慧的源泉。教师们通过学习教育原理，掌握了相关理论，最终落实到课堂，使理论指导下的实践更科学、更符合规律。

学校定期开展课堂研讨活动，围绕专题轮流上课、交流，每一位教师都积极地参与听课、研讨活动。教师们在课堂上应用所学理论大胆实践，积极探索，在改变教育教学行为中不断提升自我。高乃国老师是学校分校的校长，他始终坚持在数学教学一线，在实践中不断地探索“体验式数学”课堂的构建，不断地推出精彩的研究课型。孟凡英老师在课堂上实践反思教学问题的设计，积极探索学生数学思维培养与深化的方法，形成了自己的研究课题。王爱丽老师积极实践轻松而高效的课堂教学，认真落实以学生为学习主体的教学理念，她的课堂教学深受学生喜爱。年轻教师袁晋在科学学科教学中努力实践，积极反思如何让学生做到手脑并用，在“做中学”。王海芳老师从 2002 年到 2015 年十多年间分三个阶段做了三个课题，打造出具有个人教学特色的“顺应儿童天性的审美课堂”。教师们的自主课题研究和积极实践反思，不断促进教师自身走向专业成熟。

在实践中，教师自然会产生新的困惑和思考。如何解决新的问题呢？除了共同听课、一起研讨、请教专家，我们还提倡一种“链接式阅读”。所谓“链接式阅读”，就是在读书或者实践中遇到某个问题，想要深入研究时，就广泛地到书籍或网络中去查找相关联的内容进行链接阅读，直到把该问题研究明白才罢休。这是一种积极的实践反思。这种快速链接方式可以把注意力集中于一点：快速解决问题。例如，陈雯雯老师在指导学生写作的时候，发现学生遇到了实际困难，如何搭建适宜的支架帮助学生“跳一跳摘到桃子”？她先是上网查找维果茨基提出的“最近发展区”的相关内容，而后点击关键词“作文教学”“搭建支架”，将链接到的文章一一阅读梳理，还重点选读了华东师范大学王荣生教授主编的《写作教学教什么》中关于“功能写作”的章节以及上海师范大学吴忠豪教授主编的《从教课文到教语文》中“作文”课例的章节。陈老师广泛阅读后茅塞顿开，大受启发，在后来的教学中积极实践，上出了精彩的作文课。彭苏华老师采用合作学习的方式教学，其间也遇到了困惑。例如小组合作如何不走过场，如何发挥教师的指导作用，如何让后进的学生也能够在合作学习中得到发展，等等。百思不得其解之时，她上"知网"下载了有关"合作学习"的相关文章，阅读了华东师范大学董蓓菲写的《基于合作的有效教学策略》和日本东京大学佐藤学教授写的《静悄悄的革命》，明确了教师在合作学习中要抓住三件事：倾听、串联和反刍。然后在教学中认真了解学生的学习需求，鼓励学生"自主先学""小组合作"，引导学生自主建构，保持探究热情，为他们进一步地探寻未知世界提供基础。在这个"链接式阅读"过程中，彭老师也深度掌握了合作学习的理论与应用。

实践反思是应用所学理论的关键环节，也是教师走向专业成熟的必然途径。团队教师们在学习理论的基础上，带着思考的大脑走进课堂，对自己在教学中遇到的一个个问题不轻易放过，有针对性地踏踏实实地逐一突破，寻找规律性的东西，而后再回到实践中遵循规律、运用规律，教学更加游刃有余，课堂效率更加轻松高效，学生更加受益良多。

（三）坚持笔耕不辍，实现自我超越

如果说，阅读经典是站在巨人的肩膀上前行，建立团队是站在集体的肩膀上攀升，那么经常撰写教学反思就是站在自己的肩膀上飞翔了。正如李镇西老师所言："写作，是一个教师从优秀到杰出需要打通的最后一公里。"于永正老师也曾经说过："认真写三年教案，未必成为一个优秀教师；认真写三年教学札记，一定能成为一个有思想的老师，说不定还写出一个教育专家来。"可见，写作是一个人成才的捷径，它与实践相随，与阅读同行，与思考为伴。很多优秀教师的成长已经证明，坚持不懈地写作能够使教师由普通走向卓越，由平淡走向幸福。

为了让教师做到自主成长，学校专门建立了教师博客群。通过阅读教师们的博客，我们惊喜地发现教师们坚持笔耕不辍，在不断的写作中反思自我、阅读自我、成长自我，最终做到了超越自我。量的积累带来了质的变化，大家不仅兢兢业业，而且从工作中得到很多乐趣和成就感，更加阳光，更加积极，更加喜欢学生，更加热爱生活。爱读书爱思考的彭苏华老师，有一颗安静纯净的心灵，每一次的发言都给听众留下深刻的印象；聪敏伶俐的康倩老师，找到了成长的感觉，论文写作越来越有理论深度，教学也越来越自信；写作水平不断提升的张岚老师，博客中总是津津有味地谈到课堂上的大胆实践，潜心研究；做事尽善尽美的王银娣老师，默默无闻，心静如水，文章有着丰富的内涵；新加入团队的王海芳老师，在不断更新的博客中，我们欣赏到她的美术课堂，感受到她从工作中得到的满足感、充实

感……每一个教师都在成长，每一个教师都在辛勤耕耘的同时品味着付出与收获的甘甜，大家互相学习，互相影响，不懈努力，乐在其中。

教师的专业成长有路径可循，但在实践中，我们发现，有的教师发展得好些，有的教师进步不那么明显。原因在于，后者没有在阅读、反思、写作的成长路径上形成突破。因此，虽有路径可循还要超越路径，经由“转化”环节，把别人的经验变成自己的教学行为，让学到的理论在课堂中找到实践的落脚点。我们鼓励教师创造、突破，尊重教师们的草根式研究，定期开展“教师发展分析会”，倡导教师主动分析自身的优势、不足，发现自己的成长亮点，在与他人的交流中努力去发现、遇见更好的自己。学校每学期末组织“教师成长一点谈”活动，围绕年度发展的经验，梳理下一阶段的努力方向。正如日本教育家佐藤学先生所说，要通过对教学实践的“反思”“审察”形成教师的实践性学识来培养“反思型教师”。我们欣喜地看到，借助朝向自我的追问与主动发展的愿景，教师们正一步步地成长为反思型的实践家。

五、凝练教学主张，追求教学风格，让优秀教师成为合唱队中的领唱者

余文森教授提出：“如何让教师把优秀变成一种习惯，成为不断进步的阶梯？在教师成长中，要提倡一种‘因为优秀，所以要卓越’的积极文化，从专业的角度而言，就是要找到教师优后再发展和自我超越的生长点——教学主张。教学主张是教师从优秀走向卓越攀登的阶梯，是教师专业再发展的新的兴奋点和切入点。教学主张是培养和造就名师的金钥匙，这把金钥匙使得名师的培养有别于优秀教师、骨干教师的培养。由于新手教师经验的缺乏，对新手教师成为合格教师的培养主要体现为培训，是一种外部作用力介入的行为。而优秀教师的成长机制则较之而言发生了重大变化，由于教师经验的丰富、想法的完善，对他们的培养应该是由内向外的，应该提倡让他们总结和提炼自己的教学主张，这恰恰是名师培养的独特之处。”专家的论述也让我更加明晰了教学主张的价值与意义。我认为，教学主张是教师对教学观念的自我认识以及对教学行为所持有的见解，具有学科化和个性化的特征。教学主张代表着教师个人的教学研究方向，表明了教师个人对教育教学规律的探索和教学经验的提炼，是统摄教师所有教学行为的核心，是教师内心的方向标，对教师教学行为具有重要的引导作用和积极的促进作用。

2014 年教师“自主成长团队”建队之初，我们就提出了教师们要在成长的过

程中不断地思考自己的教学主张,要求教师们不仅要从学科的维度,更要从儿童的维度来提炼自己的教学主张。我们把教学主张的提炼作为促进教师从优秀走向卓越,进而实现自我超越的新的专业生长点。我们相信,提炼的过程就是一段引领教师深入学习和专业提升的经历。现在,几年时间过去了,在教育理论学习过程中,在不断反思的教学实践中,"自主成长团队"的每一位教师都提出了自己的学科教学主张,反映出一种个性化的表达。这既体现了他们对学科精神内涵和价值追求的理解,也体现了他们的儿童立场和视角。现在看来,虽然有些教学主张还需要不断地完善,但这个过程明显地帮助教师们将对教学本质的认识提升到了一个新的高度。

从教师提炼各自教学主张的过程来看,教学主张的提出并非只是找个概念、配个案例,而是源于教师个人对学科课程、学科教材、学科教学和学生学习的不断思考,源于教师个人对教育教学的深刻理解和对学科教学本质的精确把握。教师个人通过理论学习后,在不断的实践中积累了大量教学经验,并逐渐产生和形成了一些看法和见解,然后再经过理性的升华将看法和见解清晰化,最终形成自己的教学主张。

团队领头人刘杰老师在长期语文教学实践中一直深入思考语文教学的本质,反复阅读大量教育理论书籍,反复钻研课程标准和学科目标,对小学 6 年 12 册语文教材进行系统分析,在整体把握教材的基础上提出构建"语文能力课堂"的教学主张,认为小学生语文能力的培养是一个长期的、需要系统计划支持的教学过程。语文教学并非仅仅是知识传授,同时也是通过构建"语文能力课堂"来促进儿童生命成长。她提出语文能力课堂不能追求表面热闹,不能华而不实,而应当追求实在长效,要重视朴实厚重。刘老师系统设计了"语文能力课堂"的指标体系,探索出"语文能力课堂"教学模式,总结形成了"语文能力课堂"的教学策略,使得自己的教学主张有着深厚的理论和实践基础。

陈雯雯老师一直非常喜欢中国传统文化,经常阅读中国古代经典。陈老师发现,在中国文学作品中,常常通过具有某种特殊含义或文学意味的具体形象来表达作者的情感活动和思想认知,是以具体可感的"物象"来"立象以尽意",这是一种称为"意象"的文学艺术手法,这种"意象"是语言学习和创作的重要形式。根据对"意象"概念的理解和对语文学科性质的认识,陈老师提出了自己的教学主张——意象语文,即在语文教学过程中为了达成相应教学目的,从学生实际和教学需要出发,充分发掘教材中具有"意象"的要素,引发学生的想象和情感体验,使学生借助具体物象轻松地进入学习状态，帮助学生迅速而准确地理解文章内容以及在语言表达中有效地立象尽意。

教学主张的提出是基于个人的思考与实践，是个人对教学的理解和追求，与个人的成长经历、体验探索以及环境影响都密切关联，尤其是个人的研究意识和研究能力，更是教学主张形成的关键。在观察指导“自主成长团队”教师专业发展的实践中，我认识到，教学主张不能一蹴而就，其形成过程非常需要一个长期持续不断的课题研究来完成。

王银娣老师 2007 年被徐州师范大学录取为教育硕士，在读书过程中，她开始思考教育的本质与真谛，逐渐认识到“体验”对个体生命成长的意义，并把“体验”作为硕士论文的主题和方向，且申报了第一个“体验课题”——“小学六年级体验式作文教学的研究”，结题时完成了 5 万余字的硕士论文。在顺利完成了第二、第三个“体验课题”之后，2012 年到 2017 年间王老师又先后申报了第四个“体验课题”——“低年级‘体验式’品德养成教育的研究”，第五个“体验课题”——“品德教学中体验活动有效性的研究”，第六个“体验课题”——“在品德教学中依托体验活动实现‘学进去·讲出来’的实践研究”和第七个“体验课题”——“小学品德体验教学活动的设计研究”。同时以第七个“体验课题”研究为基础，提出了“‘全景式自主体验’德育范式的构建与实施”的构想，这一构想于 2016 年 6 月被江苏省教育厅批准为第一批“品格提升工程”项目。在这几个“体验课题”研究的过程中，王老师始终围绕“体验”这一关键概念开展深入研究，最终形成了“体验即生长”的个人教学主张。在这个过程中，王老师也成为徐州市鼓楼区名教师、徐州市青年优秀骨干教师和徐州市优秀教育工作者。

特级教师吴音昊也是通过一系列的课题研究来形成自己的教学主张的。2008 年，她先是着手于“小学音乐欣赏教学内容重构的研究”课题，思考并确立了音乐欣赏内容重构的方法；课题结题后，开始思考“以审美为核心”的教学设计，又进行了“研究指导小学生动情歌唱的方法”的课题研究，逐渐形成自己独特的音乐教学风格。为了彰显音乐教育“以美育人”的核心理念并在音乐教学中落实学生的自主学习，她又承担了国家级课题“尊重教育理念指导下的自主习得教学研究”的子课题，在长期的研究过程中逐渐形成了“尚美启智，达情立人”的教学主张。这种系列课题研究与实践的有机结合让吴音昊老师成长为江苏省特级教师。

在多年的实践中，我认识到教学主张的形成难在理论研究。这里面需要教师对自己教学主张的概念和内涵进行科学界定，需要有一定的理论基础做支撑，需要对自己的教育认知和教学经验进行系统化和抽象化，使之富有思想性和逻辑性。提炼教学主张，就是引领教师从教学实践走向教学理论，从教学思考走向教学思想。对理念的提炼与坚持，最终可以形成一种信念。这对于一线教师而言并不容易。然而唯有敢于接受这个挑战，才能使自己的理论水平和专业水平产生实质性的突破，才能真正实现自我提升和自我超越，才能真正从优秀走向卓越、从常态走向美好。

在多年的实践中，我还认识到教学主张的形成贵在实践研究。脱离实践的所谓教学主张，听上去再好也不过是昙花一现，最终经不起实践的检验。所以优秀教师对自己教学主张的认识一定要落实和体现在自己的实践和行动之中，它是一种行动研究，是为了改进和提升教学行为而进行的研究，是理论与实践有机结合的研究。这种有机结合的实践，就会成为一种理性实验，而富有理性的实验研究最终可以让教师由“教学经验”走向“教学自觉”。

我们常想，如果说大马路小学是一个合唱队，那么自主成长团队的教师们就是合唱队中的领唱者。他们拥有自己的教学主张，日常中表达着对教育的独特理解。他们在教学一线唱响优秀的旋律，美好的旋律，同时也将这旋律传递到每一个教师和学生的心灵深处，让美好得以延续与传递。

面向未来，我们清楚地知道：教师们不仅要提出自己的教学主张，更要围绕教学主张展开脚踏实地的实践研究，要在专业发展上有更高的追求，要为未来的更加优秀做充分的准备。思想有多远，教学才会走多远，人的发展才会到达多远……期待着这样的发展之路能引领我们这个优秀的团队走向更美好的教育境界！

目　录

刘杰：构建儿童生命成长的“语文能力课堂”

刘杰，本科学历，大马路小学语文教师，工作 27 年来一直担任语文教学和班主任工作。曾被评为全国“万人计划”教学名师、全国模范教师、全国优秀班主任、江苏省特级教师、江苏省名教师、江苏省劳动模范等。其科研成果曾获得江苏省教学成果二等奖，在国家、省、市级刊物发表教育教学论文 110 余篇，开设公开课、专题讲座 200 余次，个人网站“秋雨桐”上传文章 3 000 余篇，点击量 78 万余次，受到广泛关注。

教学主张：构建儿童生命成长的“语文能力课堂”。

教育格言：学生爱一个老师有多深，受其影响就有多深。

成长足迹

成长之路重得“道”

在很多人的眼中，我的成长道路是很顺利的，没有遇到什么挫折，也没有什么大起大落，先是10多年的努力，再就是近年来不断的收获。荣誉就像潮水一样涌到我的身上，全国“万人计划”教学名师、全国模范教师、全国优秀班主任、江苏省特级教师、江苏省名教师、江苏省劳动模范、江苏省先进工作者等等称号接踵而至；连续18年的年度考核“优秀”给我以鼓励；江苏省、徐州市、鼓楼区的各种奖项荣誉等，我也总是很幸运地被优先考虑到。同事们说：“刘杰，你真顺！”是啊，这些年的确很“顺”：班级管理游刃有余，课堂教学得心应手，教育科研驾轻就熟，荣誉奖项不期而至……但是细细回顾前面20几年里，我也是逐渐蜕变、慢慢成长起来的。

一、明确发展目标，走上成长之“路”

1992年参加工作，第一次的学校汇报课，我上了“瀑布”一课，认认真真地备课，糊里糊涂地上下来，同事们都对我这个“刚参加工作的年轻教师”另眼相看，校长也说：“小刘杰，你真行！”听到这样的评价，我喜不自胜，更加努力地工作，浑身有使不完的劲儿。没多久，区里来检查工作，学校竭力推荐我上公开课展示一番，年轻的我贸然选了《十里长街送总理》，结果上得很失败。一位听课的领导毫不客气地说：“连基调都没把握住！”一句话把我打到“无底深渊”，学校再也不敢让我“展示”了，我也不再奢望领导能“看到”我，就这样“沉默”了6年。在这6年里，我带了3个毕业班——这在年轻教师中是很少见的，我只是凭着自己的良心踏踏实实把学生带好，在教师当中属于“认真、能干、能拼”的类型。

1998年9月，新任业务校长徐善俊找到我，问我是否愿意申报徐州市鼓楼区教学能手，我大吃一惊，鼓楼区教学能手？我？这是我想也不曾想的。学校里的几个“能手”，一直令人仰慕，可望而不可即。看着徐校长期待的眼神，我嗫嚅地说：“我……什么都没有呀？”他很惊讶：“你什么都没有吗？公开课、文章都没有？”我惭愧万分，有点交白卷的感觉，突然之间就下定了决心，说了一句：“徐校长，您给我一年时间，我明年一定申报！”徐校长笑着点头说：“好，我等着！”

为了这份承诺、这个目标，我开始拼命买书、读书，在书籍中寻找写作的灵感。教育教学的书太多了，真不知道应该读什么书，我只是凭着自己的兴趣盲目地阅读。我先后读了《课堂教学心理学》《给教师的一百条建议》《语文教学艺术》《教育漫话》等，各种教育教学杂志也都拿来翻一翻。边读边琢磨：“这和我的工作有没有联系？能不能让我写点东西？”我看呀，写呀，课余时间都用来读书、写作、投稿，熬得很辛苦。

明确的发展目标，强烈的成长意识，点燃了我潜藏在内心的“超能量”，就像拉满了弓的弦把箭朝着目标飞射出去，势不可挡。我没有食言，1999 年里，我一共发表了 11 篇文章，虽然刊用的杂志大多不是什么高级别的刊物，但是对我这个从没“开张”的人来说，却是极大的鼓舞。1999 年 3 月，我的第一篇文章发表于《省实验研究》(即后来的《小学语文研究》)，编辑打电话到学校告诉我要用稿子时，我恍若听到了“天籁之音”，从接到通知、等待发表到拿到稿费的那一段时间，始终处于亢奋状态，激动得无以言表，捧着自己的文章一读再读。在当时，普通教师发表文章在学校里是一件惹眼的大事，因此幸运的事情就接踵而来，学校再次“看到”了我，区教研室也“看到”了我，先是论文在区里获一等奖，接着比赛课获得一等奖，又在鼓楼区召开的两次大型教学研讨会上执教了公开课。顺理成章地，我被评上了鼓楼区学科带头人，超额完成了成为鼓楼区教学能手的目标。从那以后，我就养成了一个习惯——不断地给自己树立切实可行的目标，一个一个去完成。例如：要在一个月的时间里重点阅读若干篇文章，要在一个学期内深入开展若干项班主任工作，要在一年里发表 3—5 篇高质量的文章，要在两年内让作文教学有所突破……长期目标也好，近期目标也好，都按照计划有目的有步骤地进行，在实现一个个目标的过程中，我渐渐走上成长之路，渐渐成长起来。

回想成长之初，我要特别感谢徐校长！没有他的鼓励和提醒，我可能还处在茫然的状态。由此我想说：亲爱的领导们，每一个教师都有发展的潜质，都渴望得到肯定和欣赏，请小心呵护年轻教师的工作热情，在他们遇到困难、遭遇失败的时候，多用期待的话语鼓励他们，他们就会动力十足地不断进步。学生如此，教师也如此！我更想对年轻的同行们说：每个人都不会一帆风顺，即使当你受挫的时候，也一定不要放弃自己的目标。朝着目标不断挺进，你就能够挖掘出自己的潜能，迸发出巨大的能量，从而走上成长之路！

二、智者不断引领，拓宽成长之“路”

“和什么样的人在一起，就会有什么样的人生。和勤奋的人在一起，你不会懒惰；和积极的人在一起，你不会消沉；与智者同行，你会不同凡响；与高人为伍，你能登上巅峰。爱情、婚姻如此，家庭、事业也如此。”——这是我在成长历程中体验相当深刻的一段话。“问渠哪得清如许，为有源头活水来”，不断地接近高人和智者，不懈地读书和学习，就会在自己的心灵中注入源头活水，发现美丽而广阔的风景。

2001 年 9 月 18 日，我正式拜于永正老师为师，从那以后，我的成长得益于师父的一路引领。他曾经欣然在我的教学随笔本上写下了这样一段话：“写三年教案，未必能成为一个优秀的教师；写三年教学札记，说不定能写出一位教育专家来。”自此我就养成了做“思维体操”的习惯。2001 年 12 月，我代表鼓楼区参加徐州市语文优质课比赛，于永正老师和王晓虹师姐手把手地教我，一点点地指导我，最后获得了徐州市一等奖的好成绩！2003—2006 年，我参加了王铁军教授主持的江苏省重大课题“名校长名教师成长机制的研究”的课题组，负责子课题“特级教师于永正成长的实践研究”，我写了近 3 万字的研究报告，研究成果先后刊登在《小学语文教师》《湖南教育》《中国教师报》上。2007 年，我被评为江苏省特级教师，于老师向我祝贺的同时语重心长地说：“一定要带好自己的班，让学生喜欢你，让家长满意，否则什么名师都不是！”这句话一直铭刻在心，所以工作 26 年的我一直都在担任班主任工作，踏踏实实地在一线努力工作。2012 年是于老师从教 50 周年，作为徒弟，我有幸与师父同台执教，课后于老师握着我的手说：“刘杰，你的课上得不错！上得不错！”2013 年 6 月，我参加南京师范大学特级教师高级研修班时与于老师偶遇，他在讲座中，特意请我读下水文《冯骥才》，我的朗读给与会的教师留下了深刻的印象，于老师满意地说：“找你读，读对了！”从那以后，我迷上了朗读，每每给年轻教师做朗读示范的时候，我总是想着于老师的朗读艺术。2016 年初，我去看望病中的于老师，他在病床上还跟我兴致勃勃地聊他上的《那片绿绿的爬山虎》中关于小纸条的设计，聊到高兴处，喜不自胜，手舞足蹈，就像一个小孩子。2017 年 12 月 8 日，于老师永远地离开了我们，我们心里都很难过！我深知，唯有不断地传承和发展于老师的教育思想和教学艺术，做好江苏省基础教育前瞻性教学改革实验项目——“于永正‘儿童的语文’教学思想实践研究与创新推广”工作，才是对他老人家最好的回报！

在我的成长之路上，还有一位老师改变了我的成长轨迹，引领我从经验型教师走向研究型教师，不断高位发展。他，就是徐州市教育科学研究所前所长郑飞。印象最深的是2002年，我有幸聆听了郑所长“教师专业化发展”的专题讲座，他说：“教师首先应该是一个教育工作者，其次才是学科教师。在师生共同度过的这一段生命的过程里，要珍惜这种交往。影响学生、引导学生、帮助学生感受生活的美好，获取发展的力量。”这句话突然间“点醒”了我，让当了10年班主任开始职业倦怠的我于困惑中找到了答案。2003年，我参加江苏省重点课题子课题的研究，从研究方案、研究思路到研究成果，郑所长都给予我很大的帮助，我的研究报告受到了课题主持人王铁军教授的好评。郑所长期待地说：“我相信你一定能够成为一名特级教师！”2003—2006年，我又荣幸地加入了郑飞所长主持的江苏省“十五”规划重点课题“信息加工教学策略研究”的研究队伍。这次系统的理论学习，让我懂得，只有理论指导下的课堂，教师的教学设计、教学行为才会有所依托，学生在情感、能力、知识方面才会得到更有效的发展和提升。2007年，我被评上了江苏省特级教师，郑所长在祝贺的同时继续提出了他的期待：“我相信你一定会做一个名副其实的特级教师！”2011年的10月，我在徐州师范大学（2011年11月更名为江苏师范大学）省级农村校长培训班上做讲座，邀请郑所长给予指导。那是我第一次脱稿讲了一个多小时，郑所长做了细致的记录，总结了我的长处，更多的是提出自己的建议，使得我豁然开朗。2014年，我又被评上“全国模范教师”“全国优秀班主任”，郑所长祝贺我的同时再次期待：“我认为你一定能够形成自己的风格，总结出自己的核心理念，影响更多的教师和学生……”另外，我们学校的“名师工作室——自主成长团队”也得到郑所长的多次指导，他对我们学校如此重视教师专业发展极为赞赏，并对我这个组织者和团队中的每一个成员，都给予了高度关注和真诚的期待：“我相信大马路小学会出一批优秀的教师！你们每个人都会发展得很好！”就这样，我在这位令人敬重的智者的期待和引领下慢慢成长起来，无论是工作，还是生活；无论是做事，还是做人；无论是教育学生，还是教育孩子，亦师亦友，受益匪浅，让我少走了很多弯路，少做了很多违反规律的事，逐渐地掌握教育教学之道和做人做事之道，升华情感、提高境界、完善自我，收获了无限的充实感和价值感。

三、开展专题研究，掌握成长之“道”

2015年3月，我参加了郑飞所长组织的文心学社的学习，系统学习了古代经典——老子《道德经》一书。这对我提升认知境界具有极大的启发，让我逐渐开始从“道”的层面来理解我们的教育教学。所谓“道”，是事物的本质与规律。万事万物的存在都有其本质特性，万事万物的运行也都有其基本规律，教育教学也不例外。所谓教育教学之“道”，就是教育教学的本质和规律。学习规律，掌握规律，遵循规律，教师就会快速发展，工作就会得心应手。

要掌握教育教学之“道”，就必须不断地学习和研究。盘点我工作的 26 年，1992 年参加工作，从第二年至今一直都和课题打交道，1993 年，我参加学校教科研小组，参与了“写字教学的无劣评价”的研究；1994—1998 年，参与省级“九五”重点科研课题“教师教学技能的提高及在教学中的应用”的研究；2000—2004 年，参与国家级“十五”课题“研究型教师成长的实践研究”的研究；2002—2006 年，参与江苏省重点课题“信息加工策略”的研究；2002—2005 年，主持江苏省重大课题“江苏名校长、名教师成长机制与规律的整体结合研究”的子课题“名师于永正成长的个案研究”的研究；2006—2009 年，参与省级课题“基于信息加工原理的有效教学研究”的研究；2006—2009 年，主持徐州市重点课题“小学中高年级阅读教学中培养学生口头表达能力的策略的研究”的研究；2010—2016 年，参与国家级课题“尊重理念下的自主习得教学模式的研究”；2017 年，参与江苏省基础教育前瞻性教学改革实验项目“于永正‘儿童的语文’教学思想实践研究与创新推广”；2017 年，主持徐州市规划课题“情趣作文，自主表达”，主持鼓楼区项目“小学语文核心能力培养策略”……在一个又一个课题的参与、主持、研究中，我渐渐掌握了教育教学之道，逐渐成长起来，并逐渐形成了自己独特的教学主张——构建儿童生命成长的“语文能力课堂”，在识字写字教学、阅读教学、习作教学、口语交际教学、综合性学习的教学中注重学生语文能力的培养。

提高学生的写字能力是我一直研究的主题。毫不夸张地说，从 1992 年开始，我研究写字教学达十几年，无论外界“风吹雨打”，我始终坚持“学生一定要具备写一手好字的能力”，这是对民族文化的传承，也是引导学生陶冶情操、转变性情、养成习惯等一举多得的事情。带了那么多的班级，不断地实践研究，所以我渐渐掌握了中高年级学生写好字的规律，总结了一套学习方法，自编了一套教材。最重要的是，我教起来得心应手，学生学起来简单高效，不光不是负担，而且有很多的乐趣。按照写字教学的规律，只要一个月时间，我就可以让全班学生的字整体性地大变样。我的学生毕业了，大都能带着一手好字离开小学，有的孩子写的行楷已经远远超过了我，“青出于蓝而胜于蓝”，这令我感到幸福和欣慰。

提高学生的写作能力曾经是令我很头疼的事情。当家长问道:“刘老师,我孩子作文能力总提不高,怎么办呢?”我常常哑口无言,因为我自己也说不清楚,这份苦恼折磨着我,于是我告诉自己:学生的写作一定有规律可循,我一定要攻克这一项难题。我观察周围的教师,发现有的教师作文教学很突出,就去听他(她)的课,琢磨他(她)的教法,再用到我的实践中。我买了关于作文教学的各种杂志、书籍认真阅读,找到对我有启发的地方我就记录下来,反复实践,总结经验。新加坡一次作文考试的形式给了我灵感,袁浩老师的《小学作文教学心理研究与实践》给了我启发,同事的“作文无劣评价”的课题研究改变了我的理念……就这样,在实践前思考,在实践中体验,在实践后总结,我掌握了写作教学之“道”。再接一个新班,没多久,家长反馈最多的就是:“刘老师,孩子现在不怕写作文了!”教上一两年的,家长又会反馈:“我孩子可喜欢写作文了! 写作能力大有提高!”每一次考试,我们班学生的作文都很占优势。有的孩子甚至迷上了写作,到了初中还会打电话告诉我,他们依然在坚持写日记、写小说……

在自我不断成长的同时,我也承担着指导青年教师成长的光荣使命。作为江苏省于永正语文教学研究所成员,作为江苏省基础教育前瞻性教学改革实验项目“于永正‘儿童的语文’教学思想实践研究与创新推广”的核心成员,我带领徐州市各个县区精选出来的30余位种子教师成立了工作坊团队,带领鼓楼区20余位青年骨干组成了项目研究团队,同时还带领我校10余位教师组成自主成长团队。引领青年教师成长成了我义不容辞的责任,我们坚持践行“系统读书＋实践反思＋勤奋写作＝教师成长之路”的公式,让读书成为自主成长的前提,让实践成为自主成长的源泉,让反思成为自主成长的关键,让读书成为自主成长的捷径。同时我设计了《大马路小学名师工作室成长保险启事》,鼓励教师们注重阅读,不断实践,加强反思,笔耕不辍。当年轻教师不断报告成长的好消息的时候,我知道那是因为团队的建设依据了引领之道。有道可循,有法可依,才能帮助青年教师们不断进步和发展。

2017年12月,我被评为全国“万人计划”教学名师,激动之余,我告诉自己:这是我成长道路中的一个新的起点,我要继续踏踏实实做好自己的班主任工作和语文教学工作,要继续努力探索“语文能力课堂”的理论与实践,并认认真真带好学校乃至鼓楼区、徐州市的各个青年教师团队,这是我的做人“根本”,这是我的为师之“道”。

成长的道路,还会有许多值得探索的地方,还需要坚持走好……

教学主张

构建“语文能力课堂”，促进儿童生命成长

2011年颁布的《义务教育语文课程标准》(以下称《语文课程标准》)中提到，语言文字是人类最重要的交际工具和信息载体，是人类文化的重要组成部分。语文课程致力于培养学生的语言文字运用能力，提升学生的综合素养，为学好其他课程打下基础。新的课程标准实施以来，尽管《语文课程标准》反复强调能力培养的重要性，但在教学实践中仍然存在很多问题，这是长期以来应试教育所导致的结果。传统小学语文课堂教学依然过分注重知识传授，教学目的与过程仍然是以知识为中心，忽略能力培养，因而造成语文教学费时低效等现实问题。即便是重视听、说、读、写能力的培养，总结出一些相关策略，也是各自为“营”，相互之间没有关联和沟通，缺乏系统性，缺少整体规划，更没有形成体系，无法高效率达到语文能力发展的学习目标。

我在自己多年的小学语文教学生涯中，深刻认识到一切教育的目的都是为了促进儿童生命的健康成长，而儿童生命的健康成长，必然伴随着生活经验的丰富和学习能力的提升。要培养学生的学习能力，就必须深化课堂教学改革，必须以儿童为中心，必须做到教学的一切都是为了让儿童学会学习。在新课程背景下，经过多年的探索与实践，我探索出一整套小学生语文学习能力培养的方法与策略，并由此提出我的教学主张，即：构建儿童生命成长的“语文能力课堂”。

所谓“语文能力课堂”，指的是以培养学生语文能力为目标，以学生自主学习、合作学习和探究性学习为主要学习方式的一种教学环境，是学生主动建构、体验过程、学会学习的学习实践场所。换个角度讲，“语文能力课堂”旨在采取能力培养的教学策略以支持学生自主获得正确理解和运用语言文字的能力，最终让学生学会学习。这里面所说的“能力”，是指顺利完成学习目标或学习任务所体现出来的一种心理素质，从某个角度也可以理解为一种思维方式。这里所说的“语文能力”，特指小学生正确理解和运用语言文字的能力。这里所说的构建儿童生命成长的“语文能力课堂”，其主要内涵包括：在儿童生命成长理念指导下，以《语文课程标准》中对小学生语文能力的具体要求为标准，系统研究小学低、中、高年级不

同学段听、读、说、写能力的核心内容与构成要素，通过整体把握语文教材，分析出知识、方法与能力的关系，从而确立小学生语文能力的培养指标体系，总结出相应的教学模式与有效策略，并在实践中验证其可行性与科学性，然后再不断修正、完善，发挥其在教学实践中的指导意义，最终构建出一种有利于小学生语文能力培养的教学环境，真正在课堂上落实小学生学会学习的教学目标。

一、系统设计“语文能力课堂”的指标体系

任何教学，都离不开目标的设计。目标的设计，要有清晰的指向。“语文能力课堂”的教学目标，很明确地指向学生语文能力的培养。从现行《语文课程标准》来看，虽然涉及阅读、写作、口语交际以及综合性学习的语文能力培养要求，但比较笼统，缺乏具体的能力要素分析和目标分解，一线教师在课堂教学中很难操作，使得语文能力的培养无法清晰地落实。我认为，要构建“语文能力课堂”，首先要对小学生语文能力构成要素以及培养目标进行结构化分析。

经过多年的教学实践，我按照小学低、中、高年级三个学段制订了小学生语文能力的评价指标。各个学段听、读、说、写的能力指标体系结构大体一致。基础要求主要包括以下几个方面：听的能力——包括倾听的基础心理能力、倾听的理解能力以及倾听的综合应用能力；读的能力——包括阅读的基础心理能力、阅读的理解能力以及阅读的综合应用能力；说的能力——包括说话的基础心理能力、口语的表达能力以及口语的综合应用能力；写的能力——包括写作的基础心理能力、写作的表达能力以及写作的综合应用能力。提高的要求主要包括：语言信息的获取与筛选能力、语言信息的深度加工能力以及语言信息的组织与生成能力等等。以高年级为例，按照基础要求中听、读、说、写四个方面列出能力分类、二级能力指标、三级能力指标以及具体评价标准，具体如下表（表中内容还在继续研究和不断完善之中）。

小学高年级语文能力指标体系表

	能力分类	二级能力指标	三级能力指标	具体评价标准
信息输入系统	听的能力	倾听的基础心理能力	集中注意的心理能力 关注说话者的心理能力 交谈中尊重与理解的能力 有效记忆倾听内容的能力	专注地倾听 用心地关注 懂得尊重并能有效理解 能够正确记忆
		倾听的理解能力	准确把握说话者用意的能力 概括说话者话语要点的能力 对说话者正确有效回馈的能力	能够准确把握 能正确概括要点 能正确有效回馈

续 表

	能力分类	二级能力指标	三级能力指标	具体评价标准
信息输入系统	听的能力	倾听的综合应用能力	言语信息的识别与获取能力 言语信息的理解与记忆能力	能够正确识别与获取 能够正确理解与记忆
	读的能力	阅读的基础心理能力	喜欢阅读的心理能力 主动阅读的心理能力 良好阅读习惯的心理能力 阅读情感体验的心理能力 感受语言魅力的心理能力 有效记忆阅读内容的心理能力	非常喜欢 非常主动 每天阅读的习惯 能产生积极的体验 有良好的语感 能够正确记忆阅读内容
		阅读的理解能力	有感情的普通话朗读的能力 控制阅读速度的能力 正确理解字词句的能力 正确把握并描述文意的能力 正确把握文章顺序的能力 掌握文章基本表达方法的能力 掌握基本说明方法的能力 阅读长篇小说和文言文的能力 充分表达阅读感受的能力 对阅读内容鉴赏与评价的能力	能正确流利地朗读 能有效控制 能正确理解 能正确把握与描述 能正确理清文章顺序 能有效应用表达方法 能正确使用说明方法 能够顺利阅读 能够表达真情实感 能进行一般鉴赏与评价
		阅读的综合应用能力	积累语言素材的能力 记诵名篇名段的能力 扩大阅读面独立阅读的能力 阅读的探究性能力 阅读的批判性能力 选择课外阅读书籍的能力	有积累习惯并有一定数量 记诵 60 篇以上 不低于 100 万字 习惯性地探究式读书看报 有一定的批判思维 能根据需要及时选择
信息输出系统	说的能力	说话的基础心理能力	乐于表达的心理能力 关注听话者的心理能力 交谈中尊重与理解的能力	乐于分享自己的想法 关注信息的双向交流 自然地尊重与理解
		口语的表达能力	正确有条理地进行转述的能力 完整生动地描述事物的能力 语气语调适当的表达能力 不同观点和意见的表达能力 积极参与讨论与合作的能力 根据不同情况即兴表达的能力 自觉消除不文明语言的能力	转述正确有条理 描述事物完整生动 表达时能语气语调适当 勇于表达自己的不同观点 具有积极的合作精神 能做到一般性即兴演说 语言中没有不文明
		口语的综合应用能力	使用口语有效沟通的能力 即兴演讲与口语的感染力 利用演说说服他人的能力	能有效沟通 有一定的即兴演讲能力 能够合情合理地去说服
	写的能力	写作的基础心理能力	乐于写作的心理能力 良好观察习惯的心理能力 写作富于想象的心理能力 重视独特感受的心理能力 信息回忆提取的心理能力	非常乐于写作 有良好的观察习惯 写作富于想象 能写出自己的独特感受 能正确地回忆提取

续 表

	能力分类	二级能力指标	三级能力指标	具体评价标准
信息输出系统	写的能力	写作的表达能力	不同文体的构思能力 记事与写实的写作能力 确定主题的能力 选材加工的能力 遣词造句的能力 谋篇布局的能力 语言修辞的能力 语言条理化组织的能力 正确应用标点符号的能力 作文修改以及互改的能力 控制写作速度的能力	能正确构思并力求新颖 能轻松撰写一般记叙文 主题清楚明白 选材正确合理 能正确恰当地使用词句 能有创意地谋篇布局 能正确应用修辞润色 语言组织有条理 标点符号应用正确无误 知道基本的修改方法 有一定的写作速度
		写作的综合应用能力	关注现实生活思考写作的能力 选择写作话题的能力 访谈、调查及材料加工的能力 不同文体的写作应用能力 用影像图表等多种方式写作的能力 有效进行书面交流的能力 创意的表达能力	关注时事，习惯记录 能自我提炼写作话题 能初步查找并运用 掌握不同文体的写作方法 初步掌握多媒体写作技巧 能正确应用书面交流方式 表达有一定的创意

二、初步探索“语文能力课堂”的教学模式

所谓教学模式，是指一种理论上的逻辑框架和简化结构，也可以是教学过程的程序安排。作为结构框架，重在把握教学活动整体以及各要素之间内部的关系和功能；作为活动程序，则突出教学过程的目标设计与流程安排。教学模式的优点在于理论的应用具有可操作性，但需要注意的是课堂实践中不能机械地“模式化”。

根据对教学模式的这一理解，我在多年的语文能力课堂实践中，基于学生自主学习、主动建构的教学原则，初步探索出“以能力训练点为教学目标导向”的“语文能力课堂”教学模式，旨在通过指向学生语文能力培养的课堂教学结构和教学流程的可操作性安排，有效落实语文能力指标体系表中的各项能力指标。其特征是强调“学”比“教”更重要，“学会”比“教会”更重要，“会学”比“学会”更重要。其教学结构与教学流程的操作要点主要包括：

1. 教学设计——聚焦能力训练点

能力课堂要培养学生能力，就一定要建立在关注学生、了解学生的基础之上，这是教学设计的基本要求。关注学生学习能力培养的教学设计，既要了解学生的

已知，了解不同年龄段学生的认知特点和心理特征，也要了解学生当前的心理状态、学习需求、学生间的能力差异以及不同层次学生的学习风格等等。在此基础上，还要挖掘教材，提供材料，聚焦能力的训练点来进行教学设计。

在教学设计时，首先要有整体把握教材的意识和创造性使用教材的能力，要从整体入手，研究教材的编写特点和撰写体系，研究单元整合特点和意图，为聚焦能力的训练点找准支点。我们的语文教材是根据学生生命发展的需要精心编制的，但是，教师不能迷信教材，以教材为上，一味地陷入“教教材”的误区。其次，要整体梳理出教材中的知识点、能力点，充分运用教材资源，选择合适的教学内容，挖掘教材的使用价值，为聚焦能力的训练点对准要点。同时要认识到教材并不是教学的唯一资源，还要根据学生需要、能力分布、教材特点，对教材做适当的删减、增补、重组和整合的工作，将教材以内容、能力、文体等主题进行重新调整、有效整合，让教材真正为学生能力的提升服务。

例如，《黄山奇松》是苏教版小学语文五年级上册中的一篇课文，文章集景色美、语言美、情感美于一体，采用了比喻、拟人的修辞手法，以生动的笔墨描写了黄山奇松美不胜收的各种姿态，抒发了作者的赞叹之情。经过研读，我认为这篇文章最大的特色在于作者联想丰富。课文的第二自然段不光写了三种松树的形态，同时使用了比喻和拟人的修辞手法，展开了丰富的联想，把迎客松、陪客松、送客松的特点都写出来了。因此，我在教学设计时把能力训练点定位在“指导学生学会联想”上，聚焦此能力训练点是教学的前提，是下一步教学设计的关键。

再例如，苏教版小学语文六年级上册习作 2 的要求是：今天回家做一件事，想想爸妈平时是怎么爱你的，然后跑到爸妈面前，认真地说“我爱你”，爸妈会有什么反应呢？请把整个过程记下来，和老师同学分享。编者的意图在于让学生学会感恩，学会表达。但是经过了解，我发现并非所有学生的家庭都符合编者的预设，而是各有差异。有的家庭常把“我爱你”挂在嘴边，有的家庭却不善于表达爱，有的家庭甚至忽略彼此之间的表达。同时六年级学生，由于年龄特点和心理特征，他们也会感到害羞，甚至难以启齿。基于此，我考虑到学生写此项作文的时候，会有极为丰富的思想变化和心理活动，于是我在教学设计时把这篇作文的能力训练点聚焦在“学会写好人物心理变化”上。中、高年级学生对于心理描写已经不陌生，但是如何写好人物的心理变化，还未掌握，借此机会可以训练学生自我解读内心，写出真实感受。

2. 自主学习——习得能力训练点

能力的形成不是教师教出来的，而是学生在自主学习体验过程中自我习得的。自主学习是指学生自己做主，不受他人支配和外界干扰，完全根据自己的情况自行设计、自行计划以及自行完成的一种学习方式，它强调的是个体独立、主动自觉和自我负责的学习。自主学习是习得能力的最重要学习方式之一。学生“自主学习”环节主要是由教师给学生设置情境，设计问题，提供范例，巧妙引导，请学生通过自主学习的方式习得能力训练点。情境设置要有利于激发学生探究的兴趣，问题设计要能够引发学生的思考，范例可以来自于课文，也可以来自课外补充。此环节可通过自主探究和自主交流进行。在自主探究环节中，教师要注意给学生足够的时间，而不是走过场，同时注意个人探究和小组探究相结合，独立思考与交流讨论相结合。学生探究时，教师要走到学生中间去，参与小组讨论，倾听组员发言，随学定教，动态指导。自主交流是在自主探究的基础上进行的展示环节，学生们发表自己观点，倾听分享，互动激发，生成智慧。教师要搭建平等对话的交流平台，及时串联归纳，适时总结提升，做到“三抓三听三引导”，即抓版块、抓主线、抓“能力点”，听语病、听表达、听观点，引导学生互动、引导学生思考、引导学生交流。让学生在充分民主对话的氛围中，提升听、读、说、写和思维的能力，实现生命主动生动地发展。

以上文所述六年级上册习作2为例，写作训练点是聚焦于描写人物的心理变化，我让学生先进行自主探究与自主交流。

品味下面三个关于心理描写的片段，说说如何写好人物对话？

(1) 我的心绷得紧紧的。这怎么忍受得了呢？我担心这个年轻的战士会突然跳起来，或者突然叫起来。我不敢朝他那儿看，不忍眼巴巴地看着我的战友被活活地烧死。但是我忍不住不看，我盼望出现什么奇迹，火突然熄灭了。我的心像刀绞一般，泪水迷糊了我的眼睛。

(2) 我伸长脖子，竖着耳朵仔细静听着，焦急地盼望着能听到我的名字，可是听了半天竟然没有一个人提我。我心想：我当了四年中队长，难道这回真的被一抹到底吗？尽管我的心凉了半截，但仍然抱有一线希望，默默安慰自己不要着急，关键的时刻还没有到，说不定咱还能来个竞选连任呢！话虽然这么说，我的心里却忐忑不安。表决的时刻终于到了，我强打精神，凝神注目，可万万没有想到我居然只得了一票！我的头像挨了一闷棍，昏昏沉沉，一颗悬着的心“咯噔”一下沉了下来。

(3)唉,我和好朋友丽丽三天不说话了!真有些不习惯!起先我想:这能怨我吗?谁让她那么不讲交情的?做数学练习时,我有一道题怎么想也做不出来,她看到我抓耳挠腮的样子,竟然无动于衷!活活气死人了!我给她写了个小条子,让她给我抄得数扔给我,她竟然理也不理,还把条子交给了老师!老师批评了我一顿,还给我提了一串问题:"丽丽为什么不告诉你题目怎样做,为什么不抄得数给你?为什么把你传给她的条子给了我……"我想了三天,思想才转过弯来,原来丽丽是为我好啊!如果一个朋友满足你不正确的要求,那不是害了你吗?那还是真正的友谊吗?唉,都怪我!想到这里,我向丽丽家跑去……

学生经过探究交流,认为写好心理活动不光要注意突出文章中心,表现人物特点,还要写出心理变化,片段(1)中的心理变化是:紧张—担心—心疼—期盼—痛苦;片段(2)的心理变化是:焦急—猜测—忐忑—惊讶—低落;片段(3)的心理变化是:遗憾—埋怨—气愤—疑问—醒悟—自责。而这些变化是通过关键词句来表现的,心理变化丰富,前后衔接自然。这样,在探究交流的过程中,学生顺利地习得了描写心理变化的写作方法。经常性地进行这样的学习活动训练,学生的写作能力自然就会得到提高。

3. 变式练习——巩固能力训练点

这个环节是巩固环节,也是提升学生学习能力的重要一步。学生将习得的知识和技能进行变式练习,举一反三,是信息加工编码、存储的过程,有利于学生自主梳理,理性思考,形成新的建构,做到学有所得。这里的变式练习,要注意针对性、层次性、多样性。"针对性"指的是要针对能力训练点练习,避免盲目性;"层次性"指的是在设计练习时要注意坡度和层次;"多样性"指的是练习的形式要多样有效,让学生的知识和技能得以巩固。只有在反复练习中举一反三,巩固所得,不断强化,才能习得能力。

例如:苏教版小学语文共有五篇议论文,我尝试着将四、五年级的三篇议论文进行了整合教学,围绕"选用事例说理"这一主题,引导学生对三篇议论文进行比较与分析,采用小组合作学习的方式,探讨议论文论据的选择和使用。学生在自主探究和自主交流的基础上概括了议论文选择事例要注意"恰当"和"典型"两个要点,但是,这还是停留在"知道"的层面,还要让学生真正理解并运用。

一是当堂判断(说出自己的理由)。

判断一:

说勤奋

提出观点	举出事例	总结观点
通往理想境界的桥梁是勤奋	邻居大哥哥每天认真学习,终于考上了大学	只有一生勤奋,才能有所作为,才能对人民对社会做出应有的贡献
	同班同学小张原来成绩不好,通过努力,成绩名列前茅	

判断二:

谈礼貌

提出观点	举出事例	总结观点
礼貌待人,使用礼貌语言,是中华民族的优良传统	岳飞和牛皋问路,态度不同结果不同	学会礼貌待人,使用礼貌语言,能使人与人之间关系更和谐,社会生活更美好
	萧伯纳礼貌对待小姑娘	
	朱师傅理发划伤了周总理的脸,周总理没怪他还安慰他	

学生经过讨论后,认为“说勤奋”选的两个事例不够典型,没有代表性,不符合“典型”这一条件,而“谈礼貌”里的“萧伯纳礼貌对待小姑娘”的事例是外国人的例子,不符合“中华民族的优良传统”这一观点,违反了选用事例要“恰当”的原则。

二是研究排序(说出自己的理由)。

选择恰当典型的事例,还要注意事例的顺序,哪个事例放在前面,哪个放在后面,都是有讲究的,不能随意排列。为了让学生懂得如何“使用”事例,我请学生思考:《说勤奋》《滴水穿石的启示》《谈礼貌》三篇范文里的列举事例可以调换顺序吗,理由是什么?经过小组讨论,学生们认为:《说勤奋》的两个事例不能调换,不光是因为时间的顺序,更重要的是司马光天资聪明很容易就获得成功,而童第周基础薄弱,想要成功需要付出更多的努力,这样的排序,更能说明作者的观点。《滴水穿石的启示》三个正例可以调换,反例也可以放在正例的前面。《谈礼貌》的三个事例不能调换,因为“问路”是请教别人,这是基本的礼貌,而“踩裙事件”是妨碍了别人后还能够讲礼貌,这是一种教养,最后一个事例是“别人伤害了自己,不光不怪罪而且安慰对方”这就是一种高尚的品格、宽广的胸怀、人格的魅力了,三个事例的程度不同,逐渐加深,所以不能够调换顺序。

三是实地操练(说出自己的理由)。

小组讨论,为了证明“勤能补拙”的观点,如何选用事例?

第一步：组长把信封里的事例分别发给组员；

第二步：去掉三个不当事例，说出理由；

第三步：给恰当的三个事例排序，说出理由。

这六个事例如下：

事例一：姚明与其他 NBA 球员相比，身体条件差，在弹跳和体能方面没法和其他队员相比，他每次训练前，都要自己先练上两个小时的体能，大冬天，他的鞋子里也能倒出水来，后来成为体坛巨星。

事例二：王羲之自小聪慧过人，7 岁开始练习书法，他勤奋刻苦，经常在自己的衣服上写字，将衣服都戳破了，后来成为著名的书法家，书法作品摆脱了汉魏笔风，自成一家，影响深远。

事例三：我国第一个电子学女博士韦钰在西德进修期间，没有空暇到繁华的街头漫步，没有精力去剧场、影院欣赏艺术，一心扑在专业学习上，后来为祖国赢得了巨大的荣誉。

事例四：爱因斯坦小时候是公认的小笨蛋，笨到同学们看到他就议论纷纷，笨到老师也觉得他无可救药了。可是爱因斯坦却具有了常人所没有的意志力，他潜心研究物理学，最终成为现代物理学的开创者，被美国《时代周刊》评选为“世纪伟人”。

事例五：宋国有个农民，在田里耕地时，有一只兔子撞到树上死了，农民很开心地把兔子带回家饱餐了一顿，以后他每天从早到晚守着那棵树，坚持不懈地等候着兔子的来到，可是兔子再也没有出现过。

事例六：清朝的曾国藩是中国历史上最有影响的人物之一，他天赋不高，记忆力不好，据说有一天在家里读书，把一篇文章重复很多遍也没有背下来，他家里来了一个贼，生气地跳出来把文章背诵了一遍扬长而去。曾国藩潜心钻研学问，后来成为著名的政治家、战略家、理学家，与李鸿章、左宗棠、张之洞并称“晚清中兴四大名臣”。

学生阅读了以上材料，讨论得很热烈，经过大家商量研究，认为“王羲之”“韦钰”“守株待兔”的事例不符合“勤能补拙”的观点，最终留下了“姚明”“曾国藩”“爱因斯坦”的事例，这几个人如何排列呢？学生们再次发表不同意见，对三个事例进行了不同的排序，说出了各自的理由。

4. 实践应用——活用能力训练点

此环节重在一个“用”字，通过课堂上的训练，学生学到了知识，这还不能说“学生已经掌握了”。增加运用量是影响习得保持量的一个重要因素，要使习得的能力在尽可能多的情境中加以运用。所谓“熟能生巧”，需要学生在平常的学习中反复使用，甚至达到自动化的程度，才能够真正掌握、熟练运用，才能形成能力。

因此，紧随学习之后，教师可以提供一天或更长时间的“间隔复习”，以帮助学生新习得的能力得到保持。这种能力复习可以是分散的，也可以是集中的，相对而言，分散的练习更有利于能力的掌握。学生从运用能力的结果中接受自我反馈和教师反馈，这种练习才能发挥积极作用，因此，教师应恰当及时地对学生能力掌握给予评价，发挥强化作用，引起学生对习得的能力产生自信心，以进一步主动运用、自我反思、自主评价。

例如小学中年级要求培养学生对叙事性作品的复述能力，要求复述得清楚明白。而复述能力需要反复练习才能真正掌握，单靠一堂课两堂课是不可能提高此项能力的。在苏教版小学语文四年级上册中有八篇故事性很强的课文，都是训练学生复述的好材料，分别是：《开天辟地》《普罗米修斯盗火》《一路花香》《李时珍夜宿古寺》《维生素C的故事》《诚实与信任》《珍珠鸟》《九色鹿》。可以在学习第一个故事《开天辟地》的时候，教给学生复述的方法：熟读课文、了解大意—理清线索、脉络清晰—把握重点、选用词句—清楚讲述，有条有理。而后，遇到故事性强的其他几篇课文，都可以训练学生的复述能力。甚至到了四年级下册、五年级上册都可以延续这种能力的培养。除了利用课文的材料，平常也可以布置复述课外故事、复述会议内容、复述他人说的话等等任务，同时注意教师、同学、家长积极进行反馈评价，强化复述能力的掌握。

再例如概括说话者要点的能力，正确把握文章中心的能力，默读、略读、精读的能力，借助工具查阅资料的能力，遣词造句的能力，正确使用标点符号的能力等等，这些能力都不是一蹴而就的，也不是靠短时间的训练就能够轻易掌握的，而是要经过长期、反复、有计划地系统训练，甚至要贯穿分布到小学6年的语文学习中，才能达到活学活用的熟练程度。

5. 探究学习——拓展能力训练点

探究学习是培养学生学习能力最重要的方式之一，探究学习的本质在于让学生亲历知识产生与形成的过程，通过亲历来实现知识的主动建构，这种学习经验是他们理解科学本质与精神的基础。探究学习对学生的思维构成了挑战，有利于思维能力的培养，使学生学会独立运用其脑力劳动，它是发现“科学知识”、习得“方法能力”与形成“积极态度”的有机结合与高度统一。探究学习打破课堂教室的局限，打通课堂内外、学校内外的联系，有利于培养学生实事求是的科学精神与态度，能促进学生学会合作与交流，对于学生学会学习、终身学习和可持续发展具有重要意义。

探究学习是提出问题，做出计划探究，最终得出结论并提高能力的过程，在实践中，它看似花费时间，其实是其他学习方式替代不了的。能否通过探究学习来拓展教学中的能力训练点，关键在于鼓励学生自己探索问题，自己发现问题，自己叙述问题，自己解决问题。教师要给学生足够的时间真正地探究，探究的过程中要走到学生中间去，参与小组讨论，倾听组员发言，随学定教，动态指导，帮助学生克服遇到的困难，将学生在课内学到的知识和习得的能力拓展到课外，将学生的视野从校内延展到社会，鼓励学生生成一些有价值的、值得进一步去探究的问题，培养学生的探究思考能力、小组合作能力以及语文综合应用能力。

例如，为了提高六年级学生课外阅读能力，请学生完成《自主阅读小报告》，包括“我研究的书籍”“我研究的主题”“研究方法”“研究内容”“我的研究感受”5个方面，学生们表现了很强的研究热情，写出了详尽的研究报告，有的阅读《草房子》研究“曹文轩笔下的桑桑”，有的阅读《明朝那些事》研究“建文帝朱允炆下落之谜”，有的阅读《平凡的世界》研究“孙少平的成长史”，有的阅读《红楼梦》研究“诗词即性格”，有的阅读《福尔摩斯探案集》研究“福尔摩斯如何抓住蛛丝马迹”等等。

再例如，为了提高学生自主复习的能力，请学生自主出试卷，站在教师的角度考查同学学习情况。我按照语文学习的字、词、句、段、篇的顺序，从知识掌握、积累运用、适度拓展几个方面，给学生们讲清了要求。采用小组合作的方式，由组长抽签决定出题项目，在明确题目类型和考核要点的基础上，各小组自主探究、合作完成。试题收集上来，我发现很多学生极为用心，水平不亚于我们平常做的试卷。他们能够抓住本册书的要点，把重难点都凸显出来，既把知识巩固了一番，又能注意题目的综合性、灵活性。

三、总结形成“语文能力课堂”的教学策略

“语文能力课堂”建立在能力培养指标体系的基础上，通过前述教学模式的5个环节来落实具体的能力训练点，这样可以保证教学目标清晰，教学过程始终指向学生学习能力的培养。但是这种教学模式不能机械照搬，需要相应的教学策略支持。教学策略丰富多彩，“语文能力课堂”的教学策略有其独特性和针对性，需要在具体课堂教学实施中注意用心选择、灵活应用，以保证“语文能力课堂”对学生学习能力的培养更加富有成效。

1. 累积学习策略

所谓累积学习，指的是学习任何新的能力都需要某些先前的能力做基础，也就是说获得一种较高水平的能力必须先获得相关的其他较为简单的能力。这就意味着习得每一种新的能力，则迁移至较高级能力学习的可能性便增大，学习的累积效应是发展中的人可观察到的能力增长的基础。累积学习策略要求我们在培养学生某项能力的时候，要了解学生是否先前已经习得了相关的下位能力，如果尚未习得，就要先培养下位能力再培养上位能力，同时在教学中，一定不能忽略的是教授新的能力之前，要通过有效方式刺激学生回忆相关的下位能力，为即将掌握更高水平的新的能力打好基础。

例如小学高年级学生要具有的“倾听理解能力”，要求学生要准确把握说话者的意图并概括要点，同时给予正确有效的反馈。要达到这样的倾听理解能力，低中年级就要做好前期的能力培养，例如低年级首先要具有辨别常用词语的能力，初步感知语义的能力，初步理解他人说话主要内容的能力，到了中年级，就要培养学生倾听时具有筛选和识别重点的能力，正确理解句群语义的能力，能够准确掌握的能力等等，缺少了低中年级相关能力的培养，到了高年级是不可能达到以上要求的。再例如培养学生的默读能力，低年级要求比较低，具有不出声、不指读的能力就可以了，中年级要求初步具有默读的能力，而高年级要求默读有一定速度，每分钟不少于300字并学习浏览。初中生的要求就更高了，要求养成默读习惯，具有每分钟不少于500字的默读能力。

2. 自我认知策略

所谓自我认知策略，指的是引导学生在学习的过程中自我调节和控制的策略。学生掌握了自我认知策略，就能够自己控制自己的注意、学习、记忆、思维等，可以激活和调节自身能力的学习、保持和应用，可以学习得更好、更快、更深刻，变得越来越具有自学能力和独立学习能力。能力课堂重在培养学生自主学习、自我认知，因此，引导学生掌握此项策略极为重要，教师要引导学生理解、领会相关的能力，并创设适宜的问题情境，鼓励学生在各种新的情境中练习习得的能力，让他们自己去体验学习的过程，并教给他们“明确问题—定义表征—选择能力—执行能力—复查评估”的过程，让他们在过程体验中学会自我调控，掌握自我认知策略。

例如高年级学生要具有正确选材的能力，我以“生活中，谁最关心你？你能写一写他（她）关心你的一件事吗？”为题，请学生只写事例，经过事例的统计，关于生病照顾的占37%，关于下雨接送的占25%，关于犯错批评的占25%，自由选题的只有13%。面对这个数据，大家就“选材雷同”的问题进行讨论，认为选材“要新”——另辟蹊径，“要小”——窥一斑而见全豹。由此，学生审视自己的选材，当堂重新选材，结果59个学生有38个不同题材，《父亲的“掌”声》《走在边上的爱》《夜难安寝》《一缕发丝》《爸爸吃剩菜》《跑步减压法》《妈妈的忠告》《红领巾里的爱》等文章选材非常新颖。为了巩固学生选材能力，我们接下来的两周以不同的开放性习作题目请学生进行写人记事作文的撰写，学生们的选材能力大有提高，学生在自我判断、自我筛选、自我反馈中掌握了技能，提高了自主学习的能力。

3. 专项能力培养策略

所谓专项能力培养策略，指的是专门针对某一种能力进行训练的策略，这种专项训练目标更集中，更有针对性，也更加利于学生能力的培养。因此我设计了不同的语文课型针对性地训练学生。思考我们目前的小学语文课堂，还是以“学教材”为目的，大多采用讲读课型，主要环节为：学习生字词，朗读课文，给课文分段写段意，分析课文，品读课文，迁移拓展。习作课的主要环节为：朗读范文，分析范文，模仿范文，撰写作文。这种单一的千篇一律的课堂使得学生备感乏味，缺乏学习语文的动力，更不能有效地培养学生的学习能力。而多样的课型进行的是专项训练，是在遵循儿童发展规律、尊重儿童发展需要之上确立的，展现多姿多彩的语文课，针对性地提升学生听、读、说、写的能力。以中年级为例，有基于学习能力培养的课型：“复述能力培养课”“朗读能力培养课”“概括能力培养课”“批注能力培养课”“质疑能力培养课”等等；有注重学习方法掌握的课型：“思维导图复习课”“掌握修辞用法课”“快速查阅资料课”等等；有中年级作文专项训练课：“我会写对话”“我会写动作”“我会写花草”“我会开头和结尾”等等；还有掌握基本语言文字的课：“有趣的汉字”“词语的感情色彩”“反问句的用法”“省略号的魅力”“关联词的使用”等等。另外我还专门设计有学科融合的跨学科课型，将美术、音乐、科学、信息等多个学科与语文有机融合起来，培养学生的综合素养和综合能力。

4. 善用课外资源策略

善用课外资源指的是将学生从课内引到课外，鼓励学生去从事自己喜欢的学习和研究，实现学生真正意义上的自我构建。因为学习绝不仅限于课堂，还要延展到课外，这是生命终身的需要。语文学习中，课外的资源很多，空间很大，关键是教师要提供拓展的时空，鼓励学生自主地选择，从事自己喜欢的学习和研究，同时要关注到不同层次的学生，努力让每一个学生都能够积极参与拓展，获得不同进步。开展丰富多彩的语文活动，可以帮助学生亲身体验、积累感受、增强自信、锻炼能力。活动可以是以巩固知识、运用能力为主的课内活动，也可以是以拓展延伸、综合运用能力为主的课外活动，形式应该多种多样。

大量的阅读课外书是语文拓展的主要方式，教师要经常性地给学生推荐书籍，开展班级共读书活动以及读书交流和展示活动；也要布置有目的地查阅资料、搜集信息的作业，教给学生查找信息、筛选信息、整理信息的方法并灵活运用；系列地开展读书交流活动，带学生外出参观、游览、访问，广泛接触社会、自然。此外在班级开展学生喜闻乐见的多种比赛，新闻发布会、辩论会、课本剧、写字比赛、作文比赛、朗读比赛等等，这些都是语文教师提升学生能力必不可少的教学工作。但是，开展活动要避免盲目性、随意性，需要教师全面规划，精心设计。根据学生年段年级特点和能力达成指标，全面考察学校周边资源、学校节假日活动，兼顾社会知识、自然知识等，使活动系列化。同时，也要精心设计每一次活动，做到目的明确，过程清楚，不仅仅激发学生的兴趣，使其积极参与，活跃身心，更要使学生能增长知识、提升能力、提高素养。要尽可能发挥每次活动的最大作用，使活动效益最大化，充分利用每次活动的资源，让学生在活动中得到多方面的发展。而活动后的指导是巩固和提升活动成效的关键，请学生们以小组为单位展开讨论，谈谈活动中的亲身感受，总结自己在活动中的不同收获，而后以书面形式上交作文、调查报告、研究心得、语文小报等成果，在分享成果、评价互动中引导学生进一步提升，让活动的开展做到善始善终、有头有尾。这样的活动，锻炼的是学生的综合能力，提高的是学生的核心素养。

综上所述，尊重儿童生命成长的内涵，遵循儿童学习的规律，系统设计“语文能力课堂”的能力指标体系，通过“语文能力课堂”教学模式和教学策略的有效应用，努力构建“以能力训练点为教学目标导向”的“语文能力课堂”，最终促进儿童能力的发展、素养的提高和生命的成长！这就是我的“语文能力课堂”的价值与意义。

课堂实录

（本课为徐州市小学课程建设会公开课）

文体整合，适度拓展，落实能力

——“议论文‘如何选用事例说理’”课堂实录与评析

执教：刘杰　评析：彭德正

【说明】

苏教版小学语文共有五篇议论文，我围绕“如何选用事例说理”这一主题，引导学生对《说勤奋》《滴水穿石的启示》《谈礼貌》三篇议论文进行比较与分析，采用小组合作学习的方式，探讨议论文论据的选择和使用。旨在遵循学生的学习规律，引导学生积极参与语文活动，促进学生真正地学习语文，提高综合素养，锻炼思维能力。

一、表演引出话题，聚焦研究重点

课堂伊始，两位同学表演如下场景。

甲同学（自信）：今天发生的这件事，我的观点是小王做得不对！

乙同学（疑问）：为什么？

甲同学（不讲理的语气）：小王就是不对，没有为什么！

乙同学（追问）：请你说出你的理由！

甲同学（声音更高了）：我没有理由！我的观点就是对的！你必须相信我！

乙同学（问学生）：同学们，我能同意他的观点吗？

学生回应乙同学：不能同意，因为他没有理由！

师：感谢两位同学精彩的表演，看来，说理非常重要，和别人交往要学会说理。我们学习的议论文也是通过事例来说理，我们今天就来研究研究议论文“如何选用事例说理”，好吗？

生：好！

评析：情境学习理论认为，学习不仅仅是一个个体性的意义建构的心理过程，更是一个社会性的、实践性的参与过程。上课伊始，刘老师就让学生置身于一个有争议的生活情境中。这样的导入设计更能引起学生的思考，激发学生学习的兴趣。刘老师的导语顺势引出了教学的重点，又让学生感觉到今天的学习对他们的生活是有意义的。

续 表

二、板块逐渐推进，小组真正合作

1. 梳理事例，概括要点。

师：昨天同学们提前完成了预习单，现在请同学们拿出预习单，汇报一下你昨天的学习成果。

（几位学生汇报下表，答案不统一，意思大致相同）

师：同学们预习得很充分，你们看，每一篇课文都围绕观点举了事例，我们下面就来聚焦事例。请小组讨论，通过学习这三篇议论文，你们认为选择事例要注意哪几点？

（各个小组的同学讨论）

生：我们第二小组认为，作者选择了古今中外的名人的事例，这样的事例更有代表性、说服性，更好地证明了作者的观点。

生：经过讨论，我们第三小组认为作者在选择事例的时候，会特别注意扣住自己的观点，事例选择得准确恰当。

生：我们小组认为，作者为了证明自己的观点，有时候也会举出反例反面论证，这样论述更为严密。

师：（赞赏）好！同学们非常善于总结，从这几篇议论文的事例能够找到议论文举例子的鲜明特点，真了不起！

（板书：恰当、典型）

2. 判断事例，说出理由。

师：同学们，你们仅仅认识到选择事例要“恰当、典型”，这还远远不够，这还是停留在“知道”的层面，还要真正理解并运用。请你判断以下事例是否恰当、典型，我给“说勤奋”和“谈礼貌”换了事例，请做出判断，说出理由。

课件出示：

说勤奋

<table>
<tr><th>提出观点</th><th>举出事例</th><th>总结观点</th></tr>
<tr><td rowspan="2">通往理想境界的桥梁是勤奋</td><td>邻居大哥哥每天认真学习，终于考上了大学</td><td rowspan="2">只有一生勤奋，才能有所作为，才能对人民对社会做出应有的贡献</td></tr>
<tr><td>同班同学小张原来成绩不好，通过努力，成绩名列前茅</td></tr>
</table>

评析：摸清学情是教学的起点。刘老师以汇报的形式检查学生的预习情况，既让学生有展示学习成果的机会，又从学生的汇报中了解了学生的预习情况，为下一步教学的展开打下了坚实的基础。在学生已经认识到说理时选择的事例要有代表性和说服力的基础上，刘老师进行了总结，“恰当、典型”的板书准确、精炼。

续 表

（学生小组讨论）

生：我代表我们第六小组发言，我们组的观点是“说勤奋”的这两个事例不够“典型”，一个举的是邻居哥哥的事例，一个是同班同学的事例，这两个事例都是发生在我们身边的事，太普通了，没有任何代表性。

生：我们第四小组也同意第六小组的观点，如果更换一个名人事例，就能够达到“典型”的标准了。

生：如果注意选择古今中外的事例，“说勤奋”这篇议论文的观点更容易被读者接受。

师：大家火眼金睛，一下子就发现了问题所在。看来没有考倒大家，下面增加难度啦！我们来评价一下“谈礼貌”的事例。

课件出示：

谈礼貌

提出观点	举出事例	总结观点
礼貌待人，使用礼貌语言，是中华民族的优良传统	岳飞和牛皋问路，态度不同结果不同	学会礼貌待人，使用礼貌语言，能使人与人之间关系更和谐，社会生活更美好
	萧伯纳礼貌对待小姑娘	
	朱师傅理发划伤了周总理的脸，周总理没怪他还安慰他	

师：同学们皱起了眉头，似乎没有找到问题所在吗，不要小看举例子，是很有学问的哦！

生：（恍然大悟举手发言）哦，明白了！第二个例子举错啦！

师：（继续启发）何为错？原文中是小朋友踩阿姨裙子事例，现在换成萧伯纳多好啊，名人！不是更有代表性吗？

生：我代表我们第三小组发言，同学们请看观点，作者的观点是“礼貌待人，使用礼貌语言，是中华民族的优良传统”，注意，是“中华民族”，萧伯纳的例子虽然很好，但是不符合议论文选择事例“恰当”这个标准，连“恰当”这个标准都达不到，怎么可能说服别人呢？

评析：瑞典哥德堡大学教授马飞龙创立的变异理论认为，在学习中典型性正例和非典型性正例及反例的共同作用，是学生高效学习的重要条件。如果说上一个预习展示环节是举例说理的典型性正例的话，那么这个环节就是刘老师为学生提供的非典型性正例和学习反例。此教学环节之妙在于，刘老师给了学生小试牛刀的机会，让学生在学习后即开始实践。在实践中验证所学，提高能力，体验成功之乐。

续　表

师：（赞许）嗯，善于发现，判断准确，有理有据！举例子首先要符合“准确恰当”的原则，否则再生动的例子也没有用处。 3. 研究排序，深入思考。 师：同学们，刚才我们共同研究，懂得了议论文一定要注意选择“恰当”“典型”的事例，另外还有一个重要的问题需要大家思考——事例的排列顺序。你通过搜集资料找到了一些事例，那么，哪个事例放在前面，哪个放在后面，有什么讲究呢？《说勤奋》《滴水穿石的启示》《谈礼貌》三篇议论文的事例可以调换顺序吗？ （学生小组讨论） 生：我们小组认为，《说勤奋》的两个事例不能调换，不光是因为时间的顺序，更重要的是司马光天资聪明很容易就获得成功，而童第周基础薄弱，想要成功需要付出更多的努力，这样的排序，更能突出作者的观点。 生：我们小组谈谈《滴水穿石的启示》，我们认为，文中的三个正例可以调换，反例也可以放在正例的前面。 生：我们小组有不同意见，《滴水穿石的启示》三个正例不能调换，最好按照古今中外的顺序来安排更有序。 师：这两个组意见不统一，大家认为呢？ 生：我们认为古今中外的事例，不一定非要把古代放在前面，也可以先从现代写起，再写古代的事例，只要有顺序就可以了。 师：是啊，顺序可以根据作者的需要自行调整，作者的语言过渡要自然，关键的话语要写出来，就合情合理了。 生：我们小组来说一说《谈礼貌》的三个事例不能调换的理由，因为第一个事例“问路”是请教别人，这是基本的礼貌，而“踩裙事件”是妨碍了别人后还能够讲礼貌，这是一种教养，最后一个事例是“别人伤害了自己，不光不怪罪而且安慰对方”这就是一种高尚的品格、宽广的胸怀、人格的魅力了，三个事例的程度不同，逐渐加深，所以不能够调换顺序。 师：说得太好了，会思考、会表达，值得表扬！在此，需要特别强调，“能调换”或者“不能调换”，并没有唯一的答案，只要作者有自己的顺序，能够说出自己的理由就可以。 **三、适度进行拓展，能力得以落实** 师：同学们，我们要在实践中实际操练，真正掌握选用事例	评析：如果说内容是文章之表的话，那么各内容之间的逻辑关系就是文章之里，所谓文章的结构布局是也。教师最应该在此处下功夫，因为这些是大部分学生自学学不会的。刘老师紧紧抓住这个教学的难点，巧妙地用“事例能不能调换”的问题引导学生思辨，探求作者的匠心所在，将教学引向了深入。

续 表

的方法。请小组长拿出藏在自己抽屉里的神秘信封，根据课件上的要求，组织展开讨论。（课件出示） 拓展一：小组讨论，为了证明“勤能补拙”的观点，如何选用事例？ 第一步：小组长把信封里的事例分别发给组员； 第二步：去掉三个不当事例，说出理由； 第三步：给恰当的三个事例排序，说出理由。 （学生小组讨论，课堂气氛热烈） 师：同学们都很积极参与讨论，各个组也有了自己的答案，请同学们来汇报一下。 生：我们小组经过讨论，认为“王羲之”“韦钰”“守株待兔”的事例不符合“勤能补拙”的观点，所以把这几个事例去掉了。 师：如此自信，看来一定有自己充分的理由，大家同意他们的观点吗？能说说想法吗？ 生：作者的观点是“勤能补拙”，也就是勤奋能够弥补先天的缺陷和不足。王羲之却自小聪慧过人，是个非常聪明的孩子，后来经过努力，获得成功，他的事例不适合放在这里。 生：韦钰博士的事例没有提到她的“拙”，只提到她的“勤”，我们也把她的事例拿掉了，如果要用的话，还要查查资料，了解一下韦钰博士以前的情况。 生：我们组第一个就拿掉了“守株待兔”的事例，作者想用它做反例子，但是不恰当，这个农夫不勤劳不种地，把偶然当成必然，想要不劳而获，他的问题在于愚蠢，而不是笨拙。 师：同学们都很有自己的想法，说得人心服口服的。看来议论文一定要扣住“典型”“恰当”的原则来选材。事例确定了，你们是怎么给选出的三个事例排序的呢？请大家再次发表意见。 生：我们组打算从古代到近代到现代的顺序来排列，即曾国藩—爱因斯坦—姚明。 生：我们组按照从中国到外国的顺序来排列，也就是曾国藩和姚明放在前面，爱因斯坦放在后面。 生：我们想按照“拙”的类型来排序，姚明是身体条件方面，而爱因斯坦和曾国藩是脑子智力方面。 师：各个小组有自己的想法，大家说得很有道理，动手动脑，收获很大。我们来完成拓展二。（课件出示）	评析：学习论中的迁移理论认为，学生在学习中的迁移能力和水平直接影响到其学习效果。刘老师在“学”的教学环节完成后马上带领学生进入到“用”的环节，促成“学用”迁移高水平的达成。为了达成这个教学目标，刘老师精心地设计了阶梯式训练。先以事例选择和排序巩固今天所学，在学生顺利达成后，又以“________是一笔财富”的开放式练习进一步拓展。从学生在两个学习活动中的表现，我们看到，学生学会了知识，提高了能力，发展了思维，提升了素养。

续 表

拓展二:完成下列作业。 题目:________是一笔财富。 提示:① 在横线上填词;② 写一篇议论文;③ 选用两三个事例说明观点。 师:相信大家一定能够写好这篇作文,一定会注意材料的选择和使用,期待着分享大家的智慧!	
【总评】 特级教师刘杰致力于语文课程的整合、语文能力的提高和语文学科核心素养的提升研究,对语文课堂教学开展了有益的探索,给我们提供了优秀的范例。她创造性地开发教材、使用教材,采用“问题导学,板块推进”的课堂教学方式,组织学生开展了递进式学习活动,促成了学生的深度学习,为我们呈现了精彩的语文课堂,是展现她的“语文能力课堂”的经典课例。“议论文‘如何选用事例说理’”其借鉴意义是,关注体验,着眼发展,创造性地使用已学和未学的几篇议论文,注重“学用”迁移,做到了“文体整合,适度拓展,落实能力”。刘老师在整个教学过程中,处处关注学生的学习体验,时时不忘培养学生语文能力。她会考虑学生的接受程度和学习需求,她会努力关照学生的学习感受,她会小心翼翼地呵护学生学习的积极性,她会千方百计围绕着“提高能力”让学生不断提升,感受学习语文的无限乐趣。刘老师的课堂民主和谐、积极热烈,学生们个性张扬、思维活跃。他们在真正地学语文、用语文。学生们的听、读、说、写、思的能力都得到了充分的训练,听得清楚,说得明白,读得透彻,写得精彩,思得深入!刘老师的语文能力课堂就是这样富有创造性、趣味性,同时又扎扎实实训练,踏踏实实推进,有计划地开展了适宜的语文实践活动,层层推进,环环相扣,体现了先进的学生观、课程观、学习观,非常值得我们学习和借鉴。	

吴音昊

吴音昊：尚美启智，达情立人

吴音昊，担任大马路小学音乐教学和合唱团工作。江苏省特级教师，徐州市优秀教育工作者，徐州市“德润彭城”最美教师，徐州市艺术教育先进工作者，徐州市个人课题优秀主持人。参与并主持多个省、市级课题研究，3 项课题成果刊发在国家级核心期刊上。先后获得江苏省音乐教师基本功大赛一等奖、江苏省第六届中小学音乐课评比一等奖、江苏省中小学音乐多媒体课件展评说课一等奖、全国中小学歌唱教学优秀教案评比一等奖、全国中小学课堂设计大赛二等奖，指导的合唱团代表徐州市荣获全省总决赛一等奖，并代表江苏省参加全国合唱展演。

教学主张：尚美启智，达情立人。

教育理念：音乐教育并不是音乐家的教育，而首先是人的教育！

成长足迹

写下属于我的人生乐章

我是大马路小学的音乐教师，并不出类拔萃，能够取得一点儿成绩，有很多不期而至的“偶遇”。在我来说，工作中碰到的很多偶然事情对我后来的成长都非常重要，有些经验对青年教师可能有参考价值，我想把自己的人生体验和大家分享交流应该是一件愉快的事儿。

幻想曲：少时的我即满怀为人师的理想

“我的理想”这样的作文题目相信每个人都写过。当然我也不例外，不管是小学还是中学，我的理想未曾改变。

年幼时漫长的暑假一到，过家家就是我打发时光最好的游戏。院子里的几家小孩总是被我团结起来，他们扮演学生，我来扮演老师，这几乎是每天下午的必修课。邻居刘奶奶没事的时候总爱坐在竹椅上看着我给其他小朋友上课，见到父母就笑说：“你们家昊昊可有老师样儿呢……”于是我更来劲了。

五年级时父亲送我去少年宫学习手风琴，那个年代一起学琴的同学家里都没有买琴，少年宫只有一架手风琴大家轮流练习，星期一、三、五下午放学后我就自己走去少年宫，手风琴课我一节都没落过。记得有一年冬天雪下得特别大，只有我一个人去了少年宫，满心喜悦地一次拉了个够。初中毕业时为了满足我的教师梦，父亲给我填报了师范学校的音乐专业，并说，女孩子当个天天唱着跳着过的老师多好呀。就这样一直想当语文教师的我成了音乐专业的师范生。

我非常感恩自己在徐州师范学校遇到了一群好教师，是他们为我打下了坚实的专业技能。教声乐的徐桂华老师，教钢琴、弹唱的史美芳老师，教合唱、指挥的严渭生老师，教乐理、视唱的王远明老师。他们都有一个共同的特点——严格、认真。他们的言传身教对我影响特别大。碰到这些优秀的教师是我的幸运，是他们使我对音乐产生了向往，让我总是在追求更高更好的自己。

回旋曲：从初为人师的满怀热情到日复一日的单调乏味

1991 年 9 月，我开始了教师职业生涯，从当教师的第一天起，我就想当一个受学生尊重的教师。刚工作的我满腔热情，带了一至六年级12个班，为了树立威严，每天很严肃的样子，上课很少有笑容，总希望以此来“镇”住学生。“怎样管住学生”成为我的目的，别人都夸我会上课。但现在想来，教学是以我为中心的，我在照搬老师的教法，完全没有站在学生的角度去思考教学，不知道教学既是一门科学又是一门艺术，眼里既没有学生，更没有反思的认识，更别提尊重学生了，碰到调皮捣蛋管不住自己的小孩子也曾气急败坏地体罚过他们。就这样工作了三年之后，我越发觉得当音乐教师好无聊啊，学生唱的歌曲我闭着眼睛也能弹出来，教会学生学会教材中的歌曲是一件如此简单的事情，每天干的都是重复的事情，毫无职业幸福感可言。此间也获过各种各样的奖，但是只有我自己知道这珍贵的十年基本上是在原地踏步，在教育教学方面除了能带给学生歌唱时的表面快乐，在其他方面收获并不多。

奏鸣曲：一本书的偶遇，唤醒了我为人师的责任感

2000年是新世纪的开始，也是我职业生涯的一个转折点，我多了一个身份——妈妈，经历过生产的苦痛和喂养的辛苦，体验到每个孩子的成长是如此得不容易，每个学生都是父母的牵挂、父母的宝贝、父母的希望！我便开始站在家长的角度去关怀学生了。同时我也意识到高尔基说的话：“爱孩子是母鸡也会做的事情，可是要善于教育他们，这就是国家的一桩大事了，需要才能和全部的生活知识。”于是，我开始学习，希望自己的每节课对学生来说都是有价值的，不是可有可无的点缀。渐渐地，我的音乐课不知不觉在发生变化，我总把学生当自己的孩子来看待，总想让学生在一节课中能够收获更多些，我的课多了些温情，多了很多对话，多了些育人的内容。学生在我的课堂上不仅有安全感，有愉悦感还有了收获感。情感总是双向的，当开始喜欢和孩子交流的时候，职业的幸福感悄悄生长起来。

2002年在徐州市中山外国语实验学校，伴随着第一次课程改革，我与一本教育启蒙书相遇，它唤起了我强烈的社会使命感和责任感，使我认识到所有的教育都是为了让每个学生更好的发展，音乐教育亦不例外。它让我了解到国外许多先进的教育教学形式，例如我们现在众所周知的小组合作、教学内容的整合等等，在2002年我就开始在教学中实践了，它引导我开始思考教学问题，反思课堂现象背后的原因。这本书就是钟启泉、崔允漷、张华主编的《为了中华民族的复兴　为了每位学生的发展》。对我来说，阅读这本书在我思想的发展和

知识的积累中，都恰好极为关键，是开始自我学习教书育人的萌芽阶段。书中的理念对我来说既有共鸣之处，又有新鲜之处，它点燃了我的教学激情，无数次使我憧憬勾勒着美好的音乐课堂的模样并心向往之。受书的影响，我开始对教材进行重新组合，对教学内容进行补充、调整，甚至删掉教材中不太吸引学生的内容开始自己创生教学内容。之后的全国获奖课例、录制的教学用带和省级优课、公开课都得益于这本书。不仅如此，它从根本上改变了我的教学风格，丰富了我的教学手段，让我感受到了课堂的魅力，开始享受和学生在课堂上的交流与对话。也许，从那时起，我的质疑与思考的品质才开始慢慢生长。因此在内心深处我非常感恩于它。

变奏曲：一节触动灵魂的常态课，令我重新认识音乐教育的价值

2003年我第一次领悟到了音乐学科的教育价值，重新认识音乐教育。社会上不重视音乐学科是众所周知的，在此之前，我自己也觉得音乐课没有其他学科重要，也甘于它是一个“副科”，把它当成学生学习生活中的调味品，对自己的要求是：在我的课上学生能感受到歌唱的愉悦就好。但一节触动心灵的课让我重新认识了自己的学科。那是一节六(5)班的欣赏课，在前一节课学习完贝多芬的歌曲《土拨鼠》后，我给学生拓展了贝多芬最著名的第九交响曲第四乐章《欢乐颂》。歌词取自席勒的诗歌：“欢乐女神圣洁美丽，灿烂光芒照大地！我们心中充满热情来到你的圣殿里！你的力量能使人们消除一切分歧，在你光辉照耀下面四海之内皆兄弟。”上课之前请学生自己找贝多芬的资料，现在这一招教师们经常用，但当年教学基本上延续的是老一套——上课教师唱，学生学，电脑也还没有如此普及。没想到一位叫张琥的学生竟然拿来了一本破损严重的《贝多芬传》，当他介绍贝多芬第一次看到这首诗歌就准备创作这部作品，从酝酿到完成用了近十年时间并且是在他耳朵全聋的情况下完成时，学生情不自禁地发出了惊叹！当他描述首演时激动人心的五次掌声时，学生也跟着激动起来。当有个学生讲了一个关于贝多芬的小故事：贝多芬和歌德面对贵族不同的态度，学生都被贝多芬高贵的灵魂吸引了。在欣赏之前我请学生设想：有哪一件事我们会用近十年的时间来完成？一位作曲家在耳朵全聋的情况下还在呼唤全人类的和平与欢乐，我们有谁自己被病痛折磨得痛苦不堪还在期盼着全人类的和平？学生默默无语，当气势辉煌的旋律响起，那一刻我从贝多芬身上汲取的是崇高圣洁的力量！当我坐到钢琴前弹起伴奏，不用指导，学生模仿录音带中圣洁而辉煌的声音，一遍又一遍地用心在呼唤着

全人类共同的理想——自由，平等，和平，欢乐！我陶醉在歌声中，像海潮般的幸福感在心灵深处释放、延展。接着欣赏贝多芬的《命运》，学生有了前期的认识，贝多芬的形象显得非常具体：面对命运誓不低头，扼住命运的喉咙，拼尽全力地怒吼和抗争！音乐超级震撼，学生的手臂也跟着音乐的律动不由自主地挥舞着。我不时感受到一种发自心灵深处的战栗与鸣响，那种感觉犹如站在高山之巅，伴随着高峰的洁净、崇高、恢宏完全席卷了我。我感受到自己的生命与贝多芬的生命相融的永恒与无限，没了阻隔，忘了自我，精神顿悟，心灵饱满而充实。它成为我自信、幸福、欢乐的精神源泉。下课以后，几个学生围着我，问我能不能下节课还听贝多芬的音乐……我开始重新审视音乐学科，原来音乐课的价值在这里！原来音乐真的可以带给人精神的力量！可以浸染心灵！这些并不是躺在书中的名言！我开始追求有感染力的课堂。

2005 年两个江苏省一等奖让我成功地收获了自信。那一年 9 月底我参加江苏省音乐教师基本功比赛获得一等奖，从接到比赛通知到去南京参加比赛一共只有十几天的时间，钢琴演奏、指挥、声乐、即兴弹唱、舞蹈、乐理、教育理论，一路比下来对自己是一次难得的历练和学习的机会。当专家们在赛后总评褒奖我的钢琴即兴弹唱时，我知道这些成绩的取得全是平时认真教学的结果。平日里我会因为想把钢琴伴奏弹得好听一些，反复调整伴奏音型，我会为了给学生选择一个优秀的欣赏版本，比较很多遍，无形中提高了自己的审美水平。得到专家肯定的我忽然有了一种自信。11 月份参加省说课和课件制作比赛又得了一等奖。当南京师范大学教授在总结评述时用有思想、有内涵再一次提到我的教学设计时，自信心就像一棵树一样生长起来了，同时也体验到了自信对于一个人极其重要的作用。正好读书时碰到这句话“教育的艺术不在于传授本领，而在于激励、唤醒和鼓舞”，我就非常渴望自己也能够成为唤起学生自信心，使每个学生能够在愉快的音乐生活中快乐成长的引路人。

交响曲：课题研究促我成长，收获职业幸福感

2008 年这一年于我有着特别的意义。徐州市教育科学研究所鼓励教师以博客的形式结合自己的教学申报个人课题进行研究。当时适逢我刚到大马路小学一年多，任教二年级 7 个班加三年级 2 个班的音乐。一直带高年级的我第一次面对班额近 60 人的低年级，上课场所又在宽大的会议室，一下子很迷惘。让学生能够完成学习内容和活动需要我竭尽全力地组织教学，一天 4 节课，就像上战场，每

天都感觉自己又费劲又疲惫，因为上课不停地组织教学，慢性咽炎反复发作，有时就干脆哑了，开始害怕上课。越是害怕，上课越觉得那40分钟太难熬、太漫长了。巧的是刚听完我校特级教师刘杰的讲座"做一个幸福的教师"，其中引用了苏霍姆林斯基说过的一段话："如果你想让教师的劳动能够给教师带来乐趣，使天天上课不至于变成一种单调乏味的义务，那你就应当引导每一位教师走上从事教育科研这条幸福的道路上来。"听了刘杰老师的讲座，心里就升腾起了尝试的冲动。会后和刘杰老师交流，印象最深的是一句话就是"做课题肯定会让你的教学更轻松！""会吗？"我心中有一个大大的问号。在区教科室老师的鼓励下，我抱着试试看的心理申报了第一个个人课题，开始了我的课题研究之路。

做课题要大量阅读，逐渐打开眼界，丰富思想，做课题也离不开实践和反思，逐渐完善自我，螺旋上升。我发现自己的课堂目标更明确了，课堂上的关注点不一样了，教学不仅变轻松了还变得有意思了。原来是追求有序的课堂、愉悦的课堂、有情感的课堂，现在追求高效的课堂、有内涵的课堂、对学生一生发展有益的课堂。同年级的7个班我会上出四五种不同的版本，比较哪一种效果好，给学生欣赏的音乐我会反复倾听，选择最佳版本。与学生的对话更丰富了，学生的歌声更动听了，经常是下课铃声响了，学生满脸吃惊地说："下课了吗？这么快呀！""老师，再唱一遍吧！"当我的学生们爱上了音乐，走出教室还在哼唱着刚学习的歌曲的时候；当我的两篇研究报告发表在省级期刊，3篇论文发表在国家唯一的一本音乐教育核心期刊《中国音乐教育》上的时候，我心中感叹：如若刚踏上工作岗位时就能知道读书，就能用研究的视角来看待教学问题，那该多好！而后的7年里，我做了5个课题，收获最大的是第四个课题"研究在音乐教学中践行生命化教育"。我阅读了诺丁斯的《学会关心：教育的另一种模式》、冯建军的《生命与教育》、张文质的《教育是慢的艺术》和斯科特《少有人走的路：心智成熟的旅程》，读书的过程就像一股细流浇灌心田，水甘心润。这些书不仅召唤我关怀学生稚嫩的心灵，更是指引着我学会关怀自己的灵魂，不断重新认识自己，顺乎学生天性，尊重学生的同时温暖自己，感受到研究的价值与力量，行走得更富有智慧和幸福。

我很庆幸来到大马路小学，这是一所有着深厚文化底蕴的学校，有优良的教育教学传统、和谐互助的教师团队和浓厚的研究氛围。2013年学校开展了共读一本书的活动——《学习的条件和教学论》，这是一本经典的教学原理书。我想恐怕与思想理论的陌生以及翻译文本的表述有关系吧，当时很多教师觉得艰涩难懂。而我还好，因为做课题之初读过两本音乐哲学书，语言比这个还要晦涩，已经适应了这种表达方式并学会了缓慢地阅读，不急不躁慢慢读、反复读。加涅把学习的结果概括成智慧技能、认知策略、言语信息、动作技能和态度等五种类型，每种不同类型的学习所需要的各种外部、内部条件分类阐述得非常详细。这本书使我认识到学生学习的基础是教师要了解学生学习的内部条件，还要会创设适于学生学习的外部条件，悟到学无定法但一定有优法！同时也促进了我对当前音乐教学一直低能低效的反思和彻悟，在课堂上更多关注弱势学生的学习过程，多从学生学习的角度对自身的教学加以审视。在进行教学设计时必须先理解学生学习的过程，对学习任务类型、学习条件进行分析并选择媒体与策略，为学生的学习而进行设计！如果说以前的教学偏感性，这本书和《教学设计原理》《认知心理学》则带我走向更加理性的音乐教学，使我的音乐课堂有那么点与众不同。我可以摒弃一些外在的形式，有底气有自信地在“江苏省歌唱教学研讨会”上面向全省的音乐教育专家和骨干教师展示一节真正的素质课。

2014 年，我被评为江苏省小学音乐特级教师，加入了刘杰老师带领的学校自主成长团队，这是一个阳光、向上，充满温暖、幸福的小集体。为了学生而成长是我们的动力，每次的读书交流让大家思维碰撞、心灵相知、智慧共享。我以为成长的最佳状态就是和志同道合的伙伴们朝着明亮那方不断前进。

成长的路上，遇到很多助力我的人，一直心存感恩！敬爱的于永正老师，原教科所的郑飞所长，身边的全国模范教师刘杰，走过学校的每一位领导，教研室的各位老师们，他们都关心学校音乐教育的发展、重视音乐教育质量，每一次的温情鼓励都是催我不断前进的动力。我将涵养定力，克服浮躁，静心研究，认真实践，为音乐教育的发展与创新谱写新的乐章！

教学主张

尚美启智，达情立人

“尚美启智，达情立人”是我的音乐教育教学主张，是我 27 年课堂教学实践的积淀和思考，也是我践行新课改理念的价值追求。

早在2016年的4月，张艳校长给自主成长团队的教师们布置了一项作业：总结一下自己的教学特点，提出自己的教学主张。这促使我对自己的教学进行了一次全面的回顾与反思，几经琢磨，感觉用非常凝练的关键词来表达自己的教学主张，难度真是很大。几番斟酌后，最终用“以情育人”抑或是“乐润童心”概括我的教学主张，但这并没有完全表达出我对音乐学科教育价值的理解和实践。

此后，“教学主张”会时不时地在头脑中闪现，静心深入教育教学的本质，不断思考对教育教学的理解，思考音乐学科对于学生而言独特的发展价值。经过一年的思考、实践、感悟，我对音乐教育价值的理解更为深刻，教学主张——“尚美启智，达情立人”正是在这种思考中逐渐清晰起来的。

一、“尚美启智，达情立人”的内涵

“尚美”就是追求并崇敬美感。蔡元培先生曾有“以美育代宗教”的主张，认为美育是一种重要的世界观教育。美是“好”，是“善”，至善者至美，至美者至善，美是立德、行事、育人的至高境界。以美熏陶人，以美激励人，以美塑造人，引导学生在教学活动中、课程实践中寻找美、发现美、体验美、感悟美，进而表现美、创造美。人之作美，善之广大，这也是我的人生追求。

“启智”就是启迪学生潜在的智慧。音乐是人们表达自我情感、感悟生活、反思自我的一种特殊方式，在练习、演唱、欣赏的过程中，学生必要进行控制、专注、想象，并深入体会作品的情感，并将自身的情感融入其中，在这个过程中，情感会变得委婉细腻，能推动智能的发展。著名的教育家苏霍姆林斯基在《歌曲为孩子们展现了美的世界》一文中，用大量的文字强调了音乐对儿童教育的重要性。“只有歌曲和富有魅力的旋律能够把这些场景传递给人的意识和心灵。”“在众多的作用于幼小心灵的手段中，音乐当居重要的地位。音乐与品德——这是一个尚待深入研究和探讨的课题。”他深信“音乐的美是思维的丰富源泉”，对于智力发育迟缓的孩子来说，听音乐确实是思维的丰富源泉。

“达情”是指学生能够把从音乐中感受到的情感最终通过各种方式表现出来。作曲家柏辽兹说：“对伟大的音乐来说只有一种真正的特性，那就是感情。”既如此，歌唱就应该释放情感。学生只有在领会了音乐作品的含义以后，才能感受到鲜明的情感色彩和动人的音乐旋律。可以毫不夸张地说，童年时代接受音乐的熏陶，是美好情感对儿童灵魂深处的触动，是对稚嫩心灵的哺育。对大自然的热爱、对生活的热爱总是一点一滴地滋润着儿童的内心世界，使他们的生命更加生动、丰富、多彩。歌唱是情感的自我表达，如果学生不去想象、不亲自创作表现出来，那情感的熏陶就无从谈起。

“立人”就是“立身做人”。我们的先贤孔子在两千多年以前就提出“礼乐”的治国思想，“礼乐”的目的在于教化，诱导人向善，让社会处于平和的状态中。所谓“教化”，就是教育感化，使人在教育中，将仁、义、礼、智、信等社会道德内化为自己的心灵，从而在行为上表现出来。这里强调了“乐”的作用。党的十八大提出“把立德树人作为教育的根本任务”。“立德树人”指明了基础教育的首要任务就是“树人”，要坚持育人为本，通过合适的教育来助力学生成长。如何践行立德树人，在我看来要始终坚持德育为先，通过优秀的音乐文化与音乐作品引导学生、感化学生、激励学生。

二、“尚美启智，达情立人”的课堂教学特征

我认为，“尚美启智，达情立人”的课堂教学应当成为充满智慧与美好、情感与能量的活动。课堂作为儿童生活的重要载体，是学生体验展示的课堂，不是以教为主体的课堂；是在练习活动中感悟熏陶的课堂，不是被动接受的课堂；是尊重生命释放活力的课堂，不是束缚生命、禁锢灵魂的课堂，它充分体现了生命化教育理念。它有以下几个特征：

1.“尚美”为核心

《义务教育音乐课程标准》基本理念的第一条就是“以音乐审美为核心，以兴趣爱好为动力”，这里音乐审美指的是对音乐艺术美感的体验、感悟、沟通、交流以及对不同音乐文化语境和人文内涵的认知。我提出的“以美为核心”，其意更广，包括师生关系的和谐美、教学内容的内涵美、教学设计的层次美、教学材料的音色美与形式美、课堂语言的表达美等等。“以美为核心”讲究平素课堂上呈现给学生的一切都要有“美”的涵养，让学生“泡”在“美的海洋”中游弋，让美在悄无声息中熏染他们。欣赏自然、关心他人、热爱生活，这些都是从美育的角度来引导学生形成爱美、尚美的情操。

课程设计的最终目标是以美引善，培养一个社会合格公民。因此在音乐课上我非常重视学生课堂行为的要求，要求学生做一个文明欣赏者、友好的合作者，做一个懂得尊重他人的学生，培养学生在集体生活中学会关照他人。我认为音乐学科的教学必须服务于完整的人的发展，在教学的时候，不能仅仅立足于学科教学

传授学科知识，在教学内容的选择和安排上也不是“教材上有什么就教什么”，而是将教材用活，挖掘教材中隐含的育人资源。尊重教育规律和学生身心发展的规律，让所有的生命“各美其美，美美与共”。

2.“启智”为主线

音乐教育既可以激发学生的音乐智能，也能够促进其他多项智能的开发。在以前的观念中，音乐课就是唱唱跳跳而已，实则音乐课在发展学生的智力方面并不比其他学科逊色。只是很多音乐教师都忽视了音乐课在学生思维发展空间上的可能性。举一个最常见的教学案例：三个声部的节奏游戏，如下。

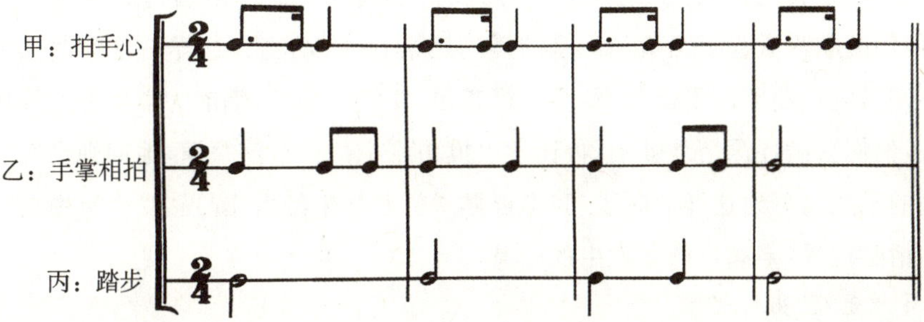

看似一条简单的三声部节奏练习，它需要大脑的控制能力、肢体的协调能力、高度集中的注意力，否则一不小心自己的声部就要变成“捣乱者”。初始的失败常令大家笑做一团，教师深知不经过一番练习是不可能达到要求的，没有一个学生能够边东张西望、边胡思乱想而表现正确。为了追求小组的成功他们必要全神贯注才好，更加专注的练习使得注意力的提高水到渠成。当合作成功的一瞬间，学生会露出如花般胜利的微笑，经过努力练习得来的成功更有幸福感！

这样的节奏练习可以创编成更加复杂的节奏进行练习，还可以是四声部，也可以提高要求——一人承担两个声部。在“勇攀高峰”的过程中，总会遇到小坎坷，但只要教师能够遵循学生的认知规律，循序渐进，不急不躁地带着学生认识难点，分层次、分步骤多练习几遍，最后合作一定成功。此间学生获得的是面对困难的态度和解决问题的策略，持之以恒，学生的能力会在学习的过程中慢慢积累，由量变到质变。

“启智”的课堂还应该是对话的课堂，我喜欢和学生之间展开对话，对话是交流思想的方式，经由对话能够激起学生的深度思维，创设出更加丰富有内涵的课堂。

3.“达情”为主题

用蔡元培先生的话来说：“美育者，应用美学之理论于教育，以陶养感情为目的者也。”我说音乐教育是情感的教育。学习一首歌曲，引导学生切准作者的情感表达，通过比较揣摩，细细品味，是表达歌曲情感最为普遍也最为有效的方式。这是因为表现歌曲之“情”的歌词和旋律必定是作者最费思量、最经斟酌的，自然就是一首歌曲的精华所在。如若唱歌不动情，歌唱就没有了意义，所以说在课堂上我一直坚持指导学生“唱歌抒情”。音乐每每在说话，或幸福或欢快，或兴奋或激动，或幽默或陶醉，学生只有通过想象才能表达出其中的情感。

《雪绒花》是电影《音乐之声》中的插曲，旋律优美深情。二战时期，迫于纳粹的压力，上校一家决定在一次演出活动后逃离自己的祖国——奥地利。音乐会上，上校弹起吉他，唱起了这首经典的奥地利民歌，表达对祖国的无限赞美与祝福，他们的歌唱激起了奥地利民众的爱国之情，令人动容。这样一首歌曲如果学生不知道其后蕴藏的爱国之情，会唱得苍白、浮浅。相反，唱前为学生铺设好情感准备，他们会满怀深情地歌唱，再让学生模仿剧中的情节演一演，他们则会有更加深刻的感受。每到这样的时候，我都很喜欢带着学生经由作品感受生活中五彩缤纷的情感世界，丰润自己和学生的心灵。

4.“立人”为旨归

委内瑞拉著名的音乐教育家阿布吕尔是运用音乐的力量与犯罪、吸毒、贫困做斗争的典范。他在一个贫穷落后的第三世界国家，用音乐改变了众多孩子的命运，使他们远离了毒品、暴力和贫困，接近了文明，拥有了充实的精神世界。这是音乐“立人”最优秀的案例，阿布吕尔也是我非常钦佩的音乐教育家。他用音乐的力量拯救了孩子，也影响着我。为什么音乐具有如此伟大的力量？因为它能够唤醒情感、打动灵魂、塑造价值观念。在学习音乐的过程中帮助学生追求“真、善、美”，逐步丰富学生的情感与想象力、创造力，使得音乐教学与学生成长相容共生形成一个有机的整体。这也是音乐学科在提高学生核心素养、全面育人方面的价值所在。例如：苏少版小学音乐六年级下册有一首小小音乐剧《乌鸦与狐狸》，歌词朗朗上口富有情境感，曲风幽默，学生唱得喜滋滋的并自带表情。歌曲唱完请学生思考：“《乌鸦与狐狸》大家二年级就学过，现在六年级了你对这个故事有新的理解吗？”有的学生说“我们对待别人赞美要保持头脑冷静，不能一听好话就忘乎所以”；有的说“这件事情只能怪乌鸦没有自知之明”；还有的说“乌鸦尽管上了当，但它知道反思并且把教训告诫后来人也值得学习”……一位平时不爱说话的高个男生站起来说：“我认为狐狸也很聪明，能动脑子得到自己想要的东西。”我听了很是吃惊，没想到还有学生在下面应声附和：“对，狐狸的确很聪明！”“还有哪些同学认为他的观点有道理?"一大半的同学举起了手，哦?"如果想要得到某样东西便不择手段坑蒙拐骗，你们认为这是聪明吗?"学生们纷纷放下了手，说道："是狡诈、是阴险。"我继续说："如果你是乌鸦，希望遇到狐狸这种类型的人吗？你认为狐狸会交到真心朋友吗？你们愿意成为狐狸这样的'聪明人'吗?"学生们都摇头。"我认为，流自己的汗，吃自己的饭，这才是真正的聪明人!"最后请学生以小组为单位先排练然后用音乐剧的形式完整表现歌曲，学生对歌曲的理解更深远、记忆更深刻。高年级段的学生正处于人生观、价值观形成的重要时期，音乐教育本身就是美育重要的一部分，更要发挥好"立德树魂"的重要使命。

三、"尚美启智，达情立人"课堂教学的价值追求

"学生发展核心素养"的提出，让我对音乐教育的理解有了一个前所未有的飞跃，以前我的教育教学视野比较狭窄，倾向于完成学科目标的达成，忽略了更有价值的教育内容。而核心素养的提出打开了我的教育教学思路，在摸索的过程中建立了一种开放的、跨界的格局。课堂不再局限于音乐学科的知识和技能，而是通过学科发展学生的各项能力，紧紧围绕发展学生核心素养设定教学目标，进行课程设计。在实践"以发展学生核心素养"为基础的音乐课程改革中，追求"尚美启智，达情立人"的课堂教学价值。

"学生发展核心素养"是指学生应具备的、能够适应终身发展和社会发展需要的必备品格和关键能力，综合表现为九大素养，具体为社会责任、国家认同、国际理解；人文底蕴、科学精神、审美情趣；身心健康、学会学习、实践创新。音乐学科是人文学科，这些核心素养都可以在音乐课程中有所涉及和链接，而且在某些方面音乐学科还具有其独特的拓展空间。随着对音乐学科的深度认识与理解，我努力探索把发展学生核心素养融入每节课中。当我走进教室时首先会想，今天的40分钟是50多个孩子的40分钟，我应该让这40分钟发挥教育的最大价值，要挖掘有意义的教学内容，设计有意义的教学活动，开展深入而多样的互动，吸引更多的学生爱音乐、爱生活、爱他人。音乐教师应该让音乐教育成为全面提升个体素质与能力的重要路径，要培养儿童的审美趣味，形成审美观念，逐渐形成一定的审美能力。音乐教育不仅有助于培养人的审美能力还有助于培养认知能力、创造能力，提升人的心理调适能力和社会交往能力，最为重要的是有助于人格形成。如此，"尚美"为核心、"启智"为主线、"达情"为主题、"立人"为旨归，不仅体现在我的课堂教学中，更是渗透在我的全部教育生活中。

柏拉图曾经说过："不重视艺术教育，损害的是一代人的心灵世界，损害的是一个民族的精神、想象力和创造力。"音乐教育蕴藏着无限的教育潜能，音乐学科具有其自身在培养人方面的独特优势。值得欣慰的是，近几年国家也开始强调艺术教育的重要性。一位音乐教育家说："音乐能够以其特有的方式改变世界，能神奇地将自然的声音赋予生命特质，能抚慰心灵为精神疗伤，能提高人的生命质量……"我坚信并实践着，我希望我的音乐课能够发展学生的思维能力和社交能力，并在学生心中播下美好的种子，唤醒和鼓舞学生的心灵，满足学生的情感和精神成长，让每一个与我相遇的学生爱上音乐、享受音乐……

"尚美启智，达情立人"是我的教学主张，也是我的教育追求。

课堂实录

（本课在江苏省中小学教研室"教学新时空·名师课堂"栏目中播出）

教材的二度开发与创生

——苏少版音乐第11册《故乡》第二课时课堂实录与评析

执教：吴音昊　评析：刘洁

屏幕出示课题：谁是音乐中的魔法师 **一、复习歌曲，唤起回忆重温旋律** 师：请你们先来回忆一下上节课学习的歌曲《故乡》的旋律，轻声用U唱出来，看看谁记旋律的能力强大啊。（用琴给学生一个音高） （生很整齐地练习一遍发声） 师：唱得很准确，把口腔内部打开一些，我想听到更饱满的音色，再来一遍。（接着给学生一个升半音的音高） （第二遍学生唱得音色更饱满圆润） 师：（笑着说）能听出今天的发声练习大家都用脑唱了，音色特别美。大家看了今天的课题有什么想法？你们说音乐中有魔法师吗？ （生一脸的疑惑，不语）	评析：一个课题有效地激发起学生对本课程的兴趣。当大家看到课题名称一下就被吸引住了。不禁引起了学生和听课教师的思考，大家都在想："谁是音乐中的魔法师呢？"

续　表

师：今天这节音乐课我们一起来“玩音乐”，希望你们自己能够发现究竟谁是“音乐中的魔法师”。 （生满脸的好奇） 师：我们先来复习一遍歌曲，在没唱之前，我想问一问，这首歌表达了怎样的情感？ 生：怀念的。 生：感伤的。 师：好！我来欣赏一下，从你们的歌声中是否能感受到这种感情。 （生跟着钢琴很投入地演唱）	
二、教材创生，发展想象提升思维	
师：你们的歌声真的让我很感动，感觉整个人都被一种浓浓的伤感包裹着，思念、忧伤是一种很深刻很美好的情感，但是我们不能一直沉浸在其中，它会影响我们的心情。欣赏完你们的演唱，请你们欣赏老师演奏一首“进行曲”。 （师用钢琴把《故乡》的旋律演奏成了进行曲风格的音乐） （生热情地鼓掌） 师：熟悉吗？有似曾相识的感觉吗？ 生：老师弹奏的旋律好像就是我们唱的《故乡》。 师：没有好像，就是呦，你的耳朵很厉害呀！你们分析一下，老师对音乐进行了怎样的调整？ 生：速度快了。 师：（点头）嗯，还有吗？ 生：老师弹得声音响。 师：你听得真细致，用音乐术语讲是——力度比较强。 生：老师的钢琴弹得很有弹性。 师：你回答得很专业！你们都感受到了相同的旋律竟然可以表现出不同的情绪风格。下面你们的创作之旅将开始。（屏幕出示任务，四个小组完成不同的创作任务） 	评析：音乐学习的模式是以“体验”为核心的，吴老师并没有给学生分析各个音乐要素的作用。而是引领学生参与到听音乐、感知音乐的全过程中，让学生由自己体验而得感悟。

续　表

师：这里的A、B、C、D分别代表四个不同的任务，就看你们自己的选择了，每个字母代表一种类型的情绪。需要你们也用《故乡》的旋律完成相应的情感主题。其中有一个任务非常具有挑战性啊！ （生抢着抽题，A、B、C、D一一被点开，依次如下图） A　活泼的、快乐的、兴奋的 B　雄壮的、威武的、豪迈的 C　美好的、幸福的、浪漫的 D　风趣的、幽默的、有意思的 （看到题目学生很兴奋，屏幕显示活动要求） 游戏规则： 时间：6分钟 要求：创造性地用这段旋律表现出要求的情绪。 评价内容：1. 合作过程中有序、和谐。 2. 展示过程中自信、大方。 3. 观赏过程中文明、礼貌。 师：任务明确了，请大家仔细听活动要求，我只说一遍，各个小组要在6分钟内完成对这首歌曲的排练，3段歌词中只要选择一段最适合你们小组表现风格的就OK了。 （师给四个小组分别指定活动场地）	评析：吴老师这个环节设计得非常巧妙，四个任务由抽签的形式决定，似乎是一种游戏，暗合了儿童游戏的天性。她的音乐课不太像上课，更像是和学生在一起“玩音乐”，虽是游戏的形式，但是吴老师强调了游戏规则，这样就给学生提出了明确的要求，保证了活动的有序和有质。
三、交流体验，感知音乐要素的魔力 （生饶有兴致地进行小组间的交流、协商、排练，师走到各小组中进行观察、交流、指导） 师：准备的时间到。我们按照A、B、C、D的顺序来进行展示，先来看看A组是怎样表现活泼的、快乐的、兴奋的。 （A组学生到前面展示，学生用稍快的速度清唱了第三段歌词） 师：下面的同学还有什么建议吗？ 生：可以用带弹性的感觉唱，这样显得更快乐一些。 师：你的建议太好了，用弹性唱法来表现，其他同学有没有明白他的意思？ 生：明白。	评析：尽管学生在开始的创编过程中表现得不够出色，但是吴老师会非常有耐心地层层递进地启发，直到学生自己体验出表现出为止，而不是直接告知和示范。

续　表

师：老师再给你们一个建议，可以用一点手鼓，再多一些渲染兴奋的感觉。谁来设计一下节奏？ （生用手鼓打出×-××节奏） （生双手打出× ×× × ××节奏） 师：我们和着音乐打一下，看哪一种的效果更好。 （师指挥学生分别用两种不同的伴奏型练习一句） 师：你们有选择了吗？ 生：第二种。 师：请大家用× ×× × ××给歌曲伴奏我们一起快乐兴奋起来。 （全体学生跟着老师的钢琴伴奏情感迸发地唱） 师：下面有请B组来给大家展示雄壮的、威武的。 （生用中速较强的力度演唱第2段歌词） 师：确实有豪迈的感觉啊！还有让他们更好的建议吗？ 生：再唱得坚定有力一些。 师：嗯，建议很中肯！你们看过阅兵仪式吗？ 生：看过。 师：最好把自己想象成一米八的英雄，雄赳赳气昂昂地走过天安门广场。（师边说边示范）请大家起立，唱着赞歌，英雄地走过天安门！想象一下男高音那种明亮、辉煌的音色。 （生起立，模仿阅兵仪式边唱边走，男高音模仿得也是有些模样） 师：你们的声音想象力真好！第三种“美好的、幸福的、浪漫的”想表现好可真不容易呢，有请C组。 （生站到台前） 师：在没唱之前，谁来想象一个很美好的画面把自己带入到情境中去。 生：我想到了碧绿的田野、百花盛开。 师：陶醉在春天的田野中。 （生用稍慢的速度、柔和的声音清唱歌词的第一段） 师：听起来唱得好像不如想象得美好啊。谁有好的建议？ 生：可以加一些晃的动作。 师：这个建议有水平，可以让你们更自然些。我还有个想法，改成三拍子圆舞曲风格的会不会更显抒情和浪漫呢？ （生跟着老师圆舞曲般的琴声演唱，美好的情感弥漫开来） 师：我非常期待最后一组的设计，来听听他们有什么高见。	

续 表

生：（面露难色）我们还没想好呢。 师：风趣、幽默、有意思，这个题目确实挑战性太强，其他同学帮他们想想主意。（等待，没有学生回答） 师：音乐可以怎样表现这种情绪呢？欣赏一段舞蹈，看看能不能带给你们启示。（放视频） （生观看俄罗斯舞蹈《卡琳卡》片段，音乐由慢逐渐加快，力度由弱渐强，最后达到一种热烈的状态，学生看得很专注） 师：老师用钢琴，你们用击掌的方式和我一起表现，尝试一下能不能表现出那么点幽默的意思。提醒一点：你们的拍点一定要打在恒拍上，而且不光要用耳朵听，还要用眼睛看着我的暗示。（老师加了一些装饰音，由极弱极慢的速度开始，然后逐渐加速快到极致，在高潮处戛然而止，停两拍最后快速结束） （生看着老师，合着老师的节拍拍手，在休止处没有及时停下来，觉得很搞笑地大笑起来） 师：你们最喜欢表现哪种类型的情绪？ 生：幽默、风趣的。 生：威武的、雄壮的、豪迈的。 师：我比较喜欢风趣幽默的风格，这种情绪是生活中最好的调味品，我更喜欢和有意思的人交朋友，身边多了这些人会让生活更有趣儿，你们说呢？ 生：嗯，是的。	评析：在小组活动里吴老师给学生设计了一个难题。请一个小组表现出“幽默的、风趣的、有意思的”情绪，这个其实对学生来说是极具挑战性的，但吴老师很巧妙地送给学生一个“拐杖”（观看一段视频）。当她说到“幽默”尽管在生活中并不多见，但是这种情绪却是生活中的调味品，希望学生能够在艺术中体验到这种情绪，在生活中也能制造些幽默，给大家的生活带来快乐，我认为她的课升华了。
四、自主总结提升，感悟音乐要素的强大魔力 师：回到主题，你们找到音乐中的魔法师了吗？（屏幕出示问题） 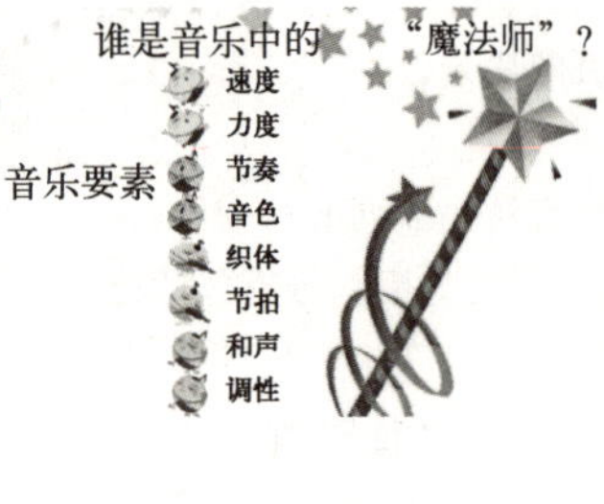 生：力度、速度。 师：还有吗？ 生：节奏。	评析：在总结环节老师给学生留下了充分的信息提炼加工过程，激发学生进行学习内容的再理解、再回忆、再记忆。从深层次来看，她正在培养学生学习和思考的习惯。

续　表

师：对，回忆刚才我们还用了哪些方法？（师哼唱三拍子圆舞曲，启发学生） 生：节拍。 （师模仿男高音启发学生） 生：音色。 师：（对学生竖起拇指，老师逐个点开音乐娃娃）速度、力度、节奏、织体、和声、调性这些统称为音乐要素，音乐中的这些要素就像画画用的各色颜料，稍微调节一下就会呈现出极为微妙的现象。音乐是一种语言，正是因为音乐语言的模糊性我们可以通过调节速度、力度、音色等等改变音乐的情绪，除了这些音乐要素以外，还有很多因素也在控制和影响音乐的表达，当然有些要素你们还不理解，例如：织体、和声、调性，需要我们以后继续学习。 师：这节课就上到这儿！你们有兴趣也可以找一首音乐尝试给它变变脸。	

【总评】

这是一节很有意思的编创课，为教材的二度开发提供了一个全新的视角，也开创了一个新的课型。不管是在教材的开发还是在教学设计的创新上，吴老师都有自己独到的认识和对音乐教育的深刻理解，她把自己的教学主张自然地融入到了教学中去，达到了很好的学习效果。这节课的目标不仅仅是为了让学生学会教材中的歌曲，而是通过对歌曲创编和表演等音乐活动感悟音乐要素在表现情感中的作用。这种小组编创课可以使学生在共同完成任务的过程中丰富学习体验，增强与他人沟通、交往、合作的能力，并且注重了学生创造性想象能力的培养。

老师和学生的交流充满温情，对学生的赏识和评价充满智慧和鼓励，学生敢于表现，乐于表演，师生、生生间的评价语言彰显出对学生素养的关注，学生在轻轻松松玩音乐的过程中获得了极为宝贵的情感体验和对音乐要素新的认知：原来一首相同的旋律会因为音乐要素的变化而表现出截然不同的情感！

这是一节有创意有思想的编创课，可谓“尚美启智，达情立人”，得到了听课教师一致的高度评价。

陈雯雯

陈雯雯：意象语文

陈雯雯，大马路小学语文教师，师从著名特级教师于永正先生。从事语文教学和班主任工作多年，先后获得江苏省优秀教育工作者、徐州市“五一劳动奖章”、徐州市学科带头人、徐州市十佳师德模范、徐州市优秀班主任、徐州市“课改”先进个人等荣誉称号或个人奖。多年来坚守语文课堂，潜心钻研、不断实践，曾获得江苏省青年教师基本功大赛一等奖、全国第四届苏教版教科书课堂教学大赛特等奖、江苏省教学成果一等奖。参加全国、省、市级赛课和展示课活动 50 余次，并在江苏省中小学教研室“教学新时空 · 名师课堂”做教学直播。

教学主张：意象语文。

教育格言：学生明天的需要，就是我们今天的教育。

成长足迹

不负师恩，唯有成长

不止一位亲朋好友说过，我特别适合做教师，仿佛生来就注定要成为一名语文教师。对于这个说法，我欣然接受。从 1996 年走上小学教师的岗位，我就一直沉迷于这份让我欢喜、让我眷恋的职业。我曾经想过，如果不做教师，我还可以做什么？答案是，我只能做一名语文教师。语文教师、班主任这个岗位也带给了我许多的荣誉：江苏省优秀教育工作者、徐州市“五一劳动奖章”、徐州市十佳师德模范、徐州市优秀班主任、徐州市学科带头人等。回首 20 年来的语文教学之路，最要感谢的就是我的师父——于永正老师。始终认为自己是于老师的弟子中最幸福的一个，因为在我成长的每个重要节点，都有于老师的身影和声音。

一、一盏温暖的明灯，照亮我的为师之路

1996 年 9 月，我师范毕业，被分配到大马路小学。能来到这所家喻户晓的名校做教师，引来很多人的羡慕。学校领导大概是考虑到在一行师范生中我的“海拔”最高吧，竟然安排我教五年级语文。与这群孩子年龄相差 6 岁左右，这样的教学生涯的开始，着实让我感到畏惧和恐慌。一天，教导主任通知我说，今天教研室于主任要来听课。于主任是谁啊？那篇叫作《梅雨潭》的课文我是怎么教完的，一点印象都没有了，但是我知道了，于主任就是电视机里那位教《草》的于老师，就是在读师范时我们无比崇拜的于老师。于老师耐心地为我示范课文的朗读，把自己对课文的解读讲给我听。那一刻我明白了，语文课应该这样上，语文教师的工作可以这样有趣。可以说，于老师一次的教导点燃了我这一生的追求，从此，我与小学语文教学结下了不解之缘。

两年后，我被学校推荐参加鼓楼区的青年教师比赛课，于老师是评委。我执教了《我应该感到自豪才对》这篇小童话。其实谈不上什么教学设计，就是凭着对于老师课例的模仿，我带着学生们读故事、讲故事、演故事。课后，于老师慈祥地对我说：“这个小姑娘进步很快啊！”有了于老师的鼓励，我更是如饥似渴地研究他的课例，在课堂上不断地模仿尝试。1999 年 4 月，于老师的教学思想研讨会在徐州召开，我很荣幸地被于老师安排在研讨会上执教一节课。一个工作才第三年的

新教师在这么大规模的会议上执教，引起了不少人的质疑。于老师给了我很多的鼓励，他说："雯雯，我就喜欢你在课堂上和学生的交流，自然亲切，像朋友。只要坚持这样做就好。"如果说我现在在教学上也有自己的一点风格，那一定是于老师最早给予我的启发和指导。虽然那时我们都不知道那叫"儿童立场"，但是于老师早已将这样的种子种进了我的内心。

2002 年，我终于如愿以偿地拜于老师为师了。跟于老师学习的机会多了，进步也就更快了。短短五年时间里，我获得了区级、市级评优课一等奖，还参加了江苏省语文骨干教师培训班。但是，于老师对我的要求也是越来越严格了。记得一次国家语委来校调研时，我被安排执教一节语文课。于老师第一次听我试讲《过故人庄》这节课后很生气，这是我见过的于老师为数不多的一次发脾气。他狠狠地批评了我，原因是我没有用心思考，没有动脑筋。这当头一棒敲醒了我：不要以为自己获了一些奖就怎么样了，教学的事情来不得半点马虎和自满。为了这节课，我花费了大量的精力，我在重新思考：如何在古诗教学中很好地进行识字写字教学呢？我翻阅了大量的有关《过故人庄》的诗词解读和鉴赏，把诗意、诗情、诗境完全内化在心里，这时我就发现，原来诗中的字词学习是不能脱离文本的学习和理解的，即使是写字，也是可以和古诗结合在一起的。再一次试讲，于老师的笑容一直洋溢在脸上。临近下课时，于老师说："雯雯，这个环节我来上一遍，你好好看看。"于老师走到学生面前，很快就投入到教学中。他讲的每一句话，板书的每一个字，看着学生的每一个眼神，都是在给我做示范。于老师在送我的一本《教海漫记》上写道："科学求真，艺术求新"。他就是这样教徒弟的，用他的言传身教来告诉我们应该怎样对待教学，怎样对待学生。我真的很幸运，在从教的开始就遇到了于老师，他就像一盏温暖的明灯，指引着我前进。

二、一年紧张的赛事，助推我的专业成长

一个人的成长总是需要一些特殊的事件来助推。2013 年我被选为徐州市的唯一代表参加苏教版教科书第四届全国课堂教学大赛。新的比赛主题，给我带来了巨大的考验。从 3 月接到比赛任务开始，我的教案设计多次被推翻，教学试讲也是多次不成功，我几乎失去了信心。关键时刻，于老师、高林生老师的指导启发了我。我渐渐明白，教学一定要遵循儿童的学习规律，了解儿童的学习起点，采取儿童的学习方式。《谈礼貌》一文是小学阶段的第三篇说理性的文章，学生是有学习的基础的。怎样在学生已有基础上开展学习活动，让学生运用已有经验建构新

的学习呢？围绕这个想法，我设计了“回顾《说勤奋》一文内容”的环节，借助以往的学习过程，自主梳理《谈礼貌》一文的内容。学生的学习兴趣一下子被激活了，相似的文章怎样阅读，他们一下就明白了。于老师一直告诉我们，教学就是要教出“恍然大悟”，要把学生教聪明。在于老师和几位教研员的帮助下，我终于有了比较满意的教学思路。临去南京比赛的前一天，早上6点钟我接到了于老师的电话。于老师马上要出差，比赛时几个需要注意的地方他还是不放心，所以早早地打电话叮嘱我。“放下包袱，轻装上阵，记住，你是在给学生上课。”比赛结束了，当获悉取得了特等奖的好成绩时，我第一个念头就是告诉于老师。我把好消息编成短信发给于老师，很快，于老师回复了四个字：“雯雯万岁！”我知道，这是于老师在为我由衷地高兴，高兴于我的成长。我回信给于老师：“于老师万万岁！”一个月的备赛过程恰逢徐州的3月，春光明媚，虽然我错过了云龙湖畔的十里杏花，但是我收获了一般教师几年才能有的进步。从那时起，于老师就在引导我用整合的眼光看教材，前后联系，对比阅读，让学生自己发现新的知识点。这样的阅读方式就是用教材教儿童学语文，教的是方法，提高的是能力。

同年8月，我又被推荐参加江苏省青年教师基本功大赛。7项比赛，项项都要攻克，不能有丝毫的差错。为了弥补语文素养和专业知识的不足，我恶补了好几本这方面的书；为了把粉笔字的书写再提高一个层级，我每天对着字帖练习，还专门找到书法老师指导；为了让教学设计成为亮点，我从网上下载了100余页的资料，认真研读，做好批注……尤其是对于《语文课程标准》的学习，我更是花足了力气。背不下来，我就一字一句地抄，只会背不理解不行，我就对《语文课程标准》的每一部分做文字解读。仅“前言”和“课程目标与内容”部分，我就写了接近两万字的解读。现在回头来看，当时虽然辛苦，但是无论是专业知识还是学科素养，都是在那段时间里有了不知不觉的进步。两个月的紧张备战气氛压得我喘不过气来，而短板——即兴演讲、重要项目——课堂教学的准备一直不顺利。不知道于老师是怎么知道了我的困难，没有通知我，就直接来到了学校。那天一下课，张艳校长告诉我于老师来了。我几乎是飞奔到校长室。推开门，看到于老师的一瞬间，我泪如雨下，扑到于老师肩头就大哭起来。多少的压力，多少的无助，多少的感激都在这眼泪中！于老师拭去我脸上的泪珠，心疼地说：“俺雯雯辛苦了！”这一天，于老师亲自示范了讲故事、朗读，指导了我的粉笔字书写，下午还让我随便选一篇课文，他上课给我看。有了于老师的指导和鼓励，我重拾了信心。在11月的比赛中，我以总分第三名的成绩获得了江苏省青年教师基本功比赛一等奖。事后，于老师经常提起我那次哭鼻子的事情。我一直没有告诉于老师，其实在心底我早已把他当成父亲一样尊敬和依赖。春华秋实，付出总有收获，这样的大赛，这样的磨炼，是我成长道路中的助推器，我实现了教师成长过程中的一次蜕变。

三、一个崭新的起点，寻求我的教育理想

科幻作家阿瑟·克拉克的墓志铭这样写道："我永远都没有长大，但我永远都没有停止生长。"永远都在成长，这是最美好的一种状态。所以，2013 年的轰轰烈烈之后，我告诉自己要安静下来，因为只有心灵安静，成长才会有清晰的方向。我把这几年自己参加的比赛、上的公开课整理好，渐渐找到了自己下一个努力的目标。2016 年，于老师"儿童的语文"教学思想的继承与发展的研究正式展开，在于老师的研究基础上，沿着于老师的思想前行，这将是我不断的追求。

1. 识字写字教学专题

从《谈礼貌》一文的教学开始，我努力尝试高年级的识字写字教学，把握一类汉字的结构特点，教一个会一类。这节课的探索还仅仅停留在汉字识记和书写本身的研究上。到了"识字 8"一课时，因为跟张庆老师学习了《周易》，所以很自然地就把中国文化中的"象"的思维运用到了教学中，汉字的识记和书写就有了文化的味道。这大概是我思考"意象语文"的开始。随着统编教材的推广使用，习惯使用苏教版教材的教师们发现，统编教材的识字课文没有清晰的分类，不好教。我的"动物儿歌"一课就是在尝试突破这个难题。2017 年，在教育部基础教育课程教材发展中心举办的首届基础教育改革创新实验区课改优秀项目与课例展示活动中，"动物儿歌"一课获得"最佳教学效果奖"。有了一系列的成熟课例后，我申报了徐州市"基于汉字文化的小学识字写字教学研究"规划课题，希望在做课题研究的过程中得到更加清晰的认识，改变识字写字教学简单机械的教学形式。

2. 古诗教学专题

源于学习《周易》的体会，我对中国文化中的"意象文化"产生了兴趣，并努力将"意象文化"的理论与语文教学实践进行有机结合。古诗词是中国意象使用最为普遍的文学样式，我便开始尝试古诗词的教学。《六月二十七日望湖楼醉书》是我将这种思考运用到教学中的第一次尝试。这一节课获得了 2014 年度的"一师一优课"的部级优课。朱熹的《观书有感》可谓说理诗的经典，代表了这一类诗歌的主要特点。我尝试让学生在自主发现中明晰这首诗中"象"与"理"的关系，随后补充阅读同类古诗。在进行此项研究的同时我参与了省级课题"传统'言意之道'

视域下的课程内容建构与实践”的研究，并获得江苏省教学成果一等奖。

3. 单元整合教学专题研究

随着国家课程改革的不断深入，国家课程的校本实施成为学校落实课改精神的重要阵地。2016年9月起，在学校“整体把握教材”教研形式的基础上，我尝试从教学目标、教学内容、教学实施和教学评价四个方面开发一册教材的单元整合案例。没有可以借鉴的例子，我就请教专家，查阅资料。那一段时间，《课程的力量——学校课程规划、设计与实施》这本书成了我的随身之物。在市教研室刘春老师的指导下，我首先把课程标准中的年段目标进行分解，细化成两个年级、四个学期的具体目标。接着，围绕目标选取教材中合适的内容，并根据需要，把教材内容进行重新组合和调整，尝试着将课文中的“意象”内容融入教学目标。教学内容的整合，一方面使得学生对语文知识的学习不再是零碎知识的简单重复，真正实现了在已有基础上的进一步发展；另一方面也使课程内容有了更强的生活意义和现实意义，顺应了儿童生活的丰富性。学习崔允漷教授的“评价先行”的理念，根据目标和内容，制订了可评可测的能力评价标准，以及关注过程、关注态度的过程性评价指标。让评价促进学习，唤醒儿童成长的自觉性。最后就是教学的落实问题。单元整合教学的目的之一就是把相似的、相通的教学内容放到一起，帮助学生理解“言意之道”，做到触类旁通，知识转化成能力。所以在策略的制订上我们充分相信儿童，给予儿童主动建构、积极参与的机会，通过学习活动的开展，丰富学生对语言文字的体验和感受。最初我一个人制订了小学语文第3册的单元整合教学方案，虽然还有很多的不成熟，但得到了老师和专家的肯定。随后，我和学校的语文教师们一起研究，一起边学边做，完成了6册教材的整合教学方案。这一年的12月，徐州市首届课程改革现场会在大马路小学召开，我执教了校本开发课“云房子”，并在大会做了关于“语文学科单元整合教学”的经验交流。为了更好地完善我们的研究和实践，我申报了“课程整合视域下的课内外阅读的融合策略研究”，被确立为徐州市专项科研课题。

一路成长，最感谢的当然是我的师父于永正老师。但是在2017年的寒冬，于老师永远地离开了我们。听到这个消息，我失声痛哭，好久都难以平静。他老人家患病期间仍然不忘儿童，不忘语文。作为他的弟子，要把悲痛转化为力量，转化为对工作的热情和对儿童的热爱，唯有继承发展于老师的思想，同时不断自我成长，才是对他老人家最好的怀念。

我将不负师恩，一直前行……

教学主张

“意象语文”的实践与思考

何为“意象”？所谓“意象”，是用来寄托主观情思的客观物象，或者说是一种艺术形象。其中的“主观情思”就是“意”，其中的“客观物象”就是“象”。“意”是人们内在的抽象的思想，“象”是外在的具体的寄托物。一个汉字、一篇文学作品，总要通过具有某种特殊含义或文学意味的具体形象来表达作者的情感活动和思想认知。这里的“象”是寓“意”之“象”，这里的“意”是寓“意”于“象”，“意”源于内心并借助于外在的“象”来表达，“意象”就是主观的“意”和客观的“象”的有机结合。

“意象”也是中国古代文论中的一个重要概念。在《周易·系辞》中，就有“观物取象”“立象以尽意”之说。这里的“象”原指卦象，是一种阴阳符号。后来的古代文人们则借用“象”这一概念，以具体可感的“物象”来“立象以尽意”，创造了最早的汉字，创作了丰富的文学作品。我们知道，语言和思维总是融于一体的，一个民族有什么样的思维方式必定创造出相应的语言符号系统。汉语以及汉字的创造过程就很好地体现了中国人的“意象思维”特征。纵观中国文学发展史，在古人的文学创作思想里，“意象”始终具有非常重要的作用。特别是在中国古代诗歌的创作中，那种寓情于景、以景托情、情景交融的艺术技巧比比皆是，表现出中国文人非凡的创造意象的能力。这给我们今天的语文教学很多有益的启迪。

根据对“意象”概念的理解，再结合长期的小学语文教学实践，我提出了自己的教学主张：意象语文。近年来我也一直努力在自己的课堂教学中进行深入思考与不断探索。

所谓“意象语文”，是指借助“意象”理论应用于小学生语言学习的语文教学。具体而言，“意象语文”就是指在语文教学过程中为了达成相应教学目的，从学生实际和教学需要出发，充分发掘教材中具有“意象”的要素，引发学生的想象和情感体验，使学生借助具体物象轻松地进入学习状态，帮助学生迅速而准确地理解文章内容以及在语言表达中有效地“立象尽意”。“意象语文”教学的特点就是以“象”为突破口，以“意”为核心，以学生对语言的感悟理解为重点，以培养学生语文素养为主要目的。

一、还原汉字中的“象”，提高学生识字写字的能力

《说文解字・序》开宗明义，首先引述了《系辞》的一段文字，然后接着说：“黄帝之史官仓颉，见鸟兽蹄远之迹，知分理之可相别异也，初造书契。”这表明了作为文字学家的许慎对《周易》和汉字的“象”思维的深刻领悟，两者在“观物取象”“立象尽意”的表达方式上具有相同的文化心理渊源。汉字源于物象，成于意象。在汉字领域，“象”思维始终置于重要的地位。汉字的形成，彰显着主客融合、天人合一的理念，渗透着先民对自然物理的观察和人生经验的感知，是主体之“意”最大限度的植入，是生命之于物象的心灵体验的结果。古人对“象”的重视，左右着汉字的审美品质和意蕴内涵。基于对汉字的这种认识，在识字写字教学中，借助汉字的“意象”特征，还原汉字中的“象”，可以有效提升学生识字写字能力，激发学生对汉字学习兴趣的有效途径。

1. 意象还原，赏汉字形象之韵，助识记之力

先民在创造汉字时，不论是创造什么字，都要使文字“象”那个所表达的物体。如果无形可像的字，则想方设法在象形字的基础上去指事或者会意，用具体的象来表达抽象的概念。所以一个汉字就是一幅画，一件事，一种情景……学生在学习汉字的过程中如果可以将一个个汉字还原成一个个的意象符号，则可以大大激发他们学习汉字的兴趣，提高识字的效率。

根据《周易・系辞》所言，最初象形字应是创字的初形，大凡象形字都是表示具体实物的名词。通过课堂实践验证，用追溯字源、古今比照、看图辨形、联想析义的方法来进行象形字的教学是切实可行的。学生通过观察、对比、联想等学习活动，将生活中存在的客观事物与汉字联系起来，对于记忆汉字的字形、理解字义有很大的帮助，减少了汉字书写中的错误。

汉字中的象形字所占比例不多，以独体字为主，是指事、会意、形声等造字法的基础。象形字如果是独立的物象，那么指事、会意和形声字就是物象的组合体。教学中首先需要引导学生建立独立的“象”的概念，再通过联想、比拟、象征、叠加等思维手段来感受这类汉字的形与义的关系。例如苏教版小学语文一年级下册的“识字 7”一课中，需要学习的汉字是“从、众”等字。在教学中，教师可以创设情境，自己在前面走，让一个学生跟在自己身后，这就还原了“从”字的“象”，学生直观地建立起对“跟从”这个词语的“意”。“众”便是“许多人”的含义。由此类推，“识字 7”中的“森”字也是“意象”结合的范例。再比如：“美”字的笔画较多，学生

在书写时容易少些横画。在教学中引导学生观察字形，还原字中的“象”，学生发现“美”字的上部分是“羊”字的变形，代表的是“羊”的形象，与下面的“大”组合起来，意为肥壮的羊。古人以羊为主要副食品，肥壮的羊吃起来味很美。如此还原，学生不仅掌握了“美”字的正确书写，而且通过对汉字的学习了解了传统文化，增加了学习汉字的兴趣。

2. 意象还原，悟汉字字理之魅，增识字之能

形声字是汉字体系中最能产的造字形式，汉字中80%以上都是形声字。《说文解字》中指出形声字是用同类事物的名称来命名字义，是它的表义成分；取同一读音的字来表音，是它的表音成分。由此可见了解形声字的造字规律对学生的识字有着重要意义。汉字是音、形、义三者的结合体，所以分析形声字，可以从分析形旁、声旁入手，弄懂各部分偏旁的音、形、义，学生就可以触类旁通、举一反三地掌握大量的形声字，所以教师也可将相同形旁的字进行归类总结，通过对比、联系方法来学习一类形声字。苏教版小学语文二年级下册“识字 8”中出现的带有“鸟”字旁和“隹”字旁的两组鸟类的名称，这是古人根据鸟类的不同特征将其进行区分而形成的两种表达方式。《说文解字》中指出，短尾为隹，长尾为鸟。在教学中首先需要通过还原“鸟”与“隹”的象，引导学生比较发现其异同，进而揭示这样的分类，帮助学生了解汉字中不同偏旁表示的不同意义。掌握了这个字理知识后，学生再遇到带有这两个偏旁的汉字时就可以进行独立的识记和理解了。

在形声字这个庞大的汉字体系中，形旁表义，声旁表声是最为大家所认同的特点。《汉字与汉字文化》一书中指出，声符表义在形声字中也是大量存在的，这一说法对于识字教学又是一点启发。例如苏教版小学语文二年级上册“识字 8”一课中出现的一串带有“包”字的生字和词语（书包、花苞、饱满、火炮、水泡）。其中的“包”字本义为包裹胚胎之物，引申为包裹之义，在这些词语中既表示了生字的读音，同时也表示了这5种物体都有包裹的含义。在教学中首先从学生熟悉的形旁表义、声旁表音入手，让学生说说以上5个词语与偏旁之间的形义关系，进行生字音形义的整体学习。接着出示“包”字的古文字图片，引导学生发现“包”字的本义，在此基础上，让学生再到5组词语中去发现它们之中是否有“包裹”的意义存在。以“包”为声旁的汉字几乎都有“包裹”之义，这个发现又帮助学生建立了一个新的字理认识，大大激发了他们学习汉字的兴趣。

在形声字教学中还原汉字的意象，可以使汉字教学更加规律化、形象化，形成类推，增强学生的类分、类推的思维意识和能力，从而缩短学生掌握汉字的时间。

汉字构造理论是我国古人智慧的结晶，在识字教学中，在教师不断渗透字理蕴意中，学生对汉字的构成部件、形体、结构构成等都慢慢建立起独特感性的认识。当识字的数量大幅增加时，学生能够自觉运用理性思维去自主探索汉字的构字规律，这样的过程有利于学生逻辑思维能力的发展，也在过程中提高了自主识字的能力。

3. 意象还原，感汉字文化之涵，凝识字之情

饶宗颐在《符号·初文与字母——汉字树》中指出，汉字已是中国文化的肌理骨干，可以说是整个汉文化构成的因子，必须对汉字有充分的理解，然后方可探骊得珠地认识和掌握对汉文化深层结构。是的，文字的发展，文字的构型，无不是文化的积淀。我们通过一个个的汉字的拆解与阐释，可以重建古人的生活、思想观念、文化习俗、思维方式等，进而透过汉字的学习感受中国文化的瑰丽与变迁，形成对民族文化的热爱与自信。例如在学习“善良”中的“善”字时，引导学生还原意象，有助于学生对“善良”的含义有更加丰富的理解。首先还原“善”字的形象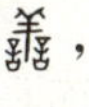，是由“羊”“言”组成。然后引导学生还原“羊”的形象。羊，性温顺，食水草，不吃荤，不杀戮；羔羊跪乳，谦卑恭顺，知孝达仁；羊，食草产乳，全身皆宝，宽广博爱……善者，知孝仁，求奉献，谦恭，忍让……学生在“善”字的学习中深刻地感受到了中华民族自古以来崇尚的“善良”的品质。

由此可见，如果识字教学的课堂能通过还原意象，引发学生想象，就可以内蕴丰厚，让学生受到中华文化的熏陶和影响。新课程标准中强调要培养学生对祖国语言文字的热爱，对汉字造字内涵的分析也正是语文课堂将工具性与人文性相结合的要求，有利于学生接受民族文化的熏陶，对民族文化、民族思维方式、民族精神理念产生新的认识和理解，从而产生民族认同感和发自内心的民族自豪感，对学生的审美情趣和意识观念都有积极的引导和影响作用。这些是对中华传统文化最好的继承和传扬。

二、借助文学作品中的“象”，提升学生的阅读理解力和感受力

《语文课程标准》中指出，在阅读教学中要重点评价学生对阅读材料的综合理解能力，重视评价学生的情感体验和创造性理解，培养学生感受、理解、欣赏和评价的能力。学生的感受、理解力等从何而来，教学中的具体抓手是什么呢？在文学作品中，作者常用言语意象来抒发情感，言明心志。意象就是“感情的表象”，是作者意志的映射和对象化。一提到文学作品中的意象，人们更多的是想到古诗词

中的意象，目前教学中有关“意象”的研究和实践也更多地出现在古诗词的教学中。其实，意象不是中国古典诗词的专利。在漫长的中国文学的发展史上，意象俨然成为人们的一种思维习惯，所以在近当代的文学作品中，意象的使用普遍存在。在阅读教学中，可以从意象入手，引导学生发现意象、关注意象、感悟意象，发掘文本中意象的内涵。这既是解读文本的重要方法，也是走进作者内心的重要途径。在这样的阅读学习过程中，以意象为抓手，能够切实培养学生的理解力、感受力等具体的阅读能力。以《宋庆龄故居的樟树》一文的教学为例，简单谈谈具体的做法。

1. 借助想象，展开意象

运用形象思维，发挥联想和想象，去把握意象，这既符合文学欣赏的规律，又切合小学生的实际。由于文学素养和审美水平的限制，小学生一般不是从理性上去审视作品，而是从感性、经验的角度去阅读欣赏。引导学生展开想象的翅膀，使作者所塑造的形象在学生头脑中形成一幅幅色彩鲜明、栩栩如生的美丽画面，从而得到美的感受。《宋庆龄故居的樟树》是一篇借物喻人的文章，对于小学生而言理解起来是有难度的，其中樟树的品性与宋庆龄先生高尚的人格之间的关系是学习中的难点。突破难点的关键在于将“树”与“人”建立起关联。教学中，我首先从学生较为熟悉的樟树入手，以“宋庆龄先生舍不得的两棵樟树是怎样的两棵树”作为问题，引导学生进行自主学习。学生潜心阅读，品味文字，透过“枝干粗壮”“伸得远远的”“绿得发亮”“蓬蓬勃勃”等词句关注樟树的外形。我以“生活中你在哪里看见过这样的树”为问题，引导学生展开想象，激发学生的生活经验，在头脑中浮现画面，展开对樟树这一意象的理解。接着，对樟树拒虫这个特点进行阅读。通过与石榴树的对比，感知樟树的内在特点，进而形成对樟树整体形象的认识。

2. 情境创设，领会意象

在教学中教师还要善于带领学生体味作者创作此文章时因为时代、社会及作者自己经历而带来的精神和情感变化，从而明白作者想要表达些什么。作者的主观情意会受自身及外界环境的影响，所以要想真正走进作者创作某篇文章的主观情意的世界，就应该对作者创作文章前后的系列背景进行了解，从而走进作者的主观世界。樟树是形象，是生活中可以触碰的，同时也是文字具体描写的，所以学生理解起来并不是很难。但是作者茹志鹃所要歌颂赞扬的宋庆龄，学生是十分陌生的。在教学中，我提供了有关宋庆龄的资料给学生阅读，并结合教材的语言训练点，引导学生用“即使”“只要……就”两组词语来说说宋庆龄留给自己的印象。学生通过阅读，提取出关键信息，并且在词语表达的练习中，梳理了对人物的认识。宋庆龄不畏强敌，不惧危险，永葆革命斗志的形象逐渐在学生头脑中建立起来。此时，将樟树与宋庆龄放到一起来读，学生恍然大悟，原来，宋庆龄就像樟树一样，樟树就是宋庆龄的化身。作者赞美樟树就是在歌颂宋庆龄；人们爱和樟树合影，是对宋庆龄的一种敬仰。至此，借物喻人的写作手法已无须他言，学生自然就领悟了。

3. 归纳积累，丰富意象

樟树作为一种意象，寄托了作者的情感，作为一种表达的手段，很好地诠释了“立象尽意”的意象思维。文学作品中通过建立“树”的形象来表情达意的文章还有很多。借助本课的学习，让学生透过其他的文章来感悟积累，丰富对意象的认识和感悟。在课后的探究学习中，我安排学生阅读了袁鹰先生的《白杨》。教师要想最终实现“不教”，就需要在教学过程中，不仅授之以鱼，更要授之以渔，让学生在学习文本的基础上，摸索学习规律，掌握学习方法，这才是教学的最终目的。用意象解读文本、打开作者的内心世界都是有效的学习方法。但巧用意象，激发学生想象，让他们在丰富多彩、海阔天空的语文艺术世界里展翅翱翔，一隅三反，则会收到更好的教学效果。

其实不仅是像《宋庆龄故居的樟树》这样的借物喻人的文章可以以意象为突破口，培养学生的理解力和感受力，小学教材中的很多叙事性的文章也可以通过对意象的把握，形成对文章人物的感知和对文本主旨的理解。就拿《番茄太阳》一文来说，“番茄太阳”在文中出现了三次，小女孩明明阳光般温暖善良的心灵一次次地浮现在读者眼前。意象是汉语言文本传情达意的重要形式，与西方人把文学看成是反映生活的一面镜子、强调模仿与再现不同，古代中国人强调表现，重视抒情，反对直露，常常托物言志、借景抒情，把个体独特的生命体验和情感意思隐匿在形象中，情景合一，主客统一，意象融汇，言简意丰，言近旨远，言此意彼，形象性、模糊性、抒情性强，充满象征与暗示意味。

古诗文的教学更是离不开对意象的把握。诗词是小学语文教学中的一个重要组成部分，更是我国文学历史上的优秀文化沉淀。但是，由于古诗词的时代背景已很久远，加上文字形式又比较简短，对于文化底蕴尚浅的小学生来说，鉴赏古诗词实际上存在着很多困难。这就需要引导学生从认识意象入手，逐步建立古诗阅读中的意象思维习惯，形成一定的阅读方法。在此以苏轼的《六月二十七日望湖楼醉书》这首诗的教学为例，梳理在古诗教学中的具体做法。

1. 诵读中想象，把握意象

要学习和鉴赏好古诗词，首先要将诗中的意象找出来。意象就藏在古诗词的字里行间，朗读古诗词是找出意象的最好办法。所以在教学古诗时首先需要学生在反复诵读中扫清词语读音和理解上的障碍，在这个基础上找到诗中描写的景物。在教学《六月二十七日望湖楼醉书》一诗时，初读诗文后，我引导学生发现诗中出现的景物分别有云、雨、风、水。那这些景物分别有什么特点呢，这还需要学生到诗中去品读。学生通过抓住诗句中的词语进行个性化的理解，这个过程中离不开想象。“黑云翻墨”是怎样的情景，“白雨跳珠”是何等的状况……浓云、急雨、劲风、静水4种意象的特点在诵读想象中建立起来。

2. 诵读中品味，感受诗情

古诗词讲究含蓄凝练，情感当写景来抒，志向则托物来咏，所谓“言在此而意在彼”，“此”就是诗人所写之景和所咏之物，即“象”；“彼”就是诗人通过所写之景和所咏之物而要表达的情和志，即“意”。诗人通过意象来达意，读者通过意象来悟意。学习中学生把体会到的景物特点通过诵读进行品味，感受当时的忽云忽雨，疾风吹散后的水平如镜，通过入情入境地朗读体会这一组景物的变化，感受诗人目睹这一切的心情。

3. 诵读中发现，走向意境

中国古诗词讲究的是“一花一世界，一叶一菩提”的境界。因此，古诗词教学中，需不止于意象，走进意境。意境之“意”即诗人的主观情感，之“境”即诗人所描绘的客观景物。意境就是把诗人的主观情感与客观景物和谐统一成整体。简言之，意境就是融情于景。一般是就整首诗而言，需要通过学生的联想和想象感悟，常给人以无限的审美愉悦。在《六月二十七日望湖楼醉书》教学的最后，我引导学生发现诗人苏轼在这首诗中大量使用的比喻手法，闭上眼睛把众多意象在头脑里串联起来，构建画面，感受诗人苏轼豁达坦然的心境和洒脱不羁的诗风。这种意境美要学生用心灵感悟，严羽说：“大抵禅道唯在妙悟，诗道亦在妙悟。”古诗词学习中应抓住意象阅读，通过意象这个突破口，由象到意，解读、串联意象，感悟意境，指导学生融进古诗词，走入诗人心灵深处，领悟古诗词真谛。

三、利用“意象”的特点，丰富学生的情感体验与语言表达

中华民族两千多年的文化流传的过程中，一些意象形成了相对固定而又独特的含意，以至于作者表达某种情感时，自然就会想用某种意象，如诗人想要表达君子高洁的品性，就会首选“荷花”这种意象，塑造君子的形象。反过来，读者通过诗中“荷花”的意象，就能领悟到诗人所要表达的高洁品性，感受君子的形象。这就

是民族文化现象。

吴怀仁在文章《论汉语写作中的意象思维定位》中解释说："意象思维是汉语写作中最显著的思维方式。意象思维的根本特点在于在认识和评判外界事物时，以时间属性为主，空间属性为辅，以时间属性统摄空间属性。"意象思维就是作者在写作构思中他的脑海里所形成的客观生活场景和所要表达的主观思想感情相互融合，最终达到一致的形象化的思考过程，它是作者主观意识的自觉和膨胀，是作者自身的艺术创造与审美追求。在写作中将这种意象思维赋予汉字和语言，使意和象融合一致方能创造出生动而丰富的形象，写出来的文章更具隐喻性、朦胧性、象征性和延伸性。小学生的思维尚处在形象思维阶段，他们的写作还处在学习阶段，而运用意象手法写作需要探究言、意、象三者之间的关系，在写作时将言、意、象很好地融会贯通。这样理性全面的思维是小学生无法达到的。所以在小学的意象语文的教学中关于习作方面的涉及较少，关于意象的教学还主要体现在感知和积累阶段。

积累是非常重要的。"合抱之木，生于毫末；九层之台，起于累土"，没有经过量的积累，就企图一蹴而就，是不可能的。利用意象特点进行写作教学更是如此，只有学生的头脑中形成丰富的意象积累，才能在语言表达时选择合适的意象来表达自己的情感和思想。因此，丰富学生的意象积累是提高他们意象理解能力和意象运用能力的前提。余卫东提出："写好作文，我认为必须建立三个'仓库'：一是素材仓库，二是意象仓库，三是语言仓库。"意象仓库从何而来？需要学生在观察、感知、辨识的基础上储备意象。意象的储备对学生的要求就是，能在学习与生活中有意识地观察外界事物，在阅读中和成长中，有意识地积累文学意象，并对其进行整理与摘抄，进而运用到自己的作文之中。在教学中，我主要借助教材的文本中出现的意象为例子、为引子，补充含有相似意象的文学作品给学生阅读。在阅读过程中运用意象思维的方式来捕捉文章中出现的意象，用归类的方式进行整合，以类记忆，形成板块似的积累模式。

《语文课程标准》中明确指出，语文课程"应特别关注汉语言文字的特点对学生识字写字、阅读、写作、口语交际和思维发展等方面的影响，在教学中尤其要重视培养良好的语感和整体把握的能力"，语文课程"丰富的人文内涵对学生精神世界的影响是广泛而深刻的，学生对语文材料的感受和理解又往往是多元的。因此，应该重视语文课程对学生思想情感所起的熏陶感染作用，注意课程内容的价值取向，……同时也要尊重学生在语文学习过程中的独特体验"。

如何利用"意象语文"这一教学主张培养学生良好的语感和整体把握能力，帮助学生提升人文内涵，是我今后孜孜以求的教学目标和价值导向。

课堂实录

（本课在江苏省中小学教研室“教学新时空·名师课堂”栏目中直播）

运用“象”的功能，演绎教学精彩

——苏教版小学语文第4册“识字8”课堂实录与评析

执教：陈雯雯　评析：刘春　高林生

一、借“燕”字演变，激学习之趣

师：同学们，汉字是世界上最古老的文字之一，有人说，一个汉字就是一幅画。大家看，这是什么？（屏显：燕子的图片）

生：燕子。

师：经过了几千年的演变，这就是现在的“燕”字（屏显：“燕”字的演变过程）。

在我们的汉字宝库中，还有许多像“燕”字一样有关鸟类的汉字，也经历了奇妙的变化。今天这节课，我们就一起来学习“识字8”，继续探索其中的奥秘。（板书课题）

评析：用“燕”字导入教学有两点妙处，一是“燕”作为学生已经学过的字，由已知引入新知，唤醒学生熟悉的经验，激发学生学习其他汉字的兴趣。二是“燕”属于独体字，本节课要学习合体字，虽同属于鸟类，但造字方法由简到繁，既便于归类识字，又符合学生的认知规律。

二、探文字之源，辨“鸟”“隹”同异

师：请同学们打开书，仔细观察书上76页的表格，你有什么发现？

生：书上的“鸟”的图画，变成了两个字。

师：对啊，你瞧燕子的图画，一幅图变成一个字，可是，“鸟”的图画为什么会变成两个字呢？

生：可能是两只不一样的鸟吧。

师：你说得很有道理。大家看（屏显：动画“鸟”字的演变过程，分别显示“鸟”字图和“隹”字图），我们的祖先把鸟长长的尾巴，不厌其烦地一笔一笔地描画出来，这就是“鸟”字。而那些飞得高高的鸟儿，短短的尾巴藏在翅膀下面，几乎就看不出来了，演变到现在就是“隹”字。这个字就代表短尾巴的鸟。（屏显：“隹”字的演变动画和读音）

（生认读“隹”字）

师：看老师来写“隹”，（边写边说）一撇一竖是小鸟的身体，一点是突出亮亮的眼睛，密密的4横是身体的羽毛，尾巴呢？

评析：“鸟”和“隹”这两个不同的符号都能表示鸟类，其差别在于尾巴长短的不同。陈老师用多媒体分别演示了两个偏旁的演变过程，用探究文字变化之源的方法，帮助学生形象地理解偏旁所表示的意义。两个偏旁中，“隹”是重点和难点，所以教师范写，强化学生的认知，并为下面写好“隹”字旁的字打好基础。

三、赏汉字特色，助识记之力 1. 整体感知，自学认读。 师：鸟类王国的鸟儿都飞来了，你能读好它们的名字吗？ （生借助拼音，自由练读词语） 师：谁来读一读这些鸟儿的名字？ 生 1：乌鸦　海鸥　杜鹃 　　　麻雀　老雕　大雁 师：小朋友真是又有礼貌又聪明，把小鸟的名字读得又清楚又响亮。再看看它们的偏旁，你有什么发现？ 生：第一行的词语里都有带“鸟”的字。 师：那就是说，这些鸟它们都长着什么样的尾巴？ 生：它们都长着长长的尾巴。 生：第二行的词语里都有带“隹”的字。 师：那它们的尾巴呢？ 生：短短的。 2. 关注三种鸟的叫声，识记第一行词语。 师：看到同学们这么爱动脑筋，鸟儿们都想和大家交朋友呢！你瞧，它们来了。 （屏显：乌鸦　海鸥　大雁） 师：你熟悉它们中的哪一个呢？谁来说说看。 生：我熟悉乌鸦，它的身体黑黑的。（屏显：乌鸦的图片和词语） 生：乌鸦很黑，叫声难听，人们都说它不吉利。 师：（屏显：“乌鸦喝水”图和“乌鸦反哺”图）是啊，乌鸦的样子不好看，叫声也不好听。不过它很聪明，也很孝顺，乌鸦妈妈老了，飞不动了，小乌鸦叼来虫子喂妈妈。小乌鸦这么聪明孝顺，我们都想记住它，谁来说说，“鸦”字怎么记？ 生：小乌鸦的嘴里有牙，所以左边是“牙”字。 师：哦，鸟儿的牙齿也成了记字的工具，“牙”和“乌鸦”的“鸦”字读音很接近。 生：“鸦”字的左边是“牙”，右边是“鸟”。 师：你是用形声字的特点来记住它的。左边的“牙”表示读音，右边的“鸟”表示乌鸦是长尾巴的鸟。其实啊，小乌鸦还是“呀呀”地叫呢，这一下你们记下了吗？	

续　表

师：请看老师写“鸦”字（小乌鸦，懂礼让，左边牙，居中上，鸟的尾巴拉拉长）。 生：我熟悉海鸥。海鸥是在海里飞翔。 师：说得再准确些，海鸥在哪里飞翔？ 生：海鸥在海面上飞翔。 生：海鸥还吃海里的小鱼。 师：看到同学们这么了解自己，小海鸥就唱着歌飞来了（屏显：海鸥边叫边飞翔的画面）你们听，小海鸥是怎么叫的？ （生模仿海鸥的叫声） 师：乌鸦是“呀呀”的叫，海鸥呢？（生接：“欧欧”地叫）同学们真会发现，其实人们就是根据乌鸦和海鸥的叫声给它们起名字的。还有很多鸟也都是这样的，有兴趣的同学课后可以查一查。 生：我知道杜鹃鸟。它们身上的羽毛很漂亮。 师：（屏显：杜鹃图片）谁来介绍介绍这只美丽的鸟？ 生：小杜鹃全身的羽毛都是绿色的。 生：它的个子小小的，嘴巴长长的。 生：我还知道一个杜鹃的故事（生讲述：略）。 师：你知道的真多，老师也知道一个关于杜鹃的美丽的故事。传说远古时候，四川有一个国王，名叫杜宇，他很爱他的子民。因为丞相治水有功，他就把自己的王位让给了他，自己却隐居深山。但他始终念念不忘家乡的子民，死后化作了杜鹃鸟。每年春天，他就日夜不停地“布谷布谷”地啼叫，来提醒人们“播种播种”，所以呀，它还有一个好听的名字：叫——布谷鸟。 师：了解了它们，相信同学们会读得更好。来，一起读一读。 （生带着自己的理解齐读词语） 3. 关注三种鸟的飞行，识记第二行词语。 师：同学们读得这么好听，看来已经和长尾巴鸟成为好朋友了。短尾巴鸟早就忍不住了，也想和你们交朋友呢！可是它们要考考你们。（在黑板上贴出“麻雀、老雕、大雁”的图片） 师：从抽屉里拿出三张词语卡片，同桌合作，对照黑板上图片的顺序，把词语卡片摆一摆，再读给同桌听一听。 （生合作学习，请两位同学到黑板前贴卡片） 师：这两位同学摆得对吗？奖励你们做小老师，带着大家读一读。	评析：先让学生说说自己对词语的理解，不仅可以激活学生的已有认知，发挥学生的学习自主性，还能充分了解学情，以学定教。更难得的是，陈老师敏锐地抓住了“鸦”和“鸥”的声旁兼具表意的特点，用两种鸟类的叫声帮助记忆字形，理解字义，并适度拓展。杜鹃鸟在中国文化传统中蕴藏着思乡与催耕降福的情感含义，师生在共讲故事中，初步感受到了“字里有乾坤”的文化魅力。三个词语的教学层次清晰，重点突出，师生互动充分自然，学生学得快乐轻松。

续 表

生：带领全班同学读三组词语。 师：你最喜欢哪一个？为什么？（屏显：交互出示图片） 生：我喜欢老雕。因为它飞得又高又快。 师：老雕号称飞行之王，有一种金雕，最快时速可达每小时297公里，和我们今天的动车速度差不多呢。 生：老雕的翅膀非常大。（生伸开手臂） 师：老雕是鹰类中最大的一种，翅膀打开有三米多长，是老师张开双臂的两倍。 师：老雕体型庞大，飞得又高又快，难怪人们叫它老雕。 师：“雕”是个生字，谁有办法记住它？ 生：雕，左边是个“周”字，右边是个“隹”，老雕是短尾巴鸟。 师：回答得既清楚又完整。 师：这是个“周”字，姓周的“周”，我们班有姓“周”的同学吗？ 生：有，周心笛。 师：是的，汉字时时都在我们身边。 师：（屏显：汉字画 ）这里有一幅汉字画，能帮助我们记住这个字吗？ 生：右边是一只短尾巴的鸟。 生：图里有个大嘴巴，“周”里有个“口”。 师：同学们观察得真仔细，那图片的左上部呢？像什么？它表示田地。因为老雕的眼睛特别敏锐，能在很远的高空清楚地看到田间的小动物，然后俯冲下来，张开大嘴，一口吃掉。这幅图就是要说明这个意思的。有趣吗？你记住“雕”字的写法了吗？ 生：我喜欢麻雀。因为它很小，很可爱。 师：难怪我们喜欢叫它“小麻雀”。 生：我喜欢大雁。它是候鸟，每年天气冷了，就飞到南方去。 生：大雁飞行时，会排成“人”字形和“一”字形。 师：（屏显：大雁飞行图）瞧，这就是大雁飞行时的队形，这能帮助我们记住“雁”字吗？ 生：“雁”字里的单人旁就是大雁的队伍，“隹”就是说大雁是短尾巴鸟。 师：说得真好。你们瞧啊，“厂”字像高高的山崖，单人旁是队伍，这就是“雁”。	评析：“老雕”一词的识记在师生自然生动的对话中水到渠成，堪称经典。教师在学生对老雕原有了解的基础上总能适度地加以补充和提升，巧妙自然地促进了学生的学，足见教师备课的深入与细致，对学生的熟悉与了解。用汉字画来识记生字“雕”，既记住了字形，更理解了字义，真可谓“一箭双雕”。

续 表

师：我们的祖先真聪明，在创造汉字的时候，还把鸟儿的特点放到了里面，所以，只要用心学习汉字，就会发现更多的奥秘。一起来读一读这三种鸟儿，注意读出它们的特点啊！ （生齐读词语） **四、唱自编儿歌，化识字整体之韵** 师：今天同学们表现得太棒了，鸟儿们想和大家成为永远的朋友，它们送给我们一首儿歌，你们看—— （屏显： 鸟类王国真奇妙， 短尾为隹长尾鸟。 乌鸦树上呀呀闹， 海鸥水面欧欧叫， 杜鹃声声春来到。 小麻雀，田间绕， 大雁排成人字队， 老雕展翅冲云霄。） （生自由练习朗读） 师：听老师来读一读，注意生字的读音。 师：小儿歌写得好吗？我们一起来拍着手读一读，就会更有意思了。 （大家一起来拍手，齐读）	评析：一首整齐押韵、朗朗上口的儿歌将本节课的所有内容涵盖其中，"鸟"与"隹"的偏旁特点，乌鸦、海鸥的叫声与字形字义之间的关系，杜鹃的文化内涵，麻雀、大雁、老雕大相径庭的飞行特质与字形特点，甚至几种鸟类的生活习性等等，帮助学生在有声有色，趣味十足的儿歌诵读中强化所学内容，形成整体认知，体现了鲜明的儿童立场与教学智慧。
五、指导生字书写，识偏旁形状之变 师：（屏显：雕 雁）大家看看，这两个字有什么相同的地方？ 生：两个字都有"隹"字旁。 师：再看看，两个"隹"有什么不一样的地方？ 生：大小不一样。 生：一个长，一个短。 师：具体说说。 生："雕"字里的"隹"字旁瘦瘦的，长长的；"雁"字里的"隹"字旁胖一点，还有一点短。 师：大家看出来吗？同样的偏旁在不同的字中书写是不一样的，书写时一定要仔细观察比较的。	评析：在教学偏旁时，陈老师已经通过示范书写，帮助学生掌握了"隹"字的书写要点，在此环节中，陈老师准确地抓住生字中的难点字"雕"和"雁"，通过对比观察的方式，帮助学生感知同一偏旁在不同结构字中的不同变化。

续 表

<table>
<tr><td>师：看老师来写这两个字。（“雕”，周字瘦瘦长，单人起笔高，四横写均匀，末横拉拉长。）（“雁”，厂字横短撇长，隹字单人高长，结构半藏半露。）
师：请同学们在作业本上认真书写黑板上的三个字。
生：展示书写。

六、用特殊的汉字，激识字之新趣

师：大家看屏幕（屏显：鹰 鹤），仔细看，你发现了什么？
生：这两个字里又有“鸟”，又有“隹”。
师：是啊，怎么一个字里面既有“鸟”又有“隹”？它们究竟是长尾巴鸟还是短尾巴鸟？这里面会藏着什么秘密呢？如果你们想知道的话，课后自己想办法去解决好吗？</td><td>评析：课堂教学的目标不应该仅仅是学习之旅的终点，更应该是另一次学习的起点，是探究兴趣得以持续的动力源。“鹰”“鹤”二字在一、二年级的教材中出现过，对学生来说并不陌生，两个字中都既有“鸟”又有“隹”，这一特殊而有趣的现象一经提出，必然会引起学生探究汉字奥秘的兴趣，引发他们走向更加开放而丰富的汉字学习。</td></tr>
<tr><td colspan="2">【总评】
听陈老师这堂课，脱口冲出 12 个字：“运用象的功能，演绎教学精彩。”
首先从陈老师“借‘燕’字演变，激学习之趣”的设计来看，她很好运用了从可察的实物之“象”到抽象文字符号之“象”的演绎过程，不但揭示了古老汉字发生、发展的历史进程，而且运用了相似的手法把活灵活现的小燕子变成了类似于简笔画的文字符号。其次陈老师充分运用了据“象”归类的思维方式，让学生尽快建立了长尾之鸟曰“鸟”；短尾之鸟曰“隹”的两个既相似，又区别的概念。再者，从陈老师的“赏汉字特色，助识记之力”教学设计来看，她巧妙地运用了从“象”的静态形体，推演到有鸣声、能飞翔的有生命的动态的“鸟”。另外，从陈老师“唱自编儿歌，化识字整体之韵”的教学操作来看，她站在整体把握的角度去审视所有生字的方方面面之“象”，让鸟儿的形象立体丰富了许多，情感、音韵、字形、叫声、飞翔姿态……应有尽有。最后是陈老师“指导生字书写”的设定，她根据“书画同源”的认识理念，要求学生以横平竖直的抽象线条去勾勒、描绘充满了主体的意念、情思、哲理的鸟儿之“象”。
短短几十分钟，学字、认字、记字、写字……让学生漫步于“象”的长廊，一步一景，又像是驻足于“象”的花圃，一站一朵花。</td></tr>
</table>

彭苏华

彭苏华：自主习得语文课堂

彭苏华，本科学历，大马路小学语文教师，教科室主任。被评为徐州市青年名教师，徐州市优秀教育工作者，徐州市十佳师德模范。曾获得国家教学成果一等奖，江苏省中小学优秀校本课程评选一等奖，“一师一优课”省级优课奖，徐州市语文学科优质课评比一等奖，徐州市语文教师教学基本功大赛一等奖。

教学主张：自主习得语文课堂。

教育格言：让孩子做最好的自己！

成长足迹

滋养教育情怀，追求生命成长

不觉间，走上教师岗位已有17个年头。穿越时光隧道，头脑中不时闪现出刚刚走上教坛不知所措的自己，为学生的精彩表现欢呼雀跃的自己，因一个教学问题的设计而陷入沉思的自己……直面自己的内心，真实地再现这17年的成长历程，我对教育、对教师职业有了更加深刻的理解与认识。

初入教坛的我——愿站在学生身旁，做那个微笑的天使

时至今日，我依然清晰地记得自己上一年级时带着同伴拼读音节的情景。也正是因为孩童时代的一次次"小老师"的体验，让我在中学毕业填报志愿的时候毫不犹豫地选择了师范专业。2001年，带着对教师职业的无限向往，我走进了沈场小学的大门。那是一所相对僻远的学校，仅有200多名学生和16位教师，稚嫩的我在那里开始了自己的教育生活。沈场小学的学生大多是外来务工子女，他们随着父母打工地点的变化而不断迁移，没有享受过基础的学前教育，没有优越的学习条件。菜摊前、鱼市口，可能就是那些孩子的作业场地。作业本上，父母谋生的"痕迹"清晰可见，甚至还伴随着一股鱼虾的腥味儿。面对这些学习经验几乎为零、良好习惯又严重缺失的孩子，我坚持以"尊重"的态度走近他们，从抓好养成教育开始做起，坚持"自定目标—严格导行—激励争先"的方法，让学生在这个过程中不断地挑战自我、战胜自我，达到一个个新目标，不断地感受到成功的喜悦。渐渐地，孩子们开始有变化了：衣着整洁了，作业干净了，对学习也感兴趣了。学生的进步是对我最好的鼓励，也让我更加坚信"信任"与"激励"的巨大力量。一天，我发现一向按时上学的小张没有到校上课，我安排好班级的事务，匆匆来到小张父母工作的农贸市场。经过了解，原来是小张认为爸爸妈妈对弟弟偏心，心生不满，一气之下就跑了出去。为了尽快找到小张，我骑上自行车，开始在附近的巷子里穿梭起来。一个多小时以后，在一座小平房的后面，我找到了满脸泪水的小张。看到他委屈的样子，我什么也没说，拉着他的手回到了学校。在认真倾听了小张的心声以后，我说："你知道吗？当爸爸妈妈知道你没有上学的时候，真是焦急万

分，你妈妈当时就哭起来了。他们是爱你的，只是，不善于表达……”那件事以后，我经常和小张的父母沟通，告诉他们如何处理与子女的关系。看着小张日益阳光的脸庞，我也产生了前所未有的成就感。今日，沈场小学早已撤并，那所学校、那个喧闹的农贸市场也不见了踪影，可在这里工作过的点点滴滴却成为我永远的回忆。

进入大马路小学以后，我接手了一年级三班，我坚信学生与学生之间个性特点的不同是一种教学资源，坚信自己对学生的信心可以让学生的潜能得以开发并让他成为一个对别人有益自己也快乐的人。2011 年，我送走了这个毕业班，可我与学生的联系却从未中断。2014 年 6 月，这届学生即将参加中考，升学的压力让他们不知所措，在心情低落、举棋不定的时候，很多学生又想到了我。在这个考试的 6 月里，我在教学工作之余又变成了“知心姐姐”。我倾听着电话那头的声音，给予备考的学生以积极的心理暗示，而我自己，也在这个过程中体验到了被信赖的幸福。我想，很多时候也许自己并没有给予他们多少建议，只是倾听，只是把自己放在他们的位置上去思考、去体会，做那个微笑着的天使。当孩子们需要的时候，挥动着那个叫作“我相信”的魔法棒，学生的内驱力就会被唤醒，就会产生非同一般的力量。

积蓄教育力量的我——因阅读丰盈智慧，因研究走向专业

2005 年对于我来说，是一个有着重要意义的时间节点。因为在这一年，我有幸走进了大马路小学，成为这个优秀团队中的一员。大马路小学的教师们爱读书、爱钻研，身处这个拥有强大磁场力量的环境之中，我也跟随着大家的脚步，徜徉于书海中，沉浸在书香里。阅读儿童文学，使我和孩子们有了更多的共同话题，也拉近了师生之间的距离；阅读文学书籍，滋养了心灵，丰富了我的文学底蕴；阅读教育专著，夯实了我的理论功底，使我能够更加理性地去分析自己的教学行为。

2008 年，我申报了课题“培养学生倾听能力的实践研究”。幸运的是，这项课题被批准为徐州市“十一五”市级规划课题。为了把这个课题研究透彻，我阅读了《教育信息学》《认知心理学》等书。三年的时间，苦心地钻研，课题顺利结题。而我，也在这三年里收获了一定的理论根基。此项课题结题后，我发现原本班级里学生存在的倾听问题虽然解决了，但孩子们进入高年级后又出现了课堂交流的障碍，因此，我又将“调动高年级学生参与自主交流积极性的实践研究”申报为新一轮的课题。在这期间，《语言学概论》《斯宾塞的快乐教育》《发展心理学》等书又成

为了我的新朋友。同时，结合学校主课题的研究，我还阅读了加涅的《教学设计原理》和《学习的条件和教学论》。这两项课题的实施让我渐渐走进了教育理论专著，揭开了教学原理书籍的面纱。我发现，这类书籍原来也是可以读懂的。成就感就是这样慢慢积累起来的，因为读得懂，所以更想读。阅读的良性循环系统建立起来以后，我的课题研究思路更加清晰，教育教学水平也在悄然间发生变化。2013年收获了大市评优课及全市语文教师教学基本功比赛一等奖的好成绩。同时，我在各类课例研讨活动中的表现也愈加出色。2008年至今，我完成了一项国家级课题，两项省级课题，七项市级课题的研究。用课题带动读书，以研究推进阅读的方式已然成为我走上专业发展之路的助推器。

作为一名语文教师，我深知阅读对学生成长的重要性。所以，从学生一年级入学，我就把培养学生的阅读兴趣作为一项重要工作。在东校区，每天在大树下为学生朗读成为我和孩子们最幸福的事情。特别是我有了自己的宝宝之后，家里添置了很多的绘本，饱含感情地为儿子阅读了，也想把更多的感动带给班里的孩子们。每天午饭之后，就是我和学生的阅读时间，读绘本、读童话、读整本的书。可以说，每天的大声朗读已成为我的一种习惯，午后的阅读时间也是专属于我班里学生的快乐时光。2013年的冬季，我得了支气管炎，两个多月的时间，反反复复，咳嗽不断，还伴随着喘鸣。但即使这样，为学生的大声朗读也没有中断过。《鼹鼠的月亮河》《火车老鼠》《一千零一夜》……我们班的孩子们以平均三周共读完一本书的速度在体验着阅读的乐趣。有人曾说："有故事听的耳朵是幸福的耳朵。"我很自豪，因为我是那个把耳朵叫醒的人！

因为阅读，我和我的学生每一天都是充实的；因为阅读，我的"孩子们"拥有了幸福的耳朵。在平凡的阅读中，我们共同追求着精神成长的快乐，也渐渐地从"未完成"而走向"完成"。我们不断地阅读，不断地突破，也在不断地成长蜕变。生命，因为阅读而精彩！成长的路上，因为师生相伴而动力十足！

面临角色转换的我——用自己的"专业"做专业的事情

2011年下半年，我的角色有了新的变化——成为学校的教科室副主任，同时分管学校的教师培训工作。起初，真是无所适从。因为早已习惯把目光放在自己和班级身上的我，现在需要面向全体教师，需要以更广阔的视野来看待课题研究工作。从自己会研究，到带着大家一起来研究，这需要我增强自身的服务意识，还需要提高统筹管理的能力。为了避免工作上的无序，我养成了制订周计划的习惯。每周、每天,每一个时间节点要做哪些事情,我都细致地列出条目。每完成一项,就用对号标注。从 2011 年到现在,仅用于记录周计划的记事本,我就用完了 10 本。

我深知,我分管的工作是需要用专业和智慧来支撑的。作为学校教科室的负责人,我最主要的工作就是申报课题,科学、严谨、扎实地推进研究工作,着力解决我们教学中面临的各种实际问题。2017 年,我重点完成了学校课程的架构以及“十三五”省级规划课题的申报与实施。在完善课程结构与申报课题的过程中,张艳校长和省、市的多位专家给予了很多的帮助与指导,但因为我个人自身理论水平的局限,往往不能迅速地领会精神,所以只有运用“钉子”精神,一字不落地拼命记录,回来以后再发挥“钩子”的作用,把关键的东西提取出来,再寻找相关的书籍、文献资料进行链接阅读,进而转化为自己的东西。学习力、移动学习、项目引领……这些名词不断地涌现,撰写文稿时一次又一次地推翻、重构、转化……这个过程艰难而又痛苦,但痛苦后似乎又有一种新生的感觉。这几天把 2017 年撰写的各种文稿粗略地统计了一下,不算自主成长团队的每周一篇千字文,仅分管的教科研和课程方面的文稿,就写了近 7 万字。有人说,“不读书愚而可哀,只读书迂而可惜,读而后有作,作而出新,是大智慧”。我想,2017 年,凭借这 7 万字所生成的智慧,比手中获得的那些证书更有价值!

在做好学校教科研工作的同时,我还努力地去完成教师培训工作。教师阅读的书目,都是我亲自读过,再比较不同的版本后再推荐给教师们的。为了让自己能够有效地和教师们对话,能够在进行培训时有理性、有深度地解读教育理论,我丝毫不敢松懈,案头的理论书籍总是翻了又翻,有了课改的思路和想法就及时记录并与教师们分享。我要用我的“专业”告诉教师们,课改并不是什么难事儿,关键是要基于学生的实际情况,按照教育规律解决真实问题。

近两年来,学校的年轻教师人数增多,青年教师团队的培训工作又成了我的工作重点。从 2016 年第一批“大马小分队”成员,再到 2017 年的新入职教师,我们团队的阵容不断壮大,现在已经有 32 名老师了。记得刚开学时我们开玩笑,我说张校长又给了我一个班。从开学初的新教师第一课,新教师的系统培训就开始了。我们对新教师团队提出了明确的培训任务和要求,他们除了要跟随自己的师父听课、磨课以外,还要每天练习板书,上传至学校的培训群;每周上交一幅硬笔书法作品;定期开展读书或课例交流。每一次交流,往往都会到灯火通明时。最让我感动的是每一位小伙伴的执着与热情。记得“十一”假期前,为了帮助小伙伴顺利地申报课题，我专门开设了一次课题申报的讲座，从选题的原则、选题的途径、申报流程三个方面进行讲解。整个国庆假期，小伙伴们都在微信群中讨论、交流，撰写好申报方案后发送给我看，然后又进行一次次地修改、完善。在后期的评审中，小伙伴们的立项率很高，我知道，这与他们前期所做的努力密不可分。我常常回想自己刚参加工作时的彷徨、紧张，所以，就更想在他们需要的时候给予些许帮助。这，也是我开展新教师培训工作的初衷。

人能走多远？这话不是要问两脚而是要问志向；人能攀多高？这事不是要问双手而是要问意志。每天都是一个新的开始，每天也都会面临更多的挑战。我相信，凭借着一股韧劲儿，凭借着专业的精神，我有信心，也有能力去面对明天的未知。我也相信，和“大马”团队的教师们一起，我们将会迎来更为明亮、幸福的教育生活！

教学主张

自主习得语文课堂

随着新课程标准的提出，小学语文教学开始进行不同程度的改革，收到了很好的效果。但是目前在教学的过程中还是存在着一些不容忽视的问题，影响着小学语文教学质量的提升。例如教师在教学过程中，教学目标不明确，很多教师机械地按照教学计划上的内容进行，导致学生们始终是被动学习。再如教师只是关注知识点的讲解，采取的教学方式往往比较单一，没有学生的主动参与。特别是阅读教学实践仍处于填鸭式和技能化的层面，只是机械地注重知识技能的训练，忽略了语文阅读中的情感体验和个人感悟，学生学习缺少“习得”的过程。这些问题是在今后的教学过程中急需解决的。

学生作为独立的生命个体，是学习、发展的主人。基于学校“十一五”期间开展的全国教育科学规划课题“尊重教育理念指导下的自主习得教学研究”，我提出了构建“自主习得语文课堂”这一教学主张，强调遵循学生学习发生的规律，为学生提供充分的话语权和探究空间，打造师生、生生之间多维的对话体系，强调学生语文学习过程中的“自主习得”，凸显学生在学习过程中的参与、内化与经历，从而实现学生学习能力的提升与智慧的获得。

一、自主习得语文课堂的内涵和遵循原则

所谓“自主”，就是自己做主，“自作主张”，不受他人支配。自主性是人的本质属性，每一个人都应该拥有为自己做主的权利。“自主”体现了自我独立意识的发展和自我能力的成熟，体现了对儿童生命成长的尊重。所谓“习得”，就是基于先天智能结构并在环境影响下，个体通过练习而获得的意思，习得的本质是实践的。自主习得教学强调的是学生在学习过程中的参与、内化与经历，突出的是学生在学习过程中自主习得、自主发展的主体地位，注重教师对学生自主习得与自主发展的充分尊重。

所谓“自主习得语文课堂”，即课堂是学生成长的场所，教师应该尊重生命成长的需要，运用自己的智慧和创造力，把语文课堂营造成生动活泼的学习乐园，创设必要的情境，给学生提供习得实践的机会，支持鼓励学生在特定的环境中实践体验，自己做主，通过自主习得的方式来运用已有的知识获得能力、得到发展。

自主习得语文课堂遵循的原则为：

1. 尊重性原则

自主习得语文课堂强调的是学生自主，强调的是教师对学生人格、能力、学习选择以及发展多样性的尊重。应充分认识和理解学生的不同个性特点，充分尊重学生根据自己的兴趣爱好进行的活动以及学习的选择，尊重学生的体验与感悟。

2. 支持性原则

自主习得语文课堂注重在学生学习过程中给予必需的支持和鼓励，帮助学生解决学习能力不足或是学习过程中所遇到的各种困难，为学生自主习得创造条件和搭建平台。

3. 方法性原则

学生能否最终实现自主习得，关键在于在教师指导下能否获得有效的学习方法。自主习得语文课堂突出在学生自主学习过程中学习方法的习得，强调让学生在运用过程中获得能力。

4. 适度性原则

尊重学生就要客观地分析和了解不同年龄段学生的身心需要及心理状态，掌握好尊重的“度”。尊重不够，就会伤害到学生的自尊心和自信心，不利于学生个性的健康成长。反之，“为尊重而尊重”“过度尊重”，也会导致学生不能客观评价

自身，产生影响学生成长的消极因素。

二、自主习得语文课堂的目标分析与构建条件

教学目标分析是教学任务分析的入手点。教学目标是对学习结果的预期。自主习得语文课堂以加涅的五种习得结果作为教学的最终指向，主要包括：言语信息、智慧技能、认知策略、动作技能和态度。

言语信息：言语信息对应着课标中的“知识”，它是指可用言语表达的信息，这种能力是一种以命题形式陈述某种事实或观点的能力。语文教学存在大量言语信息，学生从语文学习中首先要习得言语信息。从文本内容来看存在三个层面：表层是文字传递的信息，是一看就懂的知识；中层是文字的内涵，表达言外之意、弦外之音；深层是文本的语言形式。

智慧技能：智慧技能相对应的是三维目标的“方法过程”，就是指学生通过学习获得了使用符号与环境相互作用的能力，也就是运用规则解决问题的技能，分为五个层级：辨别、具体概念、定义性概念、简单规则和高级规则。语文学习中，除了引导学生掌握大量的言语信息，更重要的是培养学生掌握智慧技能，例如比较、判断、分类、分析、转换、运用等相应的能力。

认知策略：认知策略是用以提高学生内部学习过程的自我调控的方式，即自己控制自己注意、学习、记忆、思维等的技能。语文教学中，引导学生掌握注意策略、编码策略、提取策略、问题解决策略、思维策略等，可以促进学生激活和调节自身技能的学习、保持和应用，学习更好、更快、更深刻，最终能独立学习。

动作技能：动作技能相对应的是三维目标的“动作技能”，它是指完成一系列动作行为，不仅指完成某种规定的动作，而且指这些动作组织起来能构成流畅、合规则和准确的整体行为。例如语文学习中书写技能属于动作技能，需要在连续不断的练习中达到熟能生巧、自动化程度。需要说明的是，习得动作技能并不是纯粹的动作程序，还有智慧技能和认知策略的参与。

态度：态度相对应的是三维目标的“情感态度价值观”。态度是习得的，是影响个人对特定对象做出行为选择的有组织的内部准备状态。语文教学中，可以通过个别事件的影响、学生的成功体验来习得积极态度，也可以通过模仿榜样改变或保持态度。

伴随着学习目标的分析，我们一定会提出这样的问题：我们要掌握每一类学习需要具备什么条件？只有弄清楚每一类学习所必须具备的条件，我们才能在语

文教学中积极创造条件，增强学习的效果。

1. 关注学生学习的“内部条件”，了解学生的起点能力

学习层级理论认为高一级的学习任务要以低一级的学习为先决条件，这是对学生已有知识基础的要求。加涅称这种学生先前已经获得的知识基础为学习的内部条件。无论是智慧技能、认知策略，还是言语信息、态度等，教师首先要了解学生是否已经习得构成新技能成分的先决技能，同时要了解学生是否能够回忆先决技能并以新的方式组合。因此，教师掌握学情，了解学生的起点能力至关重要。

起点能力是指学生在接受新的学习任务之前的心理状态，包括现有的知识、技能、学习动机、认知水平等。分析起点能力的状况及其构成成分是揭示达成一定教学目标所需条件的前提。把握学生现有的语文学习水平方法有很多，比如对学生识字量的调研统计，对前一学期试卷中发现的问题分析，对语文学科调研的结果分析，也可以通过学生访谈、课堂上的现象观察等方式了解。基于实证，基于数据分析，才能够使教师对学生的研究更加科学、全面。

2. 关注学生学习的“外部条件”，提供恰当的外部支持

所谓“外部条件”指的是教师根据学生学习的内部条件提供的外部支持，发挥教师的引导、帮助作用。智慧技能的掌握可以提供这样的外部支持：教师以言语指令方式促使学生回忆出下位技能，清晰地告知学习目标，巧妙地以陈述、提问或暗示的方法“引导”，不断地提供新的例子促使学生练习。认知策略的掌握需要提供的外部支持是教师为学生创造各种新的情境，引导学生在不同的情境中练习使用并灵活掌握认知策略。言语信息的掌握要注意使用先行组织者，即知识的铺垫，是先于学习的信息而给予学生的学习材料，其目的是促进学生将头脑中已有的有意义知识与新的学习相关联，同时也要告知学生学习目标，并不断地复习言语信息。动作技能的掌握关键在于教师给学生创造连续不断地练习的机会，以达到熟能生巧的目的。态度的掌握要求教师提供这样的外部条件：一是提供榜样让学生有模仿的对象，二是提供奖励让学生获得成功的体验。

以掌握智慧技能为例，教师要促进学生学习智慧技能，首先要为学生呈现一定的例子。既要引导学生从课文中探究所要学习的概念和规则，又要精选其他运用这些概念和规则的作品，引导学生进行对比分析。其次，教师要加强言语指导，引导学生建构概念和规则意义，分析它们与例子——言语作品的关系，以及掌握运用这些概念和规则进行听、说、读、写的方法等，展开有针对性的指导。再次，教师要为概念和规则向技能转化创设一定的练习和变式练习情境，如提供一些与课

文相关的例文或“例语”，让学生通过对比性阅读分析实现“举三反一”。对于学生的练习结果，教师要通过口头或书面进行评价，以提供适当的反馈。

苏教版小学语文五年级下册第10课《二泉映月》一文的教学中，引导学生不光写听到看到的，还要写好内心的感受，教学过程如下：

聚焦课文的4、5自然段，引导学生给第5自然段分层，并说出自己的理由。通过关键内容“起初”“随着旋律的升腾跌宕……”“乐曲久久地在二泉池畔回响……”了解《二泉映月》这一首乐曲的创作过程。随后，通过比较，发现每个层次在表达上的共同点，梳理出这段文字的结构是“琴声＋感受”。将“感受”的部分去掉，引导学生进行比较朗读。学生在对比中发现，缺少了阿炳的内心世界的描写，《二泉映月》就只剩下了音乐的变化，而这种变化所带给读者心灵上的触动已经不复存在。所以，要想让文章表达得更加生动、感人，不仅写出听到的声音，更有必要把“感受”“心声”补充进去。最后，为学生提供音乐(《狮王进行曲》)，让学生边听边想象画面，尝试运用“乐声＋感受”的表达方式，当堂进行练笔。借助教材中的范例，设置听乐曲写感受的练习情境，学生在实践运用中习得了这一言语表达的技能。

三、自主习得语文课堂的教学过程

1. 设立目标——支持学生在自主预习中习得

自主预习是习得的起始环节，也是学生能够“习得”的重要基础。我认为，预习是学生课前的一种自主认知活动，是学生自觉运用所学知识，凭借已有的学习能力和方法对学习内容预先进行了解、思考、质疑的求知过程。

低年级的“自主预习”环节，采用预习指导课的形式，手把手带着学生进行预习体验：怎样认识段落标志，怎样才是正确、流利地读书，对低年级小朋友的指导要做到细致入微。随着学生认知能力的发展和熟练程度的增加，把预习的步骤概括为“一读，二标，三圈画”的口诀，以帮助学生将预习任务简单化。

中、高年级的自主预习，体现出由扶到放的过程，预习过程可以概括为圈字、标节、朗读(关注字音和长句)、质疑四个步骤。学生的预习放在课前，预习单也是全开放式的，由学生根据自己的预习情况设计。

2. 动态指导——支持学生在自主探索中习得

自主探索是习得的后续环节，直接关系到“习得”的深度与广度。对于学生来说，是被动地解决老师提出的问题，还是主动地探究自己提出的问题，将直接影响到他们的内部期望，将决定他们探究的热情和思维的深度。因此，鼓励学生自己提出问题、叙述问题、改进问题、优化问题直至解决问题，将成为提高学生“思维力”的重要手段。

问题意识的形成需要一个过程。在学生自主预习时，即可以写下自己的疑问。一开始不需要去评价提问的质量，只要打破沉默就是积极思考的表现。如果把提问进行整合，将学生疑惑的共性问题梳理出来就可以作为学生探索的重点。

在教学苏教版小学语文三年级上册《翻越远方的大山》一文时，很多学生在预习时的问题是指向“远方的大山”这一关键词的，像“我成功翻越了远方的大山”中的“大山”指的是什么？为什么把约翰逊比作远方的大山？刘翔是靠什么成功翻越“远方的大山”的？学生自主研读课文、提出问题，我针对教材要求，把矛盾集中，使学生将散落在教材不同“角落”的注意力集中到一个问题上来，梳理出本课的主问题为：课文中“远方的大山”指的是什么？刘翔是怎样一步步翻越远方的大山的？梳理出这样一个主问题后，我又和学生进行了一个回顾：这个问题是运用什么样的方法得出的？经过与文题的对照，学生发现了从课题入手，可以促进问题的形成。这种对学习和思维过程的反思与回顾，提高了学生的元认知能力，使得他们能够了解如何学，如何思考，并开始考虑如何在其他情况下应用他们所学到的问题以形成技巧。而来源于学生的问题一旦被他们领会、聚焦，就会进入学生的选择性知觉，使得学生积极参与内部的建构过程，促进学生的问题解决。

3. 搭建平台——支持学生在自主交流中习得

自主交流是习得效果的展示环节，是发现学生“习得”过程中存在问题的必要环节，也是教师改进学习方法指导的重要依据。在这个阶段，学生需要对自己习得的内容进行进一步的内化与吸收，并且用个性化的语言表述出来。在学生交流时，不但可以说说自己的学习结果，还可以谈谈自己的思考过程。从信息加工原理的角度来说，学生这时的表达就是一种信息的输出。起始阶段，可以以语言支架的方式引导学生将分散的、孤立的知识进行整理、归类或串联，待到学生具备一定的组织策略后就可以进行自由表达。

语文学科第一课时的课堂交流，就可以为学生提供这样的语言模块的支持：

____是一个多音字，当表示的____意思的时候，它读成____；当表示的____意思的时候，它要读成____。

这个词中，请读准(轻声/注意变调/后鼻音)。请大家跟我读……

书写字请注意它的(结构/画的变化/部分的穿插避让),请关注它的主笔。

阅读课的交流,为聚焦语言文字的品读感悟,可以提供这样的语言支架:

这个人物,给我留下了这样的印象——____。我是从____这些关键词句感受到的。

对这个问题,我是这样思考的:____,课文中____等词句可以印证我的想法。我想用朗读为大家展示……

4. 引领提升——支持学生在自主总结中习得

自主总结是习得的巩固环节,也是学生提升"习得"能力的重要一步。将习得的新知识进行归纳总结,是一个信息加工编码、存储的过程,也是一个让学生自己主动将"习得"的知识与技能系统化的过程。

自主总结的环节,面对学生热闹的总结场面,要发挥教师引领提升的作用:可以引导学生针对"学习目标"总结,加强对"习得结果"的回顾与提升;可以为学生提供一个简单的提示,如从课文内容、人物形象、标点符号、所受启发、学习方法等几个方面总结;还可以由课时的总结慢慢过渡到主题单元的总结,甚至可以以提纲、图表的方式对一类知识进行精细加工与梳理。这样,学生习得的内容就不是孤立的,而是立体、多元并富有内在联系的。

5. 提供时空——鼓励学生在自主拓展中习得

自主拓展是习得的深化环节,是为了让学生实现真正意义上的自我构建。"教是为了不教!"学习决不仅限于课堂,学习应是生命终身需要。所以,教师要善于培养学生的兴趣,把学生从课内引向课外,给学生更多的时空,让学生有更多自主的选择,鼓励他们去从事自己喜欢的学习和研究。

例如,学习了某位作家的作品,就可以引导学生运用课上学习的阅读方法自主研读他相同题材的文章,并且可以以读、写、画的不同方式进行记录。为学生提供的拓展内容应与当堂课的习得目标高度统一,并且体现出多样性、层次性,能够使学生有选择权。只有这样,学生在自主拓展空间中的主体行为活动才能体现出丰富的样态,才能让学生在更为广阔的生活背景下去观察、去倾听、去触摸、去感知、去理解、去接纳教育信息,并且运用自己原有的知识结构和认知结构对教育信息进行结构化改造、转化,从而内化为自己的知识结构。

自主习得的语文课堂是"有生命的课堂",这样的课堂中蕴含着智慧的交锋、情感的碰撞、价值的共享,也让每一个学生的学习逐步由盲目走向自觉。我始终努力实践着"自主习得语文课堂",相信在这样一个民主、平等、安全、愉悦、多元的课堂中,学生一定会成长为智慧的学生。

课堂实录

（本课为徐州市鼓楼区名师走校活动公开课）

关注学习起点，提升语用能力

——《詹天佑》课堂实录与评析

执教：彭苏华　评析：查晓红

【说明】

《詹天佑》是苏教版小学语文教材六年级上册中的一篇课文，紧扣“爱国”“杰出”两个关键词，选材典型，详略得当。修筑京张铁路的经过只选取了勘测线路、开凿隧道、设计“人”字形线路三件最困难的事来写，很能说明问题。而开凿隧道，只选山势高、岩层厚的居庸关和长度长的八达岭两处记叙，很有代表性。对于六年级学生来说，借助语言文字感知人物形象不是难点，能够通过自主学习完成。课文第2、3自然段社会环境描写对烘托人物形象的作用是学生自己在阅读中看不到但又需要掌握的。因此，本课的自主习得语文课堂，是以帮助学生认识社会环境描写的作用为重点展开的。

一、整体把握，理清事例

师：同学们，今天彭老师第一次给大家上课。看着你们端正的坐姿，那么精神，富有活力，这样的状态真好！轻松一点，不要太紧绷，用我们比较自然、舒适的坐姿来上课。好吗？

我们今天要一起来学习第20课《詹天佑》。上课之前，彭老师想请大家来看一组数字。

（出示：1905　1909　2　28）

师：发挥你的联想能力，这组数字是什么意思？你能读出什么呢？谁来说一说？

生：1905年，詹天佑接受了修筑京张铁路的任务，1909年，京张铁路全线竣工，比原来的计划提早2年。最后一个“28”我就不知道了。

评析：感受人物富有层次感，借助数字初识詹天佑，梳理文脉再认詹天佑，品词析句理解詹天佑的人物形象这样几个学习活动层层递进，符合儿童学习的规律，由表及里，由浅入深，学生的学习水到渠成。

师：我发现同学们读书的时候特别细心，几个关键的时间点都关注到了。1905 年，詹天佑接受了修筑京张铁路的任务，1909 年，京张铁路全线竣工，比原来的计划提早 2 年，为清政府节省白银 28 万两。也正是因为这条铁路，詹天佑被称为“中国铁路之父”。 师：刚才啊，咱们是通过一组数字来认识“詹天佑”的。现在，请同学们回顾一下课文，想一想，作者重点向我们介绍了詹天佑修筑京张铁路的哪几件事呢？能不能用最简洁的语言把这几件事概括出来？ 生：课文写了詹天佑修筑京张铁路过程中的三件事：勘测线路、开凿隧道、设计“人”字形线路。 师：想一想，应该怎样写呢？请你写到黑板上。其他同学伸出手一起来写。 （生到黑板上板书三件事例，其他同学书空。） 师：（出示田字格中的生字）对照着例字来看一看。“勘”字注意右边“力”字的穿插。“凿”字横画较多，注意长短变化。我们把中间一横写长，是不是好多了？ **二、自主探究一，聚焦主问题** 师：现在，让我们通过课文走进 100 多年前的施工现场，捕捉那一个个动人的场景。请同学们看屏幕： 自主探究： 默读课文第 4—6 自然段，思考：詹天佑在修筑京张铁路中的哪些细节让今天的我们仍然深有感触？通过这些文字，你读出了一位怎样的詹天佑？请同学们在书上做批注。 （生边默读边圈画做批注） 师：好多同学都在书上留下了思考的痕迹，我相信你们现在肯定想和大家来分享阅读、思考的收获。 **三、自主交流一，品词析句** 生：请大家看第 4 自然段，詹天佑经常勉励工作人员说：“我们的工作首先要精密，不能有一点儿马虎。‘大概’‘差不多’这类说法不应该出自工程人员之口。”从这里，我读出了詹天佑的严谨认真。	

续 表

师：你理解得很好，朗读得也很出色。听你这样一读，我仿佛看到了詹天佑在施工现场对工作人员的勉励。 生：他亲自带着学生和工人，扛着标杆，背着经纬仪，在峭壁上定点、构图。詹天佑是一位工程师，但他却亲自去测量。从“亲自”“背”“扛”这几个词我看出了詹天佑的身先士卒，以身作则。 师：你很会读书，关注到了一系列动词。为了修筑京张铁路，詹天佑亲力亲为，付出了很多心血！ 生：从“不管……始终”这对关联词我读出了詹天佑的迎难而上。 师：借助关联词体会文字的含义真是一种好方法。 生：为了寻找一条合适的线路，詹天佑常常请教当地的农民。他可是工程师啊，还要去请教农民，他很谦虚。 师：詹天佑是我国第一批赴美留学的学生之一，他12岁到美国，17岁考入了耶鲁大学。他是真正的学院派出身，但他为了寻求最佳路线，不耻下问。 生：遇到困难，他总是想，这是中国人自己修筑的第一条铁路，一定要把它修好。否则，不但那些外国人要讥笑“我们”，而且会使中国工程师失去信心。我觉得詹天佑有非常坚定的信念，想要证明中国人的能力。 师：你从詹天佑的心理描写中读出了他的爱国情怀。 师：同学们，课文中说“遇到困难”，詹天佑在修筑铁路的过程中都遇到了哪些困难？请你快速地浏览第4—6自然段，在书中找一找。 生：我觉得很大的困难是地形都不一样，詹天佑要不断调整方案。 师：詹天佑根据地形制订了哪些创造性的方案？请画出示意图，在小组里说一说。 （4人一个小组活动，分别呈现居庸关、八达岭、人字形线路的示意图） （一个小组展示讨论的示意图） 师：不同的地形需要不同的施工方案，没有固定的模式可循。这确实是困难。 生：塞外常常是狂风怒号，黄沙满天，一不小心就有坠入深谷的危险。	评析：聚焦主问题，学生自主探究、自主交流，发表自己的理解和看法。在这一部分，我们看到了教师或正面激励，或侧面拓深，或补充实证，或顺势转移，或梳理小结……那有声有色的引领交流的功力，使课堂交流既是个体探究成果的展示，又是群体合作使探究不断拓深的延续。这是极具现场感的随机生成的教学智慧。

续表

师：恶劣的塞外环境，这是困难。野外作业时可能会坠人深涧，危险重重。 （出示：在黄沙满天的塞外，詹天佑亲自带着学生和工人，扛着标杆，背着经纬仪，在峭壁上定点、测绘。） 师：他总是想，这是中国人自己修筑的第一条铁路，一定要把它修好；否则，不但惹外国人讥笑，还会使中国的工程师失掉信心。 （一起读） 昏暗的油灯下，詹天佑伏案绘图、计算，他总是想—— 工友不慎坠落深涧，詹天佑悲痛万分。他把眼泪咽下，对自己说—— 师：同学们，遇到困难时，詹天佑总是这样给自己加油，这是他的内心独白，是他面对各种压力时对自己的勉励，在让自己坚定信念。听老师读…… 师：可以用虚读的方式，轻声中有力量感。你们试着读一读。 （生有感情地读出文字） 师：朗读要有画面感。像你们这样一读，已经把这段话读成了一幅幅画，一个个镜头。我相信你们已经读懂了詹天佑的内心。 **三、自主探究二，聚焦环境描写** 师：同学们，写人离不开写事。而课文就是通过这三个典型事例来塑造詹天佑的人物形象的。那我们再回过头来看看这篇课文，作者借助这三个事例来写就行了，课文的第 2、3 自然段是不是有些多余呢？作者在事例之前写这些内容有什么用意呢？请同学们小组里讨论讨论。 （小组讨论，教师桌间指导） **四、自主交流二，分析比较** 生：我们小组认为这部分不多余，帝国主义者的阻挠、要挟和嘲笑也是表现了詹天佑修筑京张铁路的困难。 师：这部分所写的困难和第 4—6 自然段的困难有什么不同呢？	评析：朗读的指导考虑到了交际语境，重点关注了詹天佑心理描写的内容。通过创设不同的画面和语境，读出詹天佑的内心独白。老师的范读是指导，是引领，明显看出学生朗读的进步。

续 表

<table>
<tr>
<td>生：4—6 自然段里的困难都是恶劣的环境，而 2、3 自然段里的是人为的困难。
师：是的，2、3 自然段写的是当时社会环境对詹天佑修筑京张铁路带来的压力，4—6 自然段写的是自然环境中的困难。
师：我们一起来回顾本学期课文中的环境描写，请大家看——（出示《最后的姿势》《船长》《爱之链》中的环境描写）
师：茅盾先生说：“人物不得不在一定的环境中活动，因此，作品中就必须写到环境。作品中的环境描写，不论是社会环境或自然环境，都不是可有可无的装饰品，而是密切地联系着人物的思想行为。”
《詹天佑》这篇课文的最大特色就是把詹天佑这个人物放在一定的环境中去描写。自然环境我们以往接触比较多，而社会环境的描写在这篇课文中所起的作用非常大。我们今后读书的时候也可以关注这方面的用法。
五、自主拓展，课外延伸。
师：有这样一本书，把自然环境和社会环境的描写结合得非常好，为塑造人物形象起到了非常重要的作用。课后，推荐大家去读读《骆驼祥子》这本书。</td>
<td>评析：对文本语言形式的探秘，让学生获得言语智慧的滋养，是语文教学最重要的任务。在这里，彭老师用睿智的眼光发现、把握文本中的语言形式，通过与以往学习过的内容的比较，转化为学生易于理解和接受的教学内容，引导学生探寻文本表达的秘妙，让学生在“得意”的基础上“得言”。</td>
</tr>
<tr>
<td colspan="2">【总评】
本节课，彭老师为我们呈现了一节自主习得的语文课堂，她遵循了自主习得的规律，从学生学习的实际需要出发，关注学生的起点，结合学生已有的学习基础，选取了本篇课文中最值得探究的内容，设计了两条主线，一明一暗。明线是挑选课文重点段落，引导学生自主探究，自主交流，揣摩、品味文本语言，走进詹天佑这个人物的心灵深处，感悟詹天佑伟大的形象。暗线是抓取人物和环境的联系，引导学生继续自主探究，自主交流，认识环境描写的作用。这样双线设计，精选内容，做到了人文性和工具性的和谐统一。教学中，彭老师创造性地使用了整合的思路，包括学生的学习资源的整合、背景资料的整合，还有学生学习活动中理解力的提升、思维能力的发展、学习方法习得等多种学习要素的整合。在具体的实施过程中，体现了活动化的特点，通过整体回顾、梳理事例，问题驱动、自主交流，关注表达、自主拓展几个板块渐进进行。彭老师循循善诱富有亲和力，能够倾听每一个孩子的发言，细致、耐心地给予有针对性的评价语，体现了大马路小学生命化教育理念下对儿童的尊重与理解。学生在彭老师的引领下自主学习、自主成长，既获得了语言的滋养、思想的浸润、智慧的启迪，也享受着语文学习的快乐。</td>
</tr>
</table>

高乃国

高乃国:体验式数学,让生命在场

高乃国,本科学历,学士学位,大马路小学教师,任教数学学科。被评为徐州市基础教育课程改革先进工作者、徐州市优秀教育工作者、徐州市首批"带头优师"、鼓楼区名教师、鼓楼区"领军名师"。曾获全国课堂教学比赛课一等奖,江苏省评优课二等奖,徐州市青年教师基本功比赛一等奖。

教学主张:体验式数学,让生命在场。

教育格言:寓幸福深义于宁静,见生命自觉于致远。

成长足迹

山高人为峰，路远脚更长

“没有比脚更长的路，没有比人更高的山。”回首成长之路，更加体会到这句话的意义。2016 年时，我参加工作已 22 年，其时延迟退休话题正在热议中。当时算了一下，估计到我退休还要继续工作 22 年。站在职业生涯的中点，我深感有必要梳理走过的路。苏格拉底有句名言：“未经反思的生活是不值得过的。”卢梭在《爱弥儿》中也曾说：“我们在路上不是像驿夫那样追赶路程，而是像旅行家似的沿途观赏。我们心中不只是想到一个起点和终点，而且还想到起点和终点之间相隔的距离。对我们来说，旅行的本身就是一种乐趣。”回望，是为了迈向远方，是让自己更好地前行。

一、梦想中徘徊

1994 年 8 月，我走上工作岗位，成为一名光荣的人民教师，当时被分配到徐州铁路分局下属的最西端的一所铁路小学。初为人师，一种强烈的使命感和责任感让我投入了全部的热情。学校安排我教四年级语文并带班主任，尽管语文并非我喜欢和擅长的学科，但我也是边学边做，努力做到最好。工作不久，学校派几位教师外出学习，我也在其中。那是第一次听到于永正老师、徐善俊老师的课，心中深深地折服，于老师的循循善诱，徐老师的巧妙引导，都给我留下了深刻印象，感慨原来语文课也可以上得如此精彩。回来后更加注重学习，改进自己的教学，期望自己也能上出像大师般精彩的课。两年后，我带的班级的同学以优异的成绩毕业，班上学生全部都考入中学（当时该地还是五年制，还未普及九年义务教育）。

送走第一届毕业班之后，我被调回了徐州，来到徐铁七小。这次学校安排我教数学，我终于如愿以偿，准备大施拳脚。谁知现实却泼了我一盆冷水。第一次考试，班里学生考得相当差。我意识到：自己的数学好，并不代表着一定能把数学教好，我犯了“目中无人”的毛病，总是以自己的思维去教学，却并不把学生的接受程度放在心上，导致孩子们跟不上我的节奏，所以成绩掉队也就不奇怪了。于是，我开始静下心来，用心观察班上的学生，仔细研读教材、教参，请教校长、主任、其他教师，努力在数学与儿童之间架设桥梁。慢慢地，我和学生度过了“磨合期”，我们变得默契了。

时间，总会给你开一些玩笑。正当我准备带着孩子们在数学学习的道路上飞奔的时候，我的工作又调整了。1997 年 8 月，我被调到当时的铁路教育主管部门。工作刚 3 年，就进入了机关，很多人投来艳羡的目光。但我顾不上这些，只想着做好本职工作。进入全新的领域，一切都需要学习，我兢兢业业，努力工作，把负责的工作做细做实，很快赢得了大家的信赖。回顾机关工作的 7 年多时间，个人感觉提升最大的首先是管理能力，因为当时在办公室工作，上传下达、组织协调沟通、公文管理等等都需要细致用心，我在这段时间得到了充分的锻炼。其次提升的是计算机水平，当时正逢我国计算机、互联网兴起，我从最早的办公自动化开始学起，到后来自动承担起整个机关的计算机等现代化设备的维护，可以说个人信息化水平得到了很好的发展。但是，在这段时间里与教学业务却渐行渐远。我自己一度也很苦恼，感觉有点迷失方向，不知未来能够走向何方。值得庆幸的是，那段时间积极参加自考，先后获得了专科和本科学历，并取得学士学位。

20 世纪 90 年代末，国家层面出台了一项政策，那就是企业办学移交地方政府。记得是 2000 年开始，我所在的铁路教育主管部门即启动此项工作，到 2002 年全力推进。2005 年 1 月，徐州地区的铁路中小学全部移交地方政府管理。我也重新回到了学校，开始一段新的旅程。

二、刻苦中历练

再次走上讲台，我心里既期待又忐忑。期待的是方向已定，可以用心书写自己的教学生涯，忐忑的是毕竟“久疏沙场”，我要从头再来。我的内心告诫自己：不管在什么岗位上，一定要体现自己的价值！那段时间我把 QQ 签名改成了：如果一件事值得去做，那就值得把它做好！我接手的班级成绩原来在年级一直靠后，班里同学告诉我“不是第一就是第二，倒数的”。第一次数学课，我就给同学们打气：通过一段时间的努力，咱班一定能考第一！我制订了详细的计划，从培养孩子们的数学兴趣入手，尽量让他们感到数学的有趣、有用。结合教材内容开展了数学实践活动，带学生到操场进行目测和步测，让他们测量旗杆的高度等等，让学生在活动中充分体验。第一次带他们在室外上数学课，同学们别提有多高兴了，因为他们之前从来没有过这样的体验。另外我鼓励孩子们多练习，在习题之外又辅助其他材料，我每天都批改反馈订正，做到天天清。同时对班上的学困生开展帮辅，中午指导作业，下午放学后留校辅导。我还把学生每次考试的成绩做好记录，查看他们的成绩变化情况，发现问题及时找学生、家长沟通情况。现在看来，这也许就是“大数据”分析的雏形吧！就这样，孩子们的成绩也一天天好起来。我接班时是四年级，到五年级的第一次考试，我班就取得了年级第一。我向同学们宣布这个好消息时，班里一片沸腾，掌声、欢呼声经久不息，他们确实也太需要这样一种激励了，很多的学生更加信赖我。从那以后，这个班的成绩一直不是第一就是第二，正数的！

通过我和孩子们共同的付出，我们收获了成绩，也收获了师生情谊。小赵同学来自外来务工家庭，家庭条件一般。一次课间活动不小心胳膊摔骨折了，我主动带他去医院，并垫付了医药费，后来经常为他补课、辅导作业，同事戏称小赵就像我的“干儿子”，家长也十分感动。小龙同学因为家长忙于生意无人照顾，五年级转到了一所寄宿学校，家长后来多次给我打电话，说孩子想念高老师。六年级复习期间，我们做了大量的试卷，为了让孩子们尽快看到成绩，及时订正，我做到了当天的试卷当天改完，常常是上午做了试卷，中午我就批改出来，下午发给学生讲评后订正，有问题的放学再留下来辅导。学生也对我的高效率佩服不已。有时中午我会喊数学科代表等人来协助改判断、选择等客观题，有一次我实在犯困，改着改着就眯了一小会儿，下午到班里去同学们都知道了，纷纷劝我中午别改了，好好休息。原来是科代表告诉了他们。但是我依然坚持当天试卷当天反馈，可以说从那时起，午休逐渐离我远去。

2008 年，我带的第一个小循环班级毕业了。我在为孩子们的成绩感到欣慰的同时也在反思，学生的成绩确实进步挺大，但都是靠大练习量、加班加点、课后帮辅换来的。能不能有其他的方法呢？是不是可以让学生充分利用好课堂上的 40 分钟？有没有可能在课堂上就把学生可能碰到的问题解决呢？带着这些思考，我又进入了一个新的阶段。

三、反思中发展

2008 年 9 月，我又接手四年级数学教学，我开始重新审视自己的课堂，决定要立足课堂提升质量。我认真研读《义务教育数学课程标准》（当时还是“实验版”），查阅教参和教材分析，学习杂志上的文章和名师课例，努力改进自己的课堂，让自己的数学课更有意思，更具数学味，更吸引学生。从此，我不再是只盯着学生的成绩，而是关注学生的数学学习，关注学生数学学习过程中的亲身体验，注重让学生不单是在数学上得到发展，而且让学生生命成长的过程更有意义。

2009年，在多次的校内展示课之后，我被学校推选参加华东六省一市赛课。这是我首次参加赛课活动，我备感珍惜，用心钻研教材，设计了丰富的体验活动让学生充分感知。我邀请同事、领导、专家来听课，听取各方意见，并结合自己的理解对教学设计进行完善，光是手写的教案就写了十多次。功夫不负有心人，最终我获得了特等奖，并被推荐参加全国课堂教学大赛总决赛。11月，我独自一人带着一大包学具、带着满满的期待到石家庄参赛。赛前，因为课前准备任务很多，我市其他区一所学校的3位教师主动帮忙，在最短的时间内帮我做好准备，令我十分感动。结果不负众望，我荣获一等奖。从此，执教各级各类展示课、比赛课成了我的常态，2010年荣获江苏省评优课二等奖，2011年在学校首次校园开放日活动中，我在主会场执教展示课，受到了与会领导、教师的一致好评，后来遇到很多兄弟学校的教师，都对我那节课印象深刻。2011年下半年，我应邀在淮海堂执教公开课，当时带学生去上课，教师们说这是学校学生第一次有这样的展示机会。我也先后应邀到我市其他区县及外省送课。

教师成长在课堂，这一阶段的经历告诉我，一个有专业追求的教师，一定要上好课，就像于永正老师说的“把课上得有意思”，而数学老师，还要学会用“有意思”来表达“有意义”。这样的课堂才会受学生的欢迎，教学成绩也才能上去。这段时间，尽管忙于备课、上公开课，不再像以前一样加班加点地“补差”，但班级的成绩仍稳居年级前列。

四、钻研中提升

2013年，我调到大马路小学——一所有着悠久历史、优良传统和深厚底蕴的学校工作。这所学校和这里的教师都有着一种独特的气质，那就是浓浓的书卷气！在大家的影响下，我也捧起了书。以前常常很少有时间读书（我知道这更多是一种借口），读也是多读一些教学类的杂志、文章，功利性较强。现在更多地捧起了理论书籍，因为郑飞老师曾说过，如果碰到了瓶颈，就需要读一些原理性的书籍，从书中汲取营养，解决问题。我结合理论来研究儿童、研究数学，让我的视野又提高了一个层次。我首批报名加入了特级教师刘杰老师领衔的“自主成长团队”，与团队伙伴们共同阅读、研讨、磨课，携手并进。我也尝试着用理论来指导自己的实践，让自己的教学实践更具引领性。学校对“自主习得”教学模式进行专题研究，我针对其中的“自主预习”环节，设计了学生问卷调查，面向全校学生调研预习的现状与需求，并做好梳理和分析，结合认知心理学理论，提出做好小学数学预习的指导意见。很快，有关此方面的一篇论文发表于《小学教学研究》。从此，我在阅读之余开始拿起笔，写下自己的所思所感、所读所悟、所见所闻。特级教师张兴朝老师曾叮嘱我们：一线教师的最大优势就是有无法比拟的鲜活的案例资源。有时候没时间写成文，我就先攒下一篇篇案例，为后续的文章做好积累。就这样，慢慢地，我的文章陆续发表在省、市级刊物，作为以前一写文章就发愁的理科男，我也品尝到了写作的美好滋味。

同时，我也努力加强课题的研究，把日常教学中遇到的问题以课题研究的形式加以解决，两个个人课题顺利结题。我积极投身学校课题"尊重理念下的自主习得教学模式的研究"的研究，作为核心成员为课题成功结题做出了贡献；主持的课题"小学生主动参与的数学创意课程开发研究"成功立项为省"十三五"规划课题。在课题研究的过程中，我体会到关注学生生命在场的体验式数学是非常重要的教学理念，并由此总结出了自己的教学主张，实现了自身的发展，也让我对一个教师的专业能力有了更全面的认识。

回首来时路，我徜徉在课堂内外，纵情于教学实践，有执着，有困惑，有感动，也有收获。近年来，我先后被评为徐州市首批"带头优师"、徐州市基础教育课程改革先进工作者、徐州市"学讲计划"推进工作先进个人、鼓楼区名教师。不驰于空想，不骛于虚声，进入新时代，我将在且行且思中继续前行，努力做一个思考着的实践者。

教学主张

体验式数学，让生命在场

作为一门重要的基础学科，数学有着鲜明的特点，一般认为其最重要的特点是高度的抽象性。数学的抽象抛开了对象的具体内容，只保留其数量关系或空间形式，而且数学的抽象通常表现为多层次的过程，逐步达到更高层次的抽象。抽象性特点给数学研究本身带来了便捷，也促进了数学的发展。但是，对于数学学习者来说，却产生了一定的困扰，有学生总感觉数学过于抽象，难以理解，甚至是枯燥乏味，一部分小学生对数学学习产生了焦虑情绪，严重的甚至感到讨厌数学，不想学数学。

其实，这是由于小学生的思维特点所决定的。根据皮亚杰的认知发展阶段理论，小学阶段的学生心智能力主要处于前运算阶段（2—7 岁）和具体运算阶段

(7—11 岁)。前运算阶段可以用表象符号来代替外界事物,到具体运算阶段已经具有一定抽象能力,能进行简单的逻辑推理,但缺乏抽象逻辑推理能力,要凭借具体形象的支撑进行逻辑推理。因此对于小学生来说,学数学似乎有着一种天然的矛盾,那就是数学的抽象性与小学生形象思维之间的矛盾,这一矛盾成了部分学生不易逾越的鸿沟。如果不能化解这两者之间的矛盾,在数学和儿童之间建立恰当的连接,就会很大程度上影响儿童的数学学习,严重的甚至会产生数学学习心理障碍。基于此,我提出了"体验式数学"的教学主张,强调小学生数学学习要"让生命在场",就是要通过全方位的体验式学习活动,把看似枯燥的数学学习和鲜活的生命成长结合起来,引导学生全身心地参与到数学学习之中,化解数学抽象与儿童形象思维相对立的矛盾,从而跨越数学学习心理鸿沟,让数学学习更有趣,更"好玩",更能促进儿童的发展。

一、"体验式数学"的内涵诠释

2011 版《义务教育数学课程标准》指出:"学生学习应当是一个生动活泼的、主动的和富有个性的过程。认真听讲、积极思考、动手实践、自主探索、合作交流等,都是学习数学的重要方式。学生应当有足够的时间和空间经历观察、实验、猜测、计算、推理、验证等活动过程。"所谓"体验",即通过亲身经历、考察、体察,在实践中认识事物。而"体验式数学",就是以学生为中心,通过学生亲身经历、体验、实践,积极参与到精心创设的学习活动和情境中去,在观察、操作、实验、猜想、验证、反思、分享等活动中,经历数学知识形成的全过程,从而获得知识、形成能力、发展素养的一种数学学习活动。在"体验式数学"学习中,学生由被动到主动、由依赖到自主、由接受到创造地进行学习,通过体验活动有效沟通数学抽象性和儿童形象思维之间的联系,实现数学知识的"再创造"和"数学化",促使学生"理解数学知识与方法、形成良好的数学思维习惯和应用意识、提高解决问题的能力",进而感悟数学思想方法,积累数学活动经验,形成数学学科素养。

二、"体验式数学"的思想溯源和理论基础

体验式学习的思想一直为古今中外的先贤名士所倡导和发扬。《中庸》云"博学之,审问之,慎思之,明辨之,笃行之",其中的"思、辨、行"即体验之意。陆游名句"纸上得来终觉浅,绝知此事要躬行",就是倡导要躬行实践才能真正认识事物的本质。朱熹提倡"切己体察"的学习原则,他说"学者读书,须要将圣贤言语,体之于身",他告诫学

生“方其知之，而行未及之，则知尚浅。既亲历其域，则知之益明，非前日之意味”。意为亲身经历了，就知道了知识的好处，对知识的理解就跟原来的不一样了。卢梭认为“我们真正的老师是经验和感觉”，“感觉对认识起决定作用”，他主张凡是能从经验中学习的事物，都不要让儿童从书本中学。因此，他笔下的爱弥儿 15 岁以前，都不学习书本，而是在“大自然原则指导下”锻炼。卢梭特别强调“我们只从实践中去学习”。

综合来看，“体验式数学”的理论基础主要有以下几方面：

1. 杜威的“从做中学”理论

杜威认为，“从做中学”也就是“从活动中学”“从经验中学”，它使得学校里知识的获得与生活过程中的活动联系起来，儿童能从那些真正有教育意义和有兴趣的活动中学习，从而有助于儿童的成长和发展。

2. 陶行知“教学做合一”教育思想

陶行知先生依据杜威“从做中学”的理论提出“教学做合一”思想，认为对事说是做，对己说是学，对人说是教；“教学做”是一件事，不是三件事，而“做”是根本、是中心。他主张在做上教，做上学，强调“从先生对学生的关系上说，做便是教，从学生对先生的关系上说，做便是学”。

3. 建构主义理论

当代建构主义理论认为，学习不是由教师把知识简单地传递给学生，而是由学生主动地建构意义，是学习者根据个体经验，对外部信息进行主动地选择、加工和处理，从而获得自己的意义。这种建构是无法由他人来代替的。

4. 库伯的体验学习理论

库伯教授在《体验学习——让体验成为学习和发展的源泉》中提出：“体验学习是体验的转换并创造知识的过程”，他系统研究了人类历史上各种学习理论和学习策略，创造性地提出了“体验学习圈”，它包括具体体验、反思观察、抽象概括和行动应用四个基本的学习环节。库伯认为学习是凭借知识活动的过程，知识又是通过经验转换创造得来的，知识来源于获取经验和转换经验的结合。

三、“体验式数学”的价值引领

实施“体验式数学”，关键在于“让生命在场”。所谓“生命在场”，是指学生自觉参与学习活动，主动调节自我意识以及身体、语言和行动等方面以协调一致，在动态过程中不断地自我体验、自我完善。数学学习过程不仅是知识增长的过程，还是适应生命体验性特征、丰富学生精神世界的过程。学生在学习过程中通过体验不断领悟世界的意义和人本身存在的意义，不断激活着生命、确证着生命、丰富着生命。教学中，对人的生命的关注，其实就是关注人生命的完整性、自主性、独特性、历程性和现实性，关注人精神的成长和人格的健全。

实施"体验式数学"，重点在于"让思维可视化"。数学学习的过程就是学生形成思维品质的过程。数学课程的重要目的，就是培养学生良好的思维品质，让学生学会思考，养成正确思维的路径，这样才能促进学生的发展。而思维的概括性、间接性、内隐性很多时候让人对思维的发展不明就里，通过体验式数学学习，可以在体验活动中有效地展现学习者的思维过程，使其清晰可见，有利于提高信息加工和信息传递的效能。

实施"体验式数学"，难点在于"让儿童连接数学"。学生在体验中学习数学，就不会仅仅停留在简单认知的层次，而是扩展到情感、人格和生理等方面。学生全身心地投入到体验学习中，学生的主体意识、行为能力、情感态度等方面都得到了综合发展，使感性的儿童与理性的数学之间架起桥梁，实现两者的有效连接。

四、"体验式数学"的实践探索

1. 通过体验形成数学概念，加深数学理解

数学概念是反映数学对象的本质属性和特征的思维形式。数学概念的教学是数学教学的一个重要组成部分，但数学概念本身的抽象性常常使其教学并不那么轻松。通过适合学生的、生动形象的数学实践活动，可以让学生更容易地理解概念、掌握概念。比如，三年级"认识周长"一课，这是学生第一次接触到"周长"的概念。根据定义，平面图形一周边线的长就是这个图形的周长。这种高度"数学化"的概念虽简洁明了，但对于小学生来说，理解起来并不是件轻松的事。学生对于"一周""边线"等概念仅停留在模糊认识的状态，而且还要区分平面图形和实物的不同，所以历来揭示周长的概念都是一个难点。在教学中，我设计了学生动手剪图像的体验活动，让学生将卡通图像从长方形纸上剪下来。学生操作完成后，再在小组里展示剪的结果，并交流：是沿着哪里剪的？剪的时候从哪里开始到哪里结束的？通过这样一个人人参与的实践活动，学生在任务驱动下完成了操作，在顺利剪下图像的过程中，自然地获得了"一周""边线"等概念，从而使得"周长"的概念呼之欲出，有效地促进了学生理解。

2. 借助体验实现自主探索，强化学习感受

受制于数学知识的逻辑体系，数学教材中有些内容距离学生的生活较远，影响

了学生的数学学习效果。此时,可以设计有针对性的体验活动,拉近数学与学生生活的联系,使学生在体验中进行自主探索,既能沟通联系,又能发展学生的应用意识。

例如,六年级学习"正、反比例",这一内容过于抽象,学生常常只是死记教材上的定义,不能很好地发现相关联的量之间的关系,容易陷入按图索骥的困境。于是我设计了"旗杆有多高"的体验活动,把数学课搬到阳光下的校园里,以想办法测量出学校旗杆的高度为任务,让学生通过探索、尝试、实践、测量、计算等活动,自主运用比例的相关知识来解决问题。首先通过对相同和不同长度的竹竿长度与影长的测量,引导学生探究发现物体高度与影长之间的联系:同一时间,相近的点,直立于地面的物体的高度和其影子长度的比值是一定的,即高度与影长成正比例。然后再运用获得的经验同时测量竹竿和旗杆的影长,从而计算出旗杆的高度。通过探索活动,学生对于"相关联的量""正比例"等抽象的数学术语有了深刻的认识,同时也能更好地运用正比例来解决相关实际问题。

再如,学生对于体积的感受不深,理解体积除需相应的抽象能力,还要具备一定的空间观念。教学体积时我设计了"土豆的体积"体验活动,土豆的形状不规则,不好直接计算出它的体积,但可以利用刚学的圆柱体积的知识来解决。找一个圆柱形容器,装适量的水,把土豆放进去,通过测量相关数据,就可以算出土豆的体积。这一活动中学生既要动手测量圆柱容积的直径,也要测量水面上升前后的高度,还能够体会到"转化"的策略:把不规则的土豆的体积转化为求规则的圆柱的体积,所以这个活动具有很强的综合性和实践性,很适合让学生"玩"。学生在探究过程中,就像研究员一样,寻找器具,认真操作,细心记录,最终算出了土豆的体积。这样既探索出了不规则物体体积的测量方法,也体会到了数学与生活的联系。

3. 利用体验拓展学习视野,培养应用意识

在课堂上,数学学习的时间和空间都极为有限,在追求"高效""有效"的目标引领下,更是难以将数学学习活动引向深入。而利用体验式学习,可以使学习活动得以拓展,延伸学习的时间与空间,打开学生的视野,强化其数学学习经验。例如,在学习"用方向和距离确定位置"后,我设计了实践活动"我家在哪儿",学生要通过综合运用确定位置、比例等数学知识,把自己家的位置画在平面图上,并标注从学校到自己家的路线图和距离。其目的在于考查学生实际运用所学知识去解决现实问题,在解决问题的过程中把学生的视野从书本转向生活,增强数学学习的体验,培养数学实践能力,积累数学活动经验,提高数学学习的兴趣,并在与同学的交流中加深同学之间的了解,增进同学友谊。此次活动以"长作业"(一段时间内完成的实

践作业）的形式布置，学生首先要了解自己家相对于学校的方位，同时要确定最便捷的行走路线，还要想方设法得出每段路线的距离。对于家较远的同学，还要把路线进行适当的整合，避免路线图过于复杂。从学生体验学习的过程和结果来看，应该说学生收获很大，不断地发现新的问题，也不断地运用已学知识来解决问题，学生的兴趣很浓，使冰冷的数学知识有了蓬勃的生命力，也引发了他们火热的数学思考。

总之，“体验式数学”可以为小学生的数学学习搭建桥梁，沟通抽象的数学知识与学生具体形象思维之间的联系；“让生命在场”可以有效破解学生数学学习的心理障碍，提升学生学习数学的兴趣，拓展学生数学学习方式，丰富的体验使学生的数学学习不断走向深入，有效地促进学生的核心素养的培养和发展。

课堂实录

增强体验，把握本质

——“认识容量和升”课堂实录与评析

执教：高乃国　评析：卞强

【教学内容】

苏教版小学数学四年级上册第1—3页。

【教材简析】

本课内容是苏教版小学数学四年级上册第一单元“升和毫升”的第一课时，包括认识容量及容量单位“升”。这是学生在学过长度、质量、时间及其计量单位后，认识的又一类量及其计量单位。容量单位经常用来度量容器里容纳的液体的体积。教材安排在教学体积之前先教学容量和容量单位，主要是因为这一内容在日常生活中应用非常广泛，学生已经积累了充分的现实生活感知，因此把这部分内容先于体积教学之前，安排在四年级上学期进行教学，这样符合学生的认知规律，又为以后教学体积积累了经验，同时有助于丰富学生对量及其计量单位的认识。

但熟悉的未必熟知，教材第1页的例题通过三个活动使学生从不同的层次认识容量这一新的概念，同时让学生产生认识容量单位的心理需求，由此过渡到第2页的例题进行“升”的教学，感受“升”在生活中的应用，并通过正方体、量杯以及几种常见容器认识“1升”容量的大小，加深对“1升”的认识。随后的“试一试”“练一练”培养学生借助简单推理比较容器的容量大小，并通过简单的估计活动，强化学生对“1升”的大小的体验。

续　表

<table>
<tr>
<td>

一、理解容量的意义

1.（教师和学生课前准备好平时喝水的杯子）出示教师和一名学生喝水的杯子（大小差异明显便于直接判断）。

师：比较一下这两个杯子，哪一个能盛的水多？

生：老师的杯子盛的水多。

师：老师的杯子能盛的水多，就说明老师杯子的容量大。（板书：容量）这节课我们就来认识容量。

师：老师的杯子容量大，那这个同学的杯子——

生：容量小！

师：像杯子这样能容纳其他物品的器具，我们称为容器。

2. 课件出示两个外形一样但壁厚不同的杯子（如下图）。

1号　　2号

师：这里有两个容器，外形一样，哪个杯子的容量大？为什么？

生1：2号杯容量大，因为它……它容积大。

生2：我也认为2号杯容量大，因为1号杯子里面的空小，而2号杯子里面的空大。

师：我明白他的意思了，1号杯的底和内壁要厚一些，这样的话2号杯内部的空间更大，所以2号杯的容量大一些。因此，容量的大小取决于容器内部空间的大小。

3. 出示两个水壶（容量大小不易直接判断，如下图）。

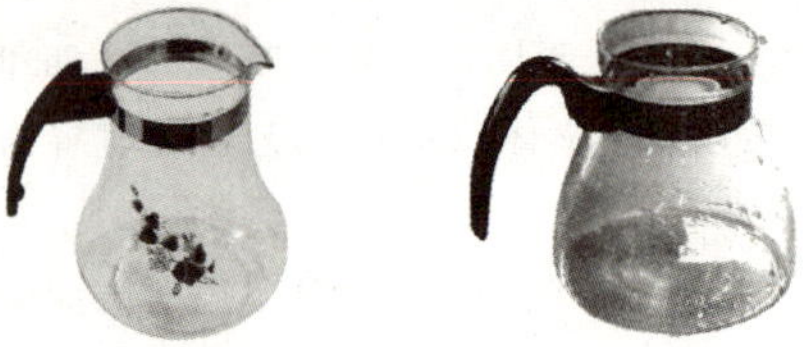

甲壶　　乙壶

师：观察这两个水壶，你认为哪个水壶容量大一些？

生1：乙壶的容量大一些。

</td>
<td>

评析：借助平时喝水的杯子这个学生再熟悉不过的容器导入，把生活语言的表述提炼为数学语言的表述：老师的杯子“盛的水多”就说老师的杯子“容量比较大”，从而揭示“容量”的概念。再通过两个外形一样但壁厚不同的杯子，让学生真切地感受到容量是指容器“内部”空间的大小。明确容量的含义之后再进一步让学生认识到：容量是有大小的，通过逻辑推理、思维训练比较容量的大小，提升数学思维的含量。

</td>
</tr>
</table>

生 2:两个壶容量一样大。 生 3:甲壶容量大。 师:现在有 3 种观点,有什么好方法来验证一下,到底哪个水壶容量大? 生 1:分别试一试。 生 2:两个水壶都灌满水,分别倒入同样的杯子里,哪个杯子里的水多,那个水壶就容量大。 生 3:先把一个水壶装满水,再往另一个壶里倒。如果也倒满了,那就说明容量一样大。 师:谁听懂了她的方法? 生 4:先把甲壶装满水,再倒入乙壶。如果乙壶水溢出来了,那说明甲壶的容量大。 师:大家都听明白了吗? 生:听明白了。 师:那咱们就按她们说的方法试一试。 (演示倒水的动画,在倒之前暂停) 师:把甲壶装满水,倒入乙壶,会有几种可能的结果?每种结果说明什么?独立思考,然后小组交流一下。 (学生交流) 师:哪位同学来说一说? 生 1:会有两种情况。一种是乙壶里的水会溢出来,说明甲壶的容量大。另一种是把甲壶里的水全倒完了,乙壶还没有满,说明乙壶容量比甲壶大。 生 2:还有甲壶倒完了之后乙壶也正好灌满了,说明甲壶和乙壶容量一样大。 师:好的,结果到底怎样,我们一起来看。 (继续播放倒水动画) 师:谁的容量大? 生:甲壶! 师:如果先把乙壶装满水,再倒入甲壶,可以吗? 生:可以! 师:想象一下,那样的话会是什么结果? 生:乙壶的水都倒完了,甲壶没有满。 师:好的。通过两个容器互相倒水,我们可以判断两个水壶哪个容量大。如果有 3 个容器,你也能判断它们的容量大小吗? (出示教材“想想做做”第 1 题)	

续 表

(通过观看倒水的图片,学生独立完成,然后组织反馈) **二、感受统一容量单位的必要性** 师:(问同学)你每天喝几杯水? 生1:1杯。 师:好像有点少,要及时补充水分啊! 生2:我一般要喝3杯水。 生3:4杯。 师:是不是4杯的同学一定比3杯的同学喝的水多呢? 生:不一定。 师:说说理由。 生:他们用的杯子不一样。如果4杯同学杯子小,而3杯同学杯子大,那反而3杯同学喝的水要多。 师:这个问题告诉我们,如果标准不统一,那就不容易比较。所以,为了准确测量和计算容量的多少,我们要使用统一的容量单位。 (板书:容量单位) 师:以前我们学过哪些单位? 生:米、厘米…… 师:这些都是长度单位。 生:克、千克。 师:这是质量单位。为了准确测量和计算容量的多少,我们又认识了一个新朋友:容量单位。 **三、认识容量单位——"升"** 1. 实物上的"升"。 师:课前同学们准备了一些饮料瓶,请你从包装上找一找容量单位。 生1:1升。 师:升是容量单位。(板书:升) 生2:1.5 L。 师:升的英文是liter,所以有时以第一个字母L来表示"升"。(板书:L) 生3:250 mL。 师:容量单位除了升,还有毫升。这节课我们重点来研究"升"这个单位,"毫升"我们下节课研究。	评析:继续结合生活中的喝水问题,通过制造矛盾冲突,引出统一容量单位的必要性,并联系以前学过的单位名称,将容量单位置于单位体系的大背景中,初步形成容量单位体系。同时渗透数学文化、英文缩写等,丰富"升"的概念。

2. 生活中的“升”。 师：除了同学们带来的瓶子上面的升，生活中我们也常常见到升这个容量单位。 （课件出示生活中常见的容器图片，并放大容量单位，单位均为升） 师小结：计量水、油、饮料等液体的多少，通常用“升”作为单位。 3. 历史上的“升”。 师：“升”在我国的使用已经有很长的历史了，不过，历史上的“升”与现在的“升”表示的容量并不一样。 （请看：课件演示配音朗读“你知道吗”，介绍“升”的历史。）	
四、感知“1升”的大小 1. 通过量杯认识“1升”。 师：我们已经知道了容量单位——升，那么1升有多少呢？要认识1升，我们先认识一下这个工具——量杯。 （先课件出示量杯图片，介绍量杯） （再展示量杯实物，装好1升水） 师：老师这里也有一个量杯，（举起量杯）这里面的水就有1升。 （学生观察） 师：每一组的桌上也有一个量杯，下面请大家往量杯里面倒水，倒入正好是1升的水。 （学生分组活动，倒好1升水） 师：都倒好了！大家可以看一看、掂一掂，体验一下1升水到底有多少。 （学生体验，初步形成1升的概念） 2. 通过正方体容器认识“1升”。 师：（出示正方体的容器）我这里有一个正方体容器，从里面量得它的长、宽、深分别是1分米，每一组的桌上也有一个这样的正方体容器，估计一下，它能不能装得下1升水。 生1：能装下。 生2：装不下。 生3：差不多吧。 师：让我们实际看一下。 （学生活动：把量杯中的1升水倒入正方体容器中。）	评析：以多种途径认识“1升”，借助不同的容器：量杯、正方体容器、饮料瓶、自己的杯子……通过多次体验认识“1升”：目测、实测、估计……通过具体而实在的“1升”的表象支撑，使学生对抽象的“1升”有了具体的认识，变“无形”为“有形”。同时整节课学生始终都是借助1升水，成本低而效率高，无形中加强了对“1升”的概念、容量及容量单位的理解。

续 表

生:正好倒完。

师:说明什么?

生:正方体容器的容量正好是1升。

师:什么样的正方体容器?

生:长、宽、深都是1分米的正方体容器,它的容量就是1升。

师:是的。我们还可以说成,长、宽、深都是10厘米的正方体容器,它的容量是1升。所以,如果今后在判断容量的时候,我们手头没有量杯,那我们就可以想象出一个这么大的正方体,这样就有了1升的标准,我们再去判断其他的容量就变得容易了!

3. 认识不同形状的"1升"。

师:大家带来的饮料瓶上面正好是标示1升的举起来。

(选择几个放在讲台上,与量杯、正方体放在一起)

师:看一下,这些容器虽然形状不同,但里面装的液体都是1升。

4. 通过自己的杯子认识"1升"。

师:今天大家也带了自己平时喝水的杯子。看着你的杯子,再看看1升水,估计一下,1升的水可以装满几杯?

生1:我觉得能装6杯。

生2:大概5杯吧。

师:接下来,我们就来看看你们自己的杯子几杯大约是1升。请每组选用1个杯子,先估计一下1升水大约倒这样的几杯。再用1升水倒一倒,看看结果是多少。

(学生倒水活动,活动结束后交流)

五、应用拓展

活动:估计不同大小容器的容量。

图1

图2

图3

续 表

<table>
<tr>
<td>
师：高老师带来了一瓶饮料(展示实物)，请你来估计一下，这个饮料瓶的容量大约是多少？估计之前可以看看1升是多少。
(学生估计，估计后投影展示包装上所示净含量)
师：你知道“容量”与“净含量”之间的关系吗？
学生讨论后小结：容量是指容器容纳的大小，净含量一般指容器内液体的多少。
师：我这里还有一个盆，看看刚才饮料瓶的大小，你能估计一下这个盆的容量吗？
生1:5升。
生2:6升。
生3:10升。
师：让我们验证一下吧，看谁估计的结果最接近！请每组的同学把你们桌上的1升水倒入这个盆内。
(教师端盆到每组，学生倒水。在倒入4升水后让学生根据水位线调整一下自己的估计。最后倒满水验证。)
师：(指着教室里的纯净水桶)这个水桶的容量是多少呢？你能不能估计一下，估之前大家可以看看水盆的大小。
生1:15升。
生2:20升。
师：这样吧，水桶上标出了它的容量，请一名同学来看一下，把结果告诉大家。
生：18.9升。
师：为什么不是18升也不是19升、20升，偏偏是18.9升呢？课后同学们自己去查查资料，了解一下。

六、全课小结

师：今天我们学习了容量和容量单位“升”。你能用黑板上的板书说一段话吗？
生：(略)
</td>
<td>
评析：在学生有了“1升”的认识后，估计并验证生活中常见的一些容器的容量，使学生有一个经验的感知，不断强化对“1升”的大小的理解，把感性经验提升为理性思维。并借助纯净水桶容量(5加仑)拓展了对容量单位的认识。
</td>
</tr>
<tr>
<td colspan="2">
【总评】
本课内容是认识容量的意义及度量单位“升”，对于单位的教学来说，重点要把握住两点：一是单位产生的必要性，二是建立“1个单位”的概念。在本课中，高老师充分激发学生的认知，创设了丰富的体验活动，让学生在活动中体验，在体验中感悟，在感悟中习得，有效地建立了容量和“1升”的概念。
</td>
</tr>
</table>

续 表

1. 以丰富的体验活动，培养学生的量感。 单位是一个很抽象的概念，特别是“升”这一容量单位，学生尽管有一些生活经验，但对于“1 升”到底是多少，学生没有真切的感受。因此，以前常常闹出“针管里的药水 5(升)”“一桶油 2.5(毫升)”这样的笑话，根本原因还是学生没有建立量感，没有体验到“1 个单位”的多少。在本课，我们可以看到，学生的体验非常丰富，牢牢建立了“1 升”的感性认识，在体验中获得量感。 2. 联系生活，让数学“活”在儿童身边。 容量单位在生活中应用广泛，高老师立足儿童实际，选择儿童身边的工具进行教学，从自己喝水的杯子到常见的容器，让学生真切地感受到数学就在身边，数学可以解决身边的问题，使数学知识“活”起来。 3. 注重学习方法指导，积累数学活动经验。 史宁中教授曾说：“世界上有很多东西是不可传递的，只能靠亲身经历。智慧并不完全依赖知识的多少，而依赖知识的运用、依赖经验，教师只能让学生在实际操作中磨炼。”本课中学生多次经历了猜想—调整—验证的学习过程，收获的不仅仅是数学知识，更重要的是学习的方法和经验，这对于发展学生数学素养是最关键的。

康倩：让思维可见

康倩，本科学历，学士学位，大马路小学数学教师。徐州市首批青年良师，徐州市“学讲计划”推进工作先进个人，鼓楼区学科带头人、青年名教师、优秀教育工作者。曾获江苏省录像课评比一等奖，徐州市优质课评比一等奖，徐州市现代教学技能比赛个人全能。在省、市级刊物发表多篇教育教学论文，多次在省、市、区级范围开设公开课，受到好评。

教学主张：让思维可见。

教育格言：放慢脚步，静心等待，和孩子共享成长的幸福时光！

成长足迹

追求理想，实现价值

自2002年至今，我已在大马路小学这个倡导生命和谐、诗意栖居的温馨校园工作了17个春秋。17年，相当于我职业生涯的一半时光了。回望葱茏岁月，我看到了自己一路走来的由稚嫩到日趋坚实的脚步，其间有过迷茫，有过困惑，而更多的是成长蜕变带来的喜悦。我想用三个关键词来诠释我成长的足迹。

第一个关键词：思考

有一句教育格言是这样说的：教育——首先是活生生的、寻根究底的、探索性的思考。没有思考就没有发现（哪怕是很小的、乍看起来微不足道的发现），而没有发现就谈不上教育工作的创造性。我不是一个有大智慧的教师，但我是一个喜欢思考的教师。记得刚参加工作那年，初出茅庐的我似乎有铆不玩的劲儿。正巧鼓楼区教研室大胆尝试，引进了北师大版实验教材，这套教材具有情境化、生活化、活动化等特点。打开一年级课本，我立刻被其中生动有趣、图文并茂、与学生生活息息相关的情境图所吸引。于是，我开始琢磨，如何对教材现有的文本资源进行有效开发，巧妙地设计主题情境贯穿整节课的教学？设计怎样的数学活动，才能符合低年级学生好动、好说、好玩的特点，调动学生的参与意识和学习热情？思考之余，我开始尝试。例如执教“分类统计”一课，我设计了“动物运动会”的童话情境，通过帮助评委大象和厨师小猪解决“制作纪念奖牌”和“准备套餐”的问题，激发了学生按照不同标准进行分类统计的需求，学生们俨然将自己当成了童话王国中的一员，在愉悦的氛围中自然习得了新知，而这节课也令同组的教师们对我这个新教师刮目相看。低年级学生年龄小，注意力不能长时间集中。我一度曾为课堂上要不断关注学生的倾听状态、维持课堂纪律而头疼不已。于是我开始琢磨：通过哪些有效的激励方式来培养学生良好的学习习惯和倾听能力呢？经过思考，我设计了两个“本儿”，一个是“得星本”，并设定了几个项目：倾听星、智慧星、合作星、口算星、速度星等，通过一系列的得星活动对学生的学习情况进行激励性评价，深受孩子们的欢迎。另一个是“小老师本”。从一年级开始，每逢新授课或知识难点我就会布置学生回家后当“小老师”，将当天所学知识讲给家长听，由家长当学生对孩子的讲述进行评价并记录下来，这样不仅可以促进学生上课专心听讲，而且能帮助学生及时内化所学知识。两个小小的“本儿”真是“小材大用”，一段时间下来，大大改善了学生的学习状态。到了中、高年级，我开始更多地关注学生自主学习能力的养成以及思维品质的提升。在学校“自主习得”教学理念的指引下，坚持“以学定教”“以人为本”，营造合作、探究的课堂学习模式。后来连续两年执教高年级毕业班的数学，在毕业复习阶段，我发现学生的数学错题层出不穷，而且多数学生都出现了“错题反复性”的现象，如何合理地利用学生的错题资源是我需要思考的问题。我想到了“错例集”。首先我对学生指导了一些基本的整理错题的方法，然后鼓励他们根据自己的情况选择适合的方式自主整理错题，并通过自评、互评、颁发“优秀错例集”证书等方式督促学生持之以恒，从而使“错例集”成为学生学习过程中重要的辅助工具，最终实现学生错误率不断降低、班级数学成绩整体提升的效果。

第二个关键词：学习

“问渠哪得清如许，为有源头活水来”，教师如果不学习，思考就失去了原动力，会缺少深度，没有分量。

在学生时代，我就是一个非常喜欢阅读和自学的人，常常在图书馆一泡一天。那时虽阅读领域广，读的书很杂，但偏好文学类，对教育理论书籍不甚感兴趣。工作后，我逐步树立了把科研型数学教师作为自己成长的目标。2011 年我有幸成为鼓楼区数学中心组成员，跟随刘春华、张亚松主任的脚步，站在更高的平台，获得了很多宝贵的学习机会。每学期几次评课议课、读书交流活动，与会教师们思维碰撞，使我不断接受着数学文化的洗礼，感受着教育科研的巨大魅力。由于自己前期读书、教学经验的积累，加之良好的语言表达能力，我在交流会上不时有精彩发言，博得教师们的交口称赞，也令我沾沾自喜了很长时间。

有一年暑假，我和同区三位教师组队参加了全国 NOC 网络教研比赛。记得刚接到通知时，我们先观摩了思想品德和美术学科在市里的比赛情况，其中有一项根据新课标等教育理论的答辩环节，评委提问后，有 1 分钟思考时间。在选手准备的时候我也在想，这个问题如果我来回答该怎样说，但我发现自己脑子里一片空白，我在区中心组交流活动中的神气劲儿荡然无存。自以为出类拔萃，却不过是井底之蛙。真是“理论书”到用时方恨少啊！而这个比赛恰恰需要选手在赛前大量学习理论书籍，具有丰厚的知识积淀。所以在备赛的20天里，我重新彻读、精读新课标以及与此相关的教育教学理论，把小学阶段12本数学教材和教参全部借来，梳理知识体系。到了比赛第三天答辩环节，我欣喜地发现不仅评委向我们组提的问题能轻松应答，其他组的问题也能想出个所以然了，我想这就是学习的力量吧！

2014年，为了适应课改要求，提高教师专业成长，促进学校高位发展，在我校特级教师刘杰和吴音昊的引领下，我们不同学科的十位骨干教师成立了“自主成长团队”。我们制订了五年成长规划，首要任务就是加强理论学习，啃读原理性书籍，第一本书是加涅的《学习的条件和教学论》。这本书十分晦涩难懂，刚开始我读得很慢，读懂一句再读下一句，读懂一段再读下一段……哪一句话没读懂就回头反复读，读懂的地方再联系一下自己的教学实践，看看有什么启发，就这样，我用了三天时间才把第一章研读完，略微有些感受，仍圈画了一些不懂之处。我发现自己在专业理论方面的确有很大的提升空间。还好成长团队的伙伴们和我的感受差不多，每个月，我们都会进行读书交流活动，坐在一起，谈谈收获，彼此鼓励，互相启发，渐渐地，我发现这本书变得不再枯燥生涩，阅读的效率明显提高。而坚持啃读原理性书籍，也令我们的思考越来越深入，发言越来越有深度，使我们收获了智慧，收获了成长，也收获了友谊！

除了身为教师，需要不断学习专业理论知识外，作为一名家长，我觉得很多亲子教育方面的书籍也值得一读再读。女儿上大班的时候，假期去学轮滑，她的性格比较谨慎，动作放不开，所以学得也比较慢，每次十几个孩子比赛滑大圈，她往往都是后几名，我刚开始非常着急，经常在操场边大呼小叫，替她加油，但效果甚微。后来我开始反省自己这种焦急的心态，我把孙瑞雪老师写的《爱和自由》《完整的成长——儿童的自我创造》又拿来重新读过，读着读着我的心情就平静了。孩子有她自身成长的规律，我们只要做一名观察者、支持者就足够了。于是女儿练轮滑，我就坐一边儿看书，一个假期下来，看了十余本，收获很大，我更惊喜地发现，不去干扰她，孩子突然有一天就悟出来了。我们经常说要关注学生的可持续发展，不要只看到孩子暂时的落后，不是一样的道理吗？每次家长会上，我都会推荐几本教育类的书和家长共读，家庭教育比学校教育更重要，一个能静下心来学习和反思的家长，他的孩子太幸福了！我想我不仅要做一名善学习和思考的教师，也要做一名这样的家长。

第三个关键词：超越

海明威有一句名言说道："真正的高贵是优于过去的自己。"

作为师范学校首届理科大专班的毕业生，我似乎是带着光环进入工作岗位的。学校非常重视对我的培养，经常为我提供一些比赛课、公开课的机会。而我凭着自己扎实的基本功、良好的课感、善于思考的习惯以及不懈的努力，工作没几年，已在鼓楼区的小学数学界初步崭露头角。

2006 年，学校的小组研究课，我选择执教苏教版小学数学五年级上册"认识公顷"一课。虽然学生在日常生活中或多或少接触过"公顷"，但对于这个较大面积单位的概念仍然比较陌生，所以经过反复钻研教材，我把教学重点定位在帮助学生建立"1 公顷有多大"的表象上。1 公顷的定义是边长 100 米的正方形的大小，那么边长 100 米是多长呢？我特意到徐州市第三中学（三中）拍摄操场跑道的照片（因为三中离得近，学生对三中的操场并不陌生），引导学生观察直线跑道的长度就是 100 米，并推想 4 条边都是这样长的正方形面积的大小就是 1 公顷，比三中整个操场的区域还要大一些。然后我又给学生提供熟悉的场景——大马路小学教室、操场及整个校园平面图长和宽的数据，引导学生进一步推算 1 公顷大约有多少个教室、多少个操场、几个校园那么大，从而借助这些直观的例证和丰富的感知建立起"1 公顷有多大"的表象，发展了学生的空间想象力和直观思维能力。正巧鼓楼区教研室的刘春华主任莅临指导，她对我这节课的设计理念给予了高度评价，并推荐我参加即将举行的江苏省小学数学新课程教学录像课的评选活动。这个赛事由江苏省中小学教学研究室承办，含金量等同于江苏省评优课。我欣喜激动之余又不免忐忑，这节课中有很多都是我自己原生态的思考，难免有不成熟之处，而且只在学校展示过。江苏省，那是多高的平台呀！那些权威专家们能认可吗？所以后来虽然如期将录像光盘寄出，但对于获奖并没有抱多大希望。两个月后的一天，接到刘春华主任打来的电话，她充满喜悦地向我道贺："康倩，你知道吗？你那节课获了江苏省一等奖！"那一刻，我真的感觉天上掉下来一个大大的馅饼，砸到了我的身上。

这次的意外"巅峰"，让我不禁有些飘飘然，自我感觉越来越好。后来，结婚生子，有几年重心偏向家庭，各类比赛课和公开课渐渐减少了。2014 年，徐州市教育局开始推行"学讲计划"，它与我们大马路小学倡导的"自主习得"教学模式有不少相似之处。而贯彻"学进去讲出来"教学方式，打造"学讲课堂"成了每位教师的首要任务。我再一次被推到课改的风口浪尖，被要求尽快推出一节“学讲”展示课，树立典型示范。当时执教的是苏教版小学数学四年级下册“用数对确定位置”一课，我充满信心地备好课，自以为很有想法，完全符合“学讲”的理念，但在观摩课当天却被评价为仍在走老路，牵制着学生，放不开。刚好上完课接到去上海出差学习的任务，张艳校长明确告诉我，她对这节课很不满意，但她相信我能上好，并给我布置了作业：出差回来重新上，而且是在更大规模的展示课上。在上海学习的那几天，我脑子里一直在琢磨，这节课如何改才能既不脱离自己的初衷，又符合“学讲”的理念？可以说短短几天，从踌躇不前到豁然开朗，我仿佛经历了王国维在《人间词话》中所说的三种境界。我最终成功了，实现了对自己以往的超越。这节课获得了大家的一致好评并被推荐参加全国优秀录像课的评比，而我也被评为徐州市“学讲计划”推进工作先进个人。

思考使我不断创新，学习又促进了我更深度的思维发展，而超越则让我不重复自己。前方的道路还很漫长，我将继续砥砺前行，不断追求自己的教育理想，实现自己的人生价值。

教学主张

让思维可见

教学主张，是一种理性的教学追求，是教学风格背后的依据，是长期以来教学经验与反思的提炼。我一直在思考：我的教学主张是什么？我追求的数学课堂是怎样的呢？

我理想中的数学课堂是循着学生的思维轨迹行走的课堂。思维，是人脑借助语言、表象或动作实现的对客观事物间接的、概括的反映，它探索与发现事物的内部本质联系和规律性，是认识过程的高级阶段。然而，思维看不见。面对“大脑”这一思维得以发生的最深不可测的“黑匣子”，我希望能借助相应的教学手段和方法，让看不见的思维可以“看得见”，所以我在 2016 年确立了自己的教学主张——让思维可见，并开展了近两年的教学实践。“让思维可见”是指教师通过一定的教学路径和方法，参与到学生思维的发生、发展与表达过程中来，让学生的内隐性思维外显。借助可以“看得见”的数学思维，教师可以深入了解学生的思维脉络，发现学生数学思维的本来模样，可以循着学生的思维轨迹开展教学活动，引领学生驶向智慧的彼岸，提升学生的思维品质。

一、让学生的哪些思维可见？

1. 思维的起点可见

思维的起点，简单地说，就是指学习和认知新的知识时已有的相关知识与能力，即本来的、最初的、原始的思维状态。学生是带着各自独立的前认知背景投入新知学习的，正如教育心理学家奥苏伯尔所说：“影响学习最重要的因素是学习者已经知道了什么。”杜威在《我们如何思维》一书中指出：“思维的缘由是遇到了某种困惑或怀疑（总是要有某样具体事物来引发和激起思维）。”郅庭瑾的《为思维而教》中谈道：“思维始于问题。”面对新的问题情境，学生的原始思维是怎样的呢？让学生思维的起点可见，这样教师才能顺应学生的思维渐进引导，在学生原有思维的基础上产生新的、更准确的思维路径。

例如教学苏教版小学数学四年级下册“用数对确定位置”一课，学生学习本课之前，在日常生活中或多或少积累了一些描述物体所在位置的经验。为了调动学生的原有经验，教师创设了“找找我的好朋友”游戏情境，并提出数学问题：你能用自己想到的方式把最好的一个朋友在这间教室的位置写下来吗？学生用多种多样的表述方法写出了好朋友在教室中的位置，教师将学生的几种典型原始思维一一呈现，引导学生在猜谜的过程中发现：光凭一个方位词不能准确判断出好朋友的位置；没有说清数的方向，就会有不同的可能；观察的角度不同也会带来争议。那么确定位置到底蕴藏着怎样的学问？为了表达统一避免争议，又有哪些人为的规定呢？这一困惑又激起学生新的思维，引发学生用一致的标准表示位置的需要，于是学习新知识的兴趣和动力自然发生。

2. 思维的过程可见

思维包括分析、综合、比较、抽象、概括、判断和推理等基本的过程。数学教学不仅要关注学生应该学到什么，还要重视他们是怎样学到的，即要展现学生数学思维的过程，培养一种关注事物发展和变化过程的思维习惯。教师要引导学生积极主动地参与数学知识形成和发展的过程，经历“做”数学的过程和“思考”的过程，让学生思维的过程可见，从而促进学生从“经历”走向“经验”。

仍以“用数对确定位置”一课为例。数对其实是一种约定俗成的数学符号，我们当然可以采取简单告诉或让学生自学的方式了解到，教室中小军的位置“第4列第3行”用数对表示是(4,3)，但这样的话，学生就很难体会到数学符号发展的过程。对于数学规定，我们不应只看到它的历史约定性，更应看到其源头闪烁着人类的自由思维。那么第4列第3行更简洁的写法是怎样的呢？学生经过自主思考、小组交流，陆续得出以下8种不同的简洁写法：① 4列3行 ② 4—3 ③ 4,3 ④ 4:3 ⑤ 4L3H ⑥ 4↑3→ ⑦ 4;3 ⑧ 列4 行3。教师引导学生参与创造符号的过程，学生所呈现的过程性思维多么宝贵呀！在经历了个性化地用符号表示到筛选统一的思维过程，学生等于走了一遍数学家研究的道路，他们的认知会得到升华，形成良好的学科感受。

3. 思维的结果可见

数学的核心是问题。数学课对学生的思维能力进行培养，是通过解决问题来实现的，并以问题的解决及形成和掌握概念为最终的结果。在一节课最后的总结环节，借助回顾与反思，让思维的结果可见，有助于深化学生对数学概念和问题解决方法的理解，提升思维水平，发展元认知能力。

例如执教苏教版小学数学四年级下册“多边形的内角和”一课，在课的最后，引导学生回顾整个探索规律、解决问题的过程，学生不仅掌握了计算多边形内角和的一般结论，而且提出很多宝贵的学习经验，特别是把多边形分成若干个三角形来求内角和的方法正是转化思想的体现，更是把解决问题的具体方法上升到相应的数学思想层面。当然，思维的结果不仅体现在对已有认知的回顾与梳理方面，也体现在对客观存在事物的展望和猜想方面，它能使学生的思维得到跨越性的发展。例如教学苏教版小学数学五年级下册“因数和倍数”一课，一节课临近尾声，教师引导学生回顾总结本节课的收获，并提出进一步的猜想，有的学生说：“求一个数的因数，书中的练习题数都比较小，对于一个大数，有没有好方法能快速求出它的因数呢?”还有的同学说：“我们知道一个数因数的个数是有限的，那世界上有没有因数最多的数呢?”这些猜想多有价值呀！数学的研究不正源于一个个鲜活有趣的猜想吗？此时恰当的留白也给了学生更多探索的时空，更多自由的体验。

二、如何让学生的思维可见?

要透过大脑这一“黑匣子”，让学生的思维可见，我们就需要调动学生的多重感官，参与到思维的发生、发展与表达过程中来，让思维物化地留下痕迹。

1. 说出来，借助语言让思维可见

语言是思维的外壳，是思维最本质的工具。以问题引领学生独立思考，形成自己的见解后，在对话的过程中引导学生将自己的想法说出来，这样既给了学生展现思维的机会，也给了教师了解学生思维水平、方向和动态的机会。

例如教学苏教版小学数学五年级上册“钉子板上的多边形”，这节课要引领学生沿着数学家皮克的探究足迹，感悟“有史以来最重要的 100 个数学定理之一”——皮克定理(即钉子板上多边形的面积和钉子数之间的关系)。课前学生结合学习单已经进行了初步的研究，因为学习单上提供的 4 个多边形内部钉子数只有 1 个，所以学生主要关注的是多边形的面积与多边形边上钉子数之间的关系。经过小组交流、全班汇报，上课不到 10 分钟，学生就概括出了规律：多边形的面积是多边形边上钉子数的一半($S = n \div 2$)。我适时抛出了问题：“看来咱们已经得出规律了，皮克定理挺简单的嘛！你有什么想法？”短暂的静默后，学生陆续举起手来，一生说：“我想向康老师提个问题，仅凭这 4 个钉子板上的平面图形就能够证明所有钉子板上的平面图形都符合这个规律吗？”有的学生想到：这个公式难道对所有情况都适用吗？还有学生提出：如果这么容易得出来的话，那皮克定理怎么能称得上是“有史以来最重要的 100 个数学定理之一”呢？于是，这些精彩的发言引发了新一轮的验证、探究活动，也将大家的思维进一步引向深入。

2. 画出来，借助表象让思维可见

表象是感知到思维过渡的重要环节和桥梁。借助画图表征抽象的思维，让内隐的思维活动外显，不仅是简单易行的方法，也为教师更好地“观察”学生的思维提供了便利。

例如教学苏教版小学数学三年级下册“小数的初步认识”时，由于学生在日常生活中已经积累了不少关于小数的感性经验(超市中几乎所有商品的价格都是以小数形式呈现的)。所以教师直接引导学生用直观图表示出对一位小数 0.1 意义的理解，并提出画图要求：现在规定一张正方形纸用数“1”表示，那么 0.1 有多大呢？请在这张正方形纸上画出来。结果，学生们呈现出不同的表征方式。有的学生凭感觉在正方形纸上分出了大概的一小块；有的学生将正方形平均分成了 4 份，涂色表示出了其中的 1 份，显然，这一块太大了；更多的学生将正方形纸平均分成 10 份(分法略不同)，其中 1 份的大小就是 0.1。透过小小的示意图，教师可以“看到”学生对 0.1 的初步理解，使头脑中的表象得以视觉化，并折射出学生不同的思维水平，这些给教师了解学生的思维现状，进而做出有针对性的引导提供了有力的支撑。

3. 做出来，借助操作让思维可见

现代教学论主张，要让学生动手做数学。动手操作与实践，可以帮助学生多种感官参与学习，展现其内部的思维过程，使教师有机会探寻学生的思维轨迹，优化学生的数学思维发展路径。

例如，前文提到的"多边形的内角和"一课重在让学生经历探索和发现规律的过程，积累基本的数学活动经验。依托学生的认知起点"三角形的内角和"，学生首先体会到探索多边形内角和的规律应从四边形入手比较好。那么怎样求四边形的内角和呢？教师引导学生通过动手操作进行研究。多数学生能借鉴三角形求内角和的老经验，用测量法（量出每个角的度数，再相加）和撕拼法（撕下四个角，拼在一起形成一个周角）求出四边形的内角和是 360 度。还有的学生能从特殊联想到一般，即由长方形和正方形的内角和是 360 度推想到所有四边形的内角和都是 360 度。更有学生找到四边形和三角形内角和之间的联系，把四边形沿对角线分成两个三角形，就把四边形的内角和转化成求两个三角形内角和之和的问题了。这种方法不仅有所创新，更是抓住了探索多边形内角和规律的主旨。不同的做法，折射出的恰是学生不同的思维路径和水平，教师可以组织学生进行比较，在沟通、对比中寻求最好的方法，在相互借鉴、学习的过程中，提升自己的认知和思维水平。

三、怎样有效应对学生思维过程中的问题？

在思维可见的数学课堂中，我发现学生呈现的思维有时是独特的、令人印象深刻的、闪闪发光的；有时却是不成熟的、充满困惑的，甚至错误的。而且越是在充分尊重学生思维的课堂上，思维过程中的问题越是频繁出现，常常令教师措手不及、勉强应对。其实这些思维中的偏差往往蕴藏着闪光点，甚至都是非常宝贵的课堂生成性资源。我们应当有效利用这些有价值的生成性资源，把学生思维过程中的问题转化成新的教学契机，使之成为促进学生思维发展的生长点。

1. 在思维模糊处

思维模糊是指思维主体在思维的过程中，对基本的概念、规律或知识的本质没有准确掌握，造成思维不清晰，思考不透彻。

例如：在计算$-3\times4=(\quad)$时，班里几乎所有孩子的答案都是-12，唯独一个孩子的得数是9，引起全班同学的哄堂大笑。教师请这个孩子阐述自己的想法，他是根据数轴思考的，如图所示：

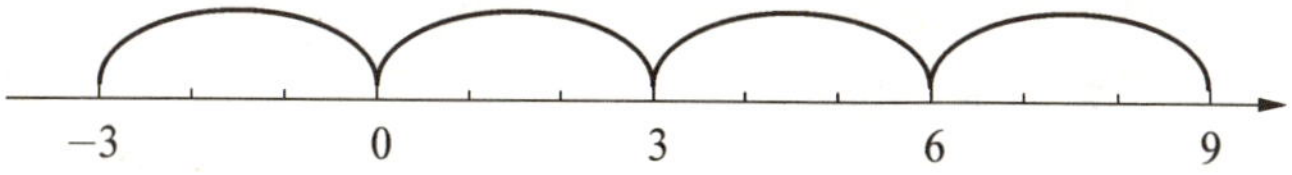

-3×4就是4个-3，-3“翻4个跟头”不就到9了吗？

案例中的孩子能够想到用数轴来理解算理，他的直观性思维多好呀！教师首先应肯定他借助数轴理解算理的方法是可取的，然后继续追问：“现在我们就用数轴来思考，大家觉得这位同学的想法对吗？”从而引导学生明晰负数的本质：负数是比0小的数，在数轴上，负数应该在0的左边。-3×4就是4个-3，-3的确要“翻4个跟头”，但不能从-3起往右翻，而应该从0起往左翻，计算的结果自然是-12了。这样，学生的思维就能从模糊逐步走向清晰。

当学生出现思维模糊的时候，教师不要着急，更不要武断地把结论直接告诉学生，而是应该耐心倾听学生的思路，让学生的思维可见，而后循着学生的思路进行分析、讨论、交流，让学生自己找到问题所在。这样更有助于帮助学生锻炼思维能力，收获更多。

2. 在思维冲突处

思维冲突是指双方对同一事物有不同看法、不同理解和不同态度，在认知上出现了矛盾，甚至出现了对立，这种冲突主要体现在课堂的交流互动中，教师要善于利用学生的思维冲突，把它用做调动学生积极思维的催化剂。

例如，“认识平行四边形”一课，怎样证明平行四边形的对角相等引发了两个学生的争议。女孩认为只要把平行四边形的两个对角剪下来拼在一起，两个角重合就能说明平行四边形的对角相等。男孩则认为女孩必须保证剪下来的部分形状完全相同，如果剪下来的一边大一边小，怎么可能相等呢？双方各执己见，争持不下。此时，教师没有做任何评判，而是把两个人争论的问题抛给更多的孩子，“大家觉得比较平行四边形的两个对角，我们究竟要比哪里呢？”学生深入地研究和思考，明确了比较平行四边形的两个对角，比较的是角的部分，角的大小与两边张开的大小有关，与边的长短无关，所以剪下来的部分形状可以不相同。这样，借助思维认知的冲突点就可以帮助学生对角的概念有更清晰的认识。

有的教师喜欢课堂上的一帆风顺，也常常因为“这节课上得很顺”而感到轻松愉快，殊不知，真正的课堂一定不是“顺利”的，一定会有一些“预料不到”，例如学生意见不统一，发生了争论；例如学生的“奇思怪想”，却有着背后的思维含义等等，这些冲突本身就是课堂的丰富资源，教师如果善于利用，一定可以进一步激发学生的思维，让课堂更加生机勃勃。

3. 在思维定式处

思维定式又称“习惯性思维”，是指学生按习惯的、比较固定的方式去认知事物或做出行为反应。消极的思维定式把学生的思维禁锢在原有的知识范围内，不能深入认识事物的本质，阻碍了思维的发展。

例如，教学四年级下册运算律和简便计算的内容，练习中有这样两道题：$25+75\times3$ 和 $360\div9\times4$。很多学生不约而同地写出了如下的计算过程：

$25+75\times3$	$360\div9\times4$
$=(25+75)\times3$	$=360\div(9\times4)$
$=100\times3$	$=360\div36$
$=300$	$=10$

可以说，学习这一单元后，学生头脑中“简便运算”的意识特别强，不少学生只注重简便运算的表面形式，或者只关注到其中两个数能凑整，形成“凑整”的思维定式，而忽视了题目本身是否具备使用运算律或运算性质进行简便运算的特征。教师可以将学生正确的和错误的做法放在一起，并提问：“你赞同哪一种计算方法？请说明理由。”引导学生在对比、辨析中明确：在进行计算时，首先要观察这道题的特点和运算的顺序，不能盲目简算。从而突破消极的思维定式，促进思维向更高层次生长。

郅庭瑾在《为思维而教》一书中说道：“思维本身就是一个不断提问、不断解答、不断追问、不断明朗的过程。”教师如果能及时捕捉并充分利用学生思维过程中的生成性资源，将问题重新抛给学生，搭建对话的平台，来引发学生进一步的思考和辨析，就能促进学生思维的发展，令思维之渠畅清。

总之，借助有效的教学方法让学生的思维可见，并在生生与师生的交流对话中将学生的思维进行提升、引向深入，是我一直思考和研究的课题。我将循着学生的思维轨迹行走，将教学主张落实于课堂实践，不断积累典型案例，以更好地培养、发展学生的数学思维，提升思维品质。

课堂实录

（本课为2016年徐州市课改博览会公开课）

数学教学：为思维而教

——“钉子板上的多边形”课堂实录与评析

执教：康倩　评析：张亚松

【说明】

“钉子板上的多边形”是改版后的苏教版小学数学教材新增的内容，作为五年级上册教材中“探索规律”专题活动的内容，本课旨在通过探索发现规律的过程，使学生获得探索规律的成功体验，感受数学抽象的意义，增强问题意识，培养探索规律的能力。教材把这一内容安排在了“多边形的面积”和“用字母表示数”之后，因为本课内容的学习需要有简单图形面积计算的基础，并且具备用含有字母的式子来表示图形面积与钉子数之间的关系的能力。

一、谈话导入，激发兴趣

师：瞧，这是？

生：钉子板。

师：你们知道吗？奥地利有个人，他玩钉子板，竟然发现了一个重大规律！他的发现被誉为“有史以来最重要的100个数学定理之一”！这个人就是奥地利数学家皮克，这个定理以他的名字命名，就是著名的皮克定理！（课件出示）

师：大家想领略其中的奥秘吗？

生：想！（饶有兴致地齐答）

师：今天，我们就沿着皮克探究的足迹，来研究钉子板上的多边形。（板书课题）

评析：本课要探索的规律其实就是皮克定理。在新课伊始，康老师不失神秘地引入并以追寻数学家皮克的探究足迹为由激发起学生浓厚的学习兴趣。而后续探究规律的过程都会以此为主线，这样既符合学生的认知规律，又渗透了数学文化，使学生学起来兴致盎然，课堂充满“生长的气息”。

二、自主探索，发现规律

1. 交流课前研究成果，初步探究。

师：为了方便研究，我们把钉子板转化成这样的点阵图，图上的点子数就表示钉子数。那么关于钉子板上的多边形（课件出示），你最想研究什么数学问题呢？

生：我想知道这3个图形的面积分别是多少？

续 表

生：我想问一下老师，您说的这个定理和点阵图有什么关系？ 生：也就是说，这 3 个多边形的面积会不会和这些钉子数有关系呢？ 师：大家真会猜想！到底钉子板上多边形的面积和哪里的钉子数有关，又有怎样的关系呢？课前同学们结合学习单已经进行了初步的研究，下面把你的研究成果在 4 人小组里进行交流。 （出示课前探究提示，学生小组活动，教师巡视） 师：哪一小组愿意上来展示？（随机请一个小组，4 人上台） 生：下面由我们组来讲研究成果，请大家看大屏幕。通过课前的小研究，我们发现了多边形的面积与多边形边上的钉子数有关。我来讲 1 号图形…… （4 人逐一汇报每个图形的面积和边上的钉子数，过程略） 生：通过观察这些数据，我们组发现，多边形的面积是多边形边上钉子数的一半，比如 1 号图形它边上的钉子数是 4 枚，4 的一半是 2，正好它的面积也是 2 平方厘米。这是我们组的意见，其他组还有补充吗？（开展组间互动） 生：我想给丁同学小组补充，我们组认为这个发现还可以倒过来说，多边形边上的钉子数是多边形面积的 2 倍。 生：我们组还发现多边形边上的钉子数越多，这个多边形的面积就越大。 师：看来每个小组都发现了多边形的面积和它边上钉子数之间的关系。如果我们用 S 表示多边形的面积，用 n 表示边上的钉子数，你能用一个字母表达式来表示大家发现的规律吗？（相应板书） 生：我认为字母表达式是 $S = n \div 2$，大家同意吗？ 生：同意！（师板书） 师：那你们觉得用字母来表述规律比刚才用文字表述更怎么样？ 生：更简洁。 师：这里正体现了一种重要的数学思想。有谁知道吗？ 生：我认为是优化思想。（师肯定，并板书） 生：我认为还有符号化思想。（师继续板书） 师：利用优化思想、符号化思想就可以帮助我们把规律概括得更加简洁。看来咱们已经得出规律了，皮克定理挺简单的嘛！你有什么想法？	评析：本课中，我们可以看到，由学生来选定研究内容（多边形面积和钉子数的关系）；每一环节结束，教师通过追问学生“你有什么想法”来关注学生的主体表达，引导学生的思维走向深入；所有的结论都是由学生自主或合作得出的，教师没有代替学生去总结和归纳；教师也不去评判学生发言的正确与否，判断的权力都交给了学生，由学生来质疑或补充，这就是加涅所说的“交互式的交流”，这种交流是自然的、流畅的、真实的，因为学习真正地发生了，课堂也就留下了学生从不会到会的痕迹。

生：我想向康老师提个问题，仅凭这4个钉子板上的平面图形就能够证明所有钉子板上的平面图形都符合这个规律吗？ 生：我的想法是这个公式难道对所有情况都适用吗？ 生：如果光是这一种公式的话，那皮克定理怎么能称得上是"有史以来最重要的100个数学定理之一"呢？ 师：你们觉得也太容易得出来了，是吧？要想知道大家的想法对不对，怎么办？（生普遍提出验证） 师：你准备怎样验证？ 生：再画几个不同的多边形，先计算面积，再数一数边上的钉子数，看看符不符合这个规律。 师：好主意！电脑小博士提供给我们几个不同的多边形，每个小组从中任选一个图形，快速验证一下这个图形的情况是否符合规律。（课件出示） （各小组进行验证活动，教师巡视） 全班交流：小组代表选择图形说说验证的过程和结论（略），发现每个图形的情况都不符合规律。 师：咦？刚才得到的公式对这几个图形都不适用。怎么回事？大家有什么想法？ 生：我注意观察了一下，之前研究的图形内部都只有1枚钉子，能符合这个公式，而这些图形内部有2枚、3枚、4枚钉子，就不符合这个公式了。 生：我觉得多边形内部的钉子数可能也会和多边形的面积有关系。 师：那咱们赶紧来对比一下吧！（课件出示两组图形的对比图） 师：也就是说多边形的面积仅仅和边上的钉子数有关吗？你觉得还和什么有关？ 生：和内部的钉子数有关。 师：看来内部的钉子数也是一个决定性的因素。（板书）那刚才发现的规律只适用于哪种情况？ 生：内部钉子数为1的情况。 师：这是一个重要的前提条件。如果我们用字母 a 表示内部钉子数，你能把前提条件补充一下吗？（学生板书：当 $a=1$ 时，$S=n\div 2$） 2. 组织课上研究活动，深入探究。 师：既然刚才发现的规律不具有代表性，咱们得再往下深入走走，你有什么想法？	

续 表

生：我们再画一些内部钉子数超过 1 的多边形，算一算它们的面积，看看和钉子数有什么关系。 师：这样的多边形多不多？ 生：很多！ 师：那我们先研究…… 生：内部钉子数是 2 的多边形。 师：请拿出课上研究单，独立完成研究活动一。（课件出示探究提示） （学生先独立探究，然后在小组内交流，教师巡视） 全班交流汇报：一组两名代表展示，一人说数据、说发现，一人板书。 生：下面由我代表小组发言，请李同学板书。我们画的 1 号图形边上的钉子数是 10，内部钉子数是 2，它的面积是 6 平方厘米。（2 号图形略）我们发现：当 $a=2$ 时，$S=n\div 2+1$。（李同学板书）例如 1 号图形，它的面积是 6 平方厘米，边上的钉子数是 10 枚，$10\div 2+1$ 正好等于 6。请问大家同意我们组的观点吗？ 生：同意！ 师：还有哪一组要补充？（开展互动） 生：我们组的发现和丁同学小组不同。我们发现的规律是：当 $a=2$ 时，$S=(n+2)\div 2$。 （此时，板书的李同学没听清，她大方地请刚才发言的同学再说一遍，把这个公式也板书在黑板上） 生：我觉得博涵同学小组发现的公式和丁同学小组的其实是一样的。（师示意该生在黑板上板书并讲解）因为 $S=(n+2)\div 2$ 可以把括号拆开，就等于 $n\div 2+2\div 2$，继续化简就是 $n\div 2+1$，这和丁同学小组的发现就是一样的了。我们学过优化的思想，博涵同学小组的公式相对来讲比较复杂，所以我建议大家还是使用丁同学小组的公式，这样更加简洁。（全班同学对该同学的发言给予了热烈的掌声） 师：那综上所述，咱们选择更加优化的公式。（随机擦掉黑板上多余的信息）现在大家已经得出两个规律了，仔细观察，这两个字母表达式之间有联系吗？你有发现吗？ 生：我发现第一个公式，内部钉子数是 1，$S=n\div 2$，后面相当于加的是 0，也就是“$1-1$”；第二个公式，内部钉子数是	评析：对于“探索规律”的教学，重点在探索的过程。因为规律作为一种认知结果，本身具有固定性，而探索规律的方法却具有普遍性、多样性。因此，探索规律的教学效果和学习收获大多在探索活动的过程中得以体现。在本课中，我们看到学生从多边形内部有 1 枚钉子入手，再到 2 枚钉子、3 枚乃至更多，这样循序渐进的过程也是学生思维生长的过程，学生自然体会到，复杂的规律要从简单开始入手。而且在探索过程中，学生习得了“猜想—验证—调整—归纳”这样的探究方法，既培养了思维的深刻性，也有助于形成良好的研究品质。如果说规律本身是“鱼”的话，那么探索规律的方法就是“渔”了，有智慧的教师就要像康老师这样培养学生的学习能力，做到“授之以渔”。

2，$S=n\div2+1$，这个1就相当于"2－1"，如果内部钉子数是3，4，5……那也是 $n\div2$ 加上内部钉子数减1吗？ 师：有没有道理？ 生：有！ 师：那咱们继续往下猜想！（学生自主猜想并直接上前板书） $a=3$ 时，$S=n\div2+2$ $a=4$ 时，$S=n\div2+3$ $a=5$ 时，$S=n\div2+4$ 师：真好！可是这些都只是猜想，我们还要进一步…… 生：验证。 （全班分工，3个大组分别验证一种情况，独立完成研究活动二。每个大组选1名代表汇报验证过程，证明刚才的猜想成立） （课件出示探究提示） 3. 结合刚才的发现，概括规律。 师：那再往下还能写多少？ 生：无数。 师：你能归纳概括出一个公式来表示总的规律吗？ 生：我概括的公式是：$S=n\div2+a-1$。（师板书） 生：我想用文字来解释一下公式的意思，就是说"多边形的面积＝多边形边上的钉子数÷2＋内部的钉子数－1"。 师：真好！我们通过一些例子，归纳概括出了一个总的规律，这里面也体现了一种重要的数学思想。（师板书，学生齐读：归纳推理思想） 师：究竟我们今天的发现是不是著名的"皮克定理"呢？见证奇迹的时刻到了！（利用课件揭开谜底，介绍"皮克定理"，鼓励学生把掌声送给自己） **三、自主总结，引领提升** 师：今天我们循着皮克探究的足迹，经历了探索并发现规律的过程，此刻你有什么体会？ 生：我知道了我们初步得到的答案不一定是真实的，我们需要多举些例子来证明我们的观点。 生：我想一些不规则的复杂的多边形，如果不方便用面积公式来计算的话，就可以用皮克定理来求它们的面积了。	评析：如果说之前"优化、符号化思想"的渗透属于明线的话，那么在这一环节，"推理思想"的渗透则属于暗线。借助表格整理出内部钉子数为1、2时多边形面积与钉子数的关系是归纳推理，而内部钉子数是3、4、5时则是类比推理，最终归纳概括出了一个共性的规律，正是著名的"皮克定理"。

续 表

师:也就是说皮克定理打破了我们以往计算面积的思维定式,为我们计算面积拓展了一个新的窗口。咱们来挑战一下吧! (课件出示一个复杂的王冠图形) 师:相信同学们只要用数学的眼光去观察身边的事物并深入研究下去,也许有一天,你也能摘到数学王国的桂冠!	
【总评】 本课要探索的规律是皮克定理。纵观本节课的教学过程,康倩老师紧扣"探索规律"专题活动教学的核心,很好地体现了"引导学生独立思考、主动探索、合作交流,使学生理解和掌握基本的数学知识与技能,体会和运用数学思想与方法,获得基本的数学活动经验"的课程标准理念,特别是康老师注重让学生的思维可见,对数学知识背后的学生思维过程、学习能力和数学思想的关注给人留下了深刻的印象。循着数学家皮克的探究足迹,学生在探索规律的过程中,能自然体会到复杂规律要从简单入手,并习得了"猜想—验证—调整—归纳"的探究方法,同时感悟到优化、符号化、归纳推理等数学思想在数学学习中的神奇力量,整个课堂充满了"生长"的气息。正如特级教师贲友林所说:课堂,是所有学生成长的地方,学生相聚在一起组成的课堂,如同"生命的林子",在充满合作、相互交融的状态下实现"生长"。这里的"生长",指的正是学生学习能力以及数学思维能力的生长,而这,是比数学知识更重要的。	

孟凡英

孟凡英:问题驱动,深化思维

孟凡英,本科学历,学士学位,大马路小学数学教师。2002年,响应徐州市鼓楼区支边计划,到徐州市八里中心小学支教一年。曾获得徐州市数学优质课比赛一等奖,省级部优“一师一优”课。先后被评为徐州市“学讲计划”推进工作先进个人,徐州市鼓楼区带头优师,徐州市鼓楼区学科带头人,徐州市鼓楼区优秀党员,徐州市鼓楼区优秀教育工作者,徐州市鼓楼区基础教育改革先进教师。主持市级课题已经结题,论文曾发表于《小学青年教师》《中小学数学》《教育科研论坛》《新课程导学》《徐州教育科研》。

教学主张:问题驱动,深化思维。

教育格言:享受教育的每一天!

成长足迹

成长路上遇到了你们……

细数自己的教龄，已有21年。看到21这个数字，我心生疑惑：有这么多年了吗？我感觉自己还很年轻呢！回顾走过的日子，我心怀感恩之心，感恩在成长之路上，我教过的学生，我读过的书，我遇到的老师们……

一、那个逐渐转变的学生，让我懂得做个有爱心的老师

我们常常说"老师教学生"，说的是老师在学生的人生道路上起着重要的作用。而我在多年的工作中，却深深体会到"学生也在教老师"，学生在教师的职业生涯中也起着重要的作用。我们努力帮助学生的同时，学生其实也在成就着我们。

作为一个数学教师，我一直觉得教育学生主要是班主任的职责，我总是把更多的精力放到学科研究上，放到备课上课中，不太愿意走进学生，也不太喜欢和学生有太多的沟通和交流。但是，一个小姑娘引起了我的注意。我未曾想到，在转变她的同时，她也转变了我的教育理念。

小孙是班上一个文文静静的女孩子。一开始接班时我并没有注意到她，但一个星期后，我发现了她的不对劲，其他一切似乎都正常，但她就是不说话。一个星期，甚至一个月我都没有听到小孙的声音。这让我对她产生了很多疑问。班主任老师告诉我，小孙极其内向，几乎不说话。看着这个高高瘦瘦极漂亮的小姑娘这样"不太正常"，我从心里觉得可惜。于是我产生了"走进这个孩子心灵"的想法，打算试一试，看能不能有一点改变。我对她十分耐心，专门挑一些简单的问题，比如用"对""错""能""不能"一两个字就能回答的问题向她提问，但是我失败了，短短的课堂40分钟，她的眼神根本不和我对视，嘴巴更是闭得紧紧的，我有些"黔驴技穷"。但是我没有气馁，上课不行，下课再尝试。课间，我主动摸了摸她的头，和她说话，她不说没关系，我说。就这样坚持了一段时间，她还是不搭理我，唉，这一招似乎也行不通！我没有放弃，经过细致的观察，我发现，她虽然不和我说话，不和班里的大部分同学说话，但是她却和她的同桌有说有笑的。从这一点，我认定——一定还有办法！这次我调整了策略，不再把她当成特殊人物，平时也不叫她发言了，只是在做作业的时候，表扬表扬她"字写得不错！""计算对了，真棒！"等等，只要发现闪光点就放大，就发自内心地赞赏。在我不经

意之间，我发现她逐渐有了变化：虽然还是那么沉默，但是表情和眼神变了，偶尔能看到她脸上的笑容，偶尔会看到她凝神看我的眼神……直到一堂课上，她突然举起了手！

那节数学课学习三位数除以一位数，我事先让学生做了课前预习。所以一上课，我让学生先独立思考，然后小组合作。小组四人的分工分别是：一号读题；二号说准备用什么方法计算以及为什么；三号说数量关系式；四号说算式，并讲解竖式。分工非常明确，每个人都有各自的任务。讨论完后，小组汇报。很多小组的同学都举起了手，我环顾四周，眼睛落在了最后一排——小孙那一组。我简直不敢相信自己的眼睛：小孙居然也举手了！这太不可思议了！一直处于“沉睡”状态的她居然举手了，于是，二话不说，喊了他们这一小组。看着四个孩子站在讲台上，我的心里没有底，我怕小孙声音像蚊子一样，我怕她再次低头不语，我怕她又让自己陷入尴尬之境。为此，他们四人上来后，我让全班同学为他们鼓掌，善解人意的小组长安排她做了最简单的工作——读题。小孙依然面无表情，但是她竟然声音特别大地把题目读完了。我简直听呆了，激动得都要落泪了，全班同学也惊讶地为她鼓起掌来，我说：“同学们，这是孟老师接班两个多月来，第一次听到小孙同学声音响亮地发言，感谢小孙同学，感谢这个小组，让我们为小孙同学、为他们组再次鼓掌！”教室里的掌声经久不息。我奖励给这个小组每人一块糖，特别奖励小孙两块，严肃的小孙竟然露出了甜美可爱的笑容，展现了她孩子气的本真模样。下课了，我的心情久久不能平复，这朵害羞的小花啊，久久未开，突然绽放，是那么灿烂！

毫无疑问，小孙同学对于我的影响是巨大的，她让我重新审视自己的工作，她让我明白如何做一个好老师，她让我懂得以后要更多地关注“问题学生”，因为是学生成就了老师，是学生教育了老师。正如苏霍姆林斯基所言：“用心灵来认识学生，才能赢得学生的思想和心灵。”从那以后，我不再只关注自己所教的学科，而是努力走进每个学生的心灵，用爱心感染他们、影响他们、引导他们，让他们喜欢我、信赖我、亲近我，从而爱上我教的学科！

二、那本点醒我的书，让我懂得做个有智慧的教师

“要想成为一名优秀的教师，光有爱还远远不够，还要有足够的智慧。”这是我在后来的读书学习中体会到的。读书是成长的捷径，只有不断地读书、勤于反思，才能成为一名智慧的教师，才能让自己教得越来越轻松，学生学得越来越快乐。

工作十余年的时候，我一直在思考的问题是：尽管学生每天都在学数学，可是为什么要学？学生不明白，老师也说不清。有人说，数学就是算术；有人说，学数

学是为了能算账；有人说，学数学是让我们更聪明；更有人说，学数学是为了考试……教了多年数学的我，对此一直很困惑，没有明确清晰的答案，直到我读到史宁中教授的《数学基本思想18讲》这本书，我才拨开迷雾，豁然开朗，欣喜地找到了答案，同时也找到了我努力的方向，确定了我后来的教学主张。数学教学的最终目标是什么？原来是“让学习者会用数学的眼光观察现实世界，会用数学的思维思考现实世界，会用数学的语言表达现实世界”。而数学的眼光就是抽象，数学的思维就是推理，数学的语言就是模型。正如史宁中教授说的：“会用数学的思维思考现实世界，数学的思维就是推理。推理分为归纳推理和演绎推理。归纳推理是由特殊的前提推出普遍性结论的推理。演绎推理是由普遍性的前提而进行的代入性推理。”于是，我在教学工作中着重研究了归纳推理和演绎推理。

我发现，无论在我们的日常生活中，还是我们的数学学习中，归纳推理是极为常见的。例如我在教学“钉子板上的多边形”一课时，经过课堂讨论、学生探究，学生达成共识：当多边形内部只有1枚钉子时，多边形的面积是多边形上钉子数的一半。因为这个结论是学生们自己研究出来的，所以他们非常兴奋，学生提出如果多边形内部有2枚钉子，或者3枚、4枚，还有更多的钉子，又会有什么规律呢？还有一个学生提出了如果多边形内部没有钉子会怎样呢？带着这些问题，学生们继续研究。他们竟然自己归纳出以下结论：

当多边形内有1枚钉子时：$S=n\div2$

当多边形内有2枚钉子时：$S=n\div2+1$

当多边形内有3枚钉子时：$S=n\div2+2$

当多边形内有4枚钉子时：$S=n\div2+3$

当多边形内有5枚钉子时：$S=n\div2+4$

当多边形内有b枚钉子时：$S=n\div2+(b-1)$

我本来认为这节课的内容很难，可是利用归纳推理的思维方式，学生自然而然地找到了规律，不仅找到了，还顺利地推理出了应用字母表达的复杂规律，真是太了不起了。同时，也说明教学方法得当才能够让教师在教学中驾轻就熟、举重若轻。

演绎推理也是我在数学教学中经常使用的，即已知答案是对的，我们怎样想办法来证明这个结论是正确的，这个推理的过程就是演绎推理。例如我在教学“三角形的内角和是180度”一课时，很多学生课前就已经知道了这个结论，所以我在课堂上不仅要让学生知道结果，更要让他们亲身经历数学知识发生、发展的过程。我请学生做一次数学家，走一次数学家的探究之路：“昨天我们准备了量角器、三角板、长方形、三角形。你准备怎样利用这些工具帮助我们验证呢?”这个任务引起了学生们浓厚的兴趣，他们有的用量角器量，有的用三角板算，有的用长方形纸对折，有的用三角形撕，有的用三角形折。而后小组汇报每种验证方法的利与弊。用量角器量：麻烦、容易产生误差。用三角板算：有局限性。用长方形纸对折：也有局限性。用三角形撕：简单，实用，适用性强。用三角形折：简单，实用，适用性强。在汇报的过程中，学生们思维活跃，发言积极，随时提出自己的问题及时互动。我还鼓励学生找出反例进行验证，这个问题再一次激起了学生探究的热望……

日本著名的数学教育家米川国藏教授指出：“学生在初中或高中所学到的数学知识，在进入社会后，几乎没有什么机会应用，因而这种作为知识的数学，通常在出校门后不到一两年就忘记了，然而不管他们从事何种业务工作，那种铭刻于头脑中的数学思想方法，却长期在他们的生活和工作中发挥着作用，使其终身受用。”可见，不论是归纳推理，还是演绎推理，都是引导学生学会归纳、学会推理的思维方法，都是在培养学生数学思维的能力，也是在告诉我们“学数学到底有什么作用”，告诉数学教师应该有怎样的学科目标，应该怎样做一个智慧的数学教师。

三、那几位引领我的老师，让我懂得做个有追求的教师

每个人的成长都离不开生命中的“重要他人”，在我的成长过程中，最重要的三位师父是刘春华老师、朱友明老师和张兴朝老师。

工作第三年，我有机会参加徐州市数学比赛课，这对于一个新教师来说，既感到骄傲，又感到巨大的压力。刘春华老师当年是鼓楼区教研室主任。我当时抽到的课是“商不变的规律”，我反复地钻研教材，把备课思路说给刘老师听。刘老师听完后给予了很大的肯定，但她建议我的课还应该有一些新意，要“上成孟凡英的课，而不是和别人一样的课!”而后她就陷入了沉思，突然，她自信地说：“有了!”别人上“商不变的规律”都是就规律找规律，而刘老师的建议是在不同中找相同。这是多么新颖的上法啊！我们当时上课还用条形小黑板，一个个算式，从杂乱无章到有规律可循，从同时扩大到同时缩小找到规律，再从“同时”和“相同”入手找不同。我的课层层递进，逐渐推进，第一次参加市级比赛课我就获得了一等奖。这次比赛让我看到了刘老师的教育智慧，让我更加明确了方向——上成孟凡英的课，而不是和别人一样的课!

说起朱友明老师，我们鼓楼区的数学教师都不陌生，他一直在鼓楼区教研室工作，退休后在我们学校指导数学教学工作。那时候，朱老师总是戴着一架小眼镜，一只手倒背在身后，一只手拿着听课记录和一支笔，笑眯眯地坐在教室后面。有一次，

慈祥的朱老师竟然把我批评哭了。那次,他到我们班听课,发现班里一个多动的男孩钻到桌子底下玩了一会,我却没有注意到这一幕,继续按照自己的思路上着课。而朱老师就坐在他旁边,看得一清二楚。下课后我兴冲冲地请朱老师评课,结果,朱老师关于我的课一句没说,而是很不满意地告诉我这个多动男孩的表现,还强调:"上课,要关注到全体,不要只想着你的教案,如果发现有的学生不在状态,你就要停下来,不要再讲了! 否则课堂效率何在?"我委屈极了,眼泪一直往下流,心里很不理解朱老师,就这么一件小事,就这么一个小个子的特殊小孩,至于这么严厉地批评我吗? 尽管不服气,在以后的课堂上,我都谨记朱老师的话——"要关注到全体",不要只想着自己的教案,不能"目无学生"。现在看来,朱老师的话是多么正确啊,一个优秀的小学教师,要关注每一个学生,要重视学生学习习惯的培养,要让每堂课效益最大化。

影响我的第三位老师就是我的师父张兴朝老师了,工作20余年的我,临近不惑之年,突然觉得有了很多困惑。一路走来,虽然积累了一些教学经验,但我总觉得远远不够,渴望得到高人的指点,能让自己不断追求卓越,不断自我超越。于是,我鼓起勇气向张艳校长提出了拜师的要求,张艳校长欣然同意,并帮我联系了江苏省著名特级教师张兴朝。作为众人崇拜的老师,张老师虽然退休却依然没有离开课堂,他一定是被我的真诚所感动,居然在百忙之中同意接收我这个愚笨的弟子。我激动万分,准备了"怎样围长方形面积最大"一课,请张老师指导。课后,张老师对我给予了很大的鼓励,同时也提出了宝贵的建议,希望我的课堂更加自主开放,更加关注学生的思维发展。我的教学主张"问题驱动,深化思维"就从那时候起开始萌芽。后来,我又有幸随张老师到睢宁小学参加徐州市送教下乡活动,上了一节"9的倍数的特征",受到了教师们的好评。课后,张老师做了精彩的评课和专题讲座,让我进一步思考我的教学主张,完善我的教学主张。

感恩成长之路上遇到的学生、书籍和老师们,在我人生的每一个阶段,他们都引领我成长,带给我不同的启发和帮助,让我不断地反思,不断地阅读,不断地超越,努力成为一个有爱心、有智慧、有理想、有追求的好教师!

教学主张

问题驱动,深化思维

波利亚在《怎样解题:数学思维的新方法》一书里写道,一位数学教师,如果他把分配给自己的时间都用来让学生操练一些常规运算，那么他就会扼杀他们的兴趣，阻碍他们的智力发展，从而错失他的良机。相反地，如果他用和学生的知识相称的题目来激起他们的好奇心，并用一些激励性的问题去帮助他们解答题目，那么他就能培养学生对独立思考的兴趣，并教给他们某些方法。杜威说，学习，就是要学会思维。数学教学是数学思维活动的教学，发展学生的数学思维是数学教学的核心问题。我们的数学课堂就是思维训练的主阵地。如何深化学生的思维？我认为问题的引领起着关键性的作用。所以，经过长时间的教学实践，我提出"问题驱动，深化思维"的教学主张。

所谓"问题驱动，深化思维"，就是以富有思考价值的数学问题为载体，以数学问题引发的内驱力为助推，以数学问题的探究和解决为归宿，让学生参与发现问题、提出问题、分析问题、解决问题的思维过程，实现对数学活动的深度参与和数学思维的主动建构。让问题引领数学教学，可以让我们的课堂充满智慧，让学生的学习更高效。在教学时，可以通过问题引领激活学生的学习欲望，实现学生的主动探究，促进学生的自主感悟；可以通过问题引领学生练习，助推学生数学能力的提升。通过多年对数学课堂的研究，我们发现，越是问题引领的课堂，越是学生自主的课堂，越是能展现学生思维的课堂。

一、以问题明方向，深化思维的敏捷性

思维的敏捷性是指思维活动的速度，它反映了智力的敏锐程度。有了思维敏捷性，我们在处理问题和解决问题的过程中，就能够适应变化的情况来积极地思维，周密地考虑，正确地判断和迅速地做出结论。加涅在《教学设计原理》一书中的九大教学事件里的第二大事件就明确地提出：告知学生学习目标。以问题的方式给学生呈现学习目标，传达了对学习者获得知识或技能的一种期望，是一种学习的导向，可以激发学生的深度思考。如果缺乏指导，学习者可能会建立自己的期望，这不一定是坏事情，但学生设定的目标可能和教师心中的目标不一致，并可能导致错误的交流。告知学习者目标只需很少时间，却可以起到防止学生脱离轨道的作用。在教学中，有效的教师提问和学生大胆的提问，都为深化思维的敏捷性打下了坚实的基础。

在我的数学课堂里，我经常让学生来说一说，问一问，猜一猜。在说、问、猜中，唤醒学生学习的内驱力，激发学生的学习兴趣，捕捉其思维的敏捷性。例如在上"异分母分数加减法"时，我把课题直接板书在黑板上，然后以问题的方式让学生来说一说：你看到今天的学习内容，你想说些什么，问点什么，猜出什么？一个

学生说:“今天学习异分母分数加减法,让我想到了以前我们学过的同分母分数加减法的法则:分母不变,分子相加减。”另一个学生问:“为什么分母不变呢?”这个问题问得太好了:分母不变,也就是分数单位不变,也就是标准统一的意思,分子相加减,也就是分数单位的个数相加减。同分母分数加减法的算理在学生的一问一答中解决了,也为下面学习异分母分数加减法铺了一条宽敞的大道。学生接着问:“异分母分数加减法,分母不同,那怎么办呢?”另一个学生说:“我猜想应该是把异分母分数转化成同分母分数,这样是不是就可以了呢?”大部分同学都表示赞同。学生问:“怎样才能把异分母分数加减法转化成同分母分数加减法呢?”学生自己回答:“我觉得应该用通分的方法。”就这样,通过师生间、生生间紧扣主题的问题交流,学生充分调动已有的知识经验来积极地思维,周密地考虑,有根据地大胆猜想,正确地判断和迅速地做出结论。

问题是数学学习的心脏。好的问题,为学生的学习指明了方向,使学生的思维的敏捷性也得到了很大的提高。

二、以问题引探究,深化思维的深刻性

思维的深刻性是指思维活动的抽象程度和逻辑水平,涉及思维活动的广度、深度和难度。人类的思维主要是言语思维,是抽象理性的认识。在感性材料的基础上,去粗取精、去伪存真,由此及彼、由表及里,进而抓住事物的本质与内在联系,认识事物的规律性。思维的深刻性集中表现为在智力活动中深入思考问题,善于概括归类,逻辑抽象性强,善于抓住事物的本质和规律,开展系统的理解活动,善于预见事物的发展进程。曾经看过一篇文章:有人统计过,一节数学课,短短的 40 分钟一位教师竟然提出了 170 多个问题。这些问题都是有效的吗? 这些问题能让学生的思维深化吗? 不尽然。由此可见,教师在设计问题的时候,要设计大问题,要留给学生足够的思考时间和空间,这样才能培养学生自主学习、自主探索的能力。“大问题”是指在教学中设计最接近学生最近发展区,能突破重难点的,提纲挈领的,直指数学本质的,激励学生深度思考的,外延大的问题。

在教学“9 的倍数的特征”一课时,通过学生大胆猜测、实验验证并得出结论:各位上数之和是 9 的倍数,这个数就是 9 的倍数。教学至此应该是已经完成了本节课的教学任务,完全可以进入自主拓展练习的阶段。可是,如果在这时,我们能问个大大的“为什么”,学生的思维会往前迈一步。我是这样说的:“同学们,你们非常了不起,通过自主探索、合作交流,得出了 9 的倍数的特征,其实到此就算差

不多了。可是，如果是数学家，他们就不会停止脚步，他们一定会问个为什么。”学生自然而然地接上：“为什么？是的，为什么会有这样的规律呢？”学生的探索欲望被激发了，一个个真的好像大数学家一样，开始研究了起来。这个问题对于小学生来说是非常有难度的，从具体形象到抽象思维过渡，不仅要知道这个知识是什么，还要知道为什么，真的是一个很大的挑战。通过独立思考、小组交流，最后还真的弄出个所以然来了。我们假设一个数是$\overline{ab}$，从具体的数字，到用抽象的字母表示数，看似一个简单的知识，但对学生来说就是一次知识间的重建，是一次跨越，也是一次飞跃。接着，这个数可以这样表示：$\overline{ab}=10a+b$。第一次的拆分也是有障碍的，必须对两位数非常了解，才能知道 a 在十位上，表示 10 个 a。到了这一步，还是看不出这个数与 9 有什么关系呀？所以我们还要进行第二次拆分。$10a+b=9a+(a+b)$，$9a$ 一定是 9 的倍数，只要看 a 与 b 的和是不是 9 的倍数就可以了，而 a 与 b 的和，就是各位上数的和。学生们个个瞪大了眼睛：噢，原来如此啊！乘胜追击，两位数具有这样的特征，那三位数呢？$\overline{abc}=100a+10b+c=99a+9b+(a+b+c)$，同样四位数、五位数也都具备这样的特征。知其然，还要知其所以然，用在这儿是最恰当不过的了。

问题不在多而在精，通过大问题的引领，学生的思维层层向前推进，在自主探索知识形成、发展的过程中，学生的思维不断深入。

三、以问题促反思，深化思维的批判性

思维的批判性是思维活动中独立发现和批判的程度。思维的批判性品质，来自于对思维活动各个环节、各个方面进行调整、校正的自我意识。正是有了批判性，人类才能够对思维本身加以自我认识，也就是人类不仅能够认识客体，而且也能够认识主体，并且在改造客观世界的过程中改造主观世界。通过每节课的学习，学生在不断地建构自己的知识结构。在建构的过程中学生会产生这样或者那样的问题，这些问题有的是没有价值的，有的却是非常有价值的。爱因斯坦说过，提出一个问题比解决一个问题更为重要。我们现在的孩子最缺少的就是提出问题的能力，所以，我在教学中努力让学生在反思中发现问题，提出问题，深化学生的思维。

在“怎样围长方形面积最大”一课教学时：学生第一次“发现”，是经过学生独立思考、小组交流后，一一列举自己得出的结论，特别有成就感。第二次“发现”的时候，部分学生就已经应用第一次“发现”的规律解决了问题，而另一部分学生用

一一列举的方法,正好对第一次“发现”的规律进行了一次验证,而且对第一次的“发现”进行了补充。第三次“发现”,最有戏剧性,学生用刚刚得到的而且验证过的规律解决第三个问题,结果却出了问题,这是怎么回事呢?这个问题引发了学生深度地思考。陶行知说,创造始于问题,有了问题才会思考,有了思考才有解决问题的方法,才有找到独立思路的可能。在一一列举的过程中,正因为学生不断地反思自己的学习过程,所以他们还发现了很多有价值的数学问题:如果周长不是12,而是11这样的单数怎么办?学生也提出了这样的疑问:既然有一面靠墙的问题,那么两面靠墙又会有什么规律呢?学生的思维被打开了,在这种自主开放的课堂氛围里,学生思维可见,教师引导学生在课内或课外继续探索和发现。

培养学生思维的批判性要注意营造和谐氛围,要充分相信学生,不断促进学生主动提问和反思,激发学生积极性。另外,训练数学思维方法是培养数学思维批判性的有效手段,要着力训练学生观察与实验、比较与分类、分析与综合、抽象与概括、归纳与演绎、类比与猜想等数学的思维方法,并能够把数学思维方法渗透到教学的各个环节之中,这样,学生才能够独立进行思考判断、质疑问难与反思探究。

四、以问题助应用,深化思维的灵活性

思维的灵活性是指思维活动的灵活程度。灵活性反映了智力的“迁移”,如我们平时说的“举一反三”“运用自如”等。灵活性强的人,智力方向灵活,善于从不同的角度与方面起步思考问题,能较全面地分析、思考问题,解决问题。好的问题的设计,能打开学生想象的翅膀,让学生的思维自由生长。

在教学“小数与分数比较大小”时,有这样一个情境问题:李娟和张玲用彩带各做了一个中国结。李娟用了0.5米,张玲用了$\frac{3}{4}$米。谁用的彩带长?这道题目从具体情境中抽象出来就是比较0.5和$\frac{3}{4}$的大小。在分析理解完题意后,我说:“你们准备怎样比较它们的大小呢?你们有什么好方法?看谁的方法多,方法好。”学生们好胜心强,听老师这么一说,都使尽浑身解数来证明自己是最棒的。以下是我整理的学生的精彩发言:

(1) 估算。0.5米是1米的一半,$\frac{3}{4}$米超过了1米的一半,所以0.5米<$\frac{3}{4}$米。

(2) 标准统一都化成小数。$\frac{3}{4}=0.75$,0.5米<0.75米,所以0.5米<$\frac{3}{4}$米。

(3) 标准统一都化成分数。$0.5=\frac{5}{10}=\frac{1}{2}=\frac{2}{4}$，$\frac{2}{4}<\frac{3}{4}$，所以 0.5 米$<\frac{3}{4}$米。

(4) 数形结合。

(5) 都和 0.25 比。0.5 里面有 2 个 0.25，$\frac{3}{4}$里面有 3 个 0.25，所以 0.5 米$<\frac{3}{4}$米。

(6) 都乘 4。0.5 乘 4 等于 2，$\frac{3}{4}$乘 4 等于 3，$2<3$，所以 0.5 米$<\frac{3}{4}$米。

(7) 都等于 1。0.5 加 0.5 等于 1，$\frac{3}{4}$加 0.25 等于 1。加得越多说明原来的数越小，加得越少说明原来的数越大，所以 0.5 米$<\frac{3}{4}$米。

(8) 分数墙。从分数墙里可以看到，0.5 是$\frac{1}{2}$，$\frac{1}{2}$里面有 2 个$\frac{1}{4}$，而$\frac{3}{4}$里面有 3 个$\frac{1}{4}$，所以 0.5 米$<\frac{3}{4}$米。

(9) 拆分法。把$\frac{3}{4}$拆成 0.5 加$\frac{1}{4}$，所以 0.5 米$<\frac{3}{4}$米。

学生的不同思路足足有 9 个，而书上不过仅仅介绍了 3 种。古代教育名篇《学记》中说："道而弗牵，强而弗抑，开而弗达。""道"就是引导，"开"就是启发，这两者都需要以问题为载体。在教学中，我们巧妙地设计开放性的问题，可以为学生创造展示的平台，帮助学生思维更具灵活性。

教学实践表明，如果精心为学生提供相应的变式教学，也会促进学生思维的灵活性，引起学生的思考和疑问，使课堂教学结构紧凑，持续吸引学生的注意力，使学生学而不厌，做而不烦，越思越深入，越学越聪明。如学过长方形和正方形的概念后，通过变式教学，对比长方形和正方形的异同，让学生针对"正方形是特殊的长方形吗"充分展开讨论，各自要表明自己的观点，并阐述理由。运用变式教学可以培养学生思维的创新性、灵活性，通过变换问题的条件和结论，变换问题的形式，使本质的东西更全面，使学生不只停留于事物的表象，而能自觉从本质看问题，克服思维的僵化及惰性。

中国有句古话："授之以鱼，不如授之以渔。"给学生现成的知识和技能，不如让学生学会自己获取的能力，不如教给学生正确的思维方法，发展学生的思维能力。我希望自己能够通过"问题引领，深化思维"数学课堂的探索，真正地让学生学会思考，学好数学，为以后用好数学打下良好的基础。

课堂实录

（本课为江苏省“十三五”课题申报研讨课）

解决问题的策略：一一列举

——“怎样围长方形面积最大”教学实录与评析

执教：孟凡英　评析：张兴潮

【教学内容】

苏教版小学数学五年级上册第94—95页例1和“练一练”。

【教学目标】

1. 使学生经历列举问题的可能结果、寻求符合问题要求答案的过程，认识解决问题“一一列举”的策略；能根据问题条件，依照一定的顺序列举符合要求的所有答案，用一一列举的策略解决一些简单的实际问题。

2. 使学生在解决简单实际问题的过程及反思、交流中，感受一一列举的特点和价值，体验有序思考的思想方法，发展思维的条理性和严密性；提高分析问题、解决问题的能力。

3. 使学生主动参与探求问题解决途径的活动，进一步积累解决问题的经验，增强解决问题的策略意识。

【教学重点】

认识、掌握解决问题“一一列举”的策略。

【教学难点】

掌握有序列举和列举结果的筛选。

【教学过程】

一、情境导入

师：请你用数学的眼光观察今天的研究主题——怎样围长方形的面积最大，你发现了哪些数学问题？

生：我发现了要围成一个长方形。

生：我发现了围成的长方形面积要最大。

生：我发现了围字，怎样围呢？

师：你觉得缺少哪些数学信息？

评析：自主开放，这个提法，以前也有人提过，这个话题并不是很新鲜了，但思维可见这个问题比较复杂，是个有挑战性的问题。思维是学生数学八个核心素养中最重要的一个。只有知道学生怎样想，才能因材施教，因脑施教。研究思维可见非常有价值，非常有难度，但是我们要知难而上。可见就要让他亮出来，留下痕迹。思维可见，根据学生思维发展的特点，我们可以通过三个方面来实现：说出来、写出来和做出来。

续　表

生：我认为要知道长方形的长和宽才能围。 生：知道了长和宽就没有悬念了。 生：我猜测可能会告诉我们长方形的周长吧。 师：知道了周长，你能一次就围出最大的面积吗？ 生：我觉得一次不能围出最大的长方形，要多试几次。 师：解决这种复杂的数学问题，我们需要用到哪些解决问题的策略呢？ 生：我们可以画图。 生：我们也可以列表。 生：我们也可以用一一列举的方法。 师：今天，我们就一起来学习一一列举的策略。（板书） **二、自主探索、自主交流** **问题1：** 师：上个周末，我们一家去了一个农场参观，在一个农家小院里，我们看到王大叔正在发愁，我们一起去看看王大叔遇到了什么问题呢？ 生：22根1米长的木条，围一个长方形，怎样围面积最大？ （独立思考、小组交流、独立试做、再次交流） 师：哪个小组先来汇报？ 生：我们组先用22除以2等于11，然后把11进行分解，$1+10=11$，$2+9=11$，$3+8=11$，$4+7=11$，$5+6=11$，然后用长乘宽，$1\times10=10$，$2\times9=18$，$3\times8=24$，$4\times7=28$，$5\times6=30$。通过比较发现长是6米，宽是5米的长方形面积最大。 师：其他小组还有什么补充和问题吗？ 生：为什么用22除以2呢？ 生：因为长加宽的和再乘2等于周长，所以周长除以2就等于长加宽的和。 生：边长为5.5米的正方形为什么不可以？ 生：22根1米长的木条是不能锯开的，所以要在整米的范围内。 师：把长加宽的和11分为长和宽一一列举。怎样做才能做到不重复，不遗漏呢？ 生：按照从大到小或者从小到大的顺序就不会重复和遗漏了。	评析：用问题引领课堂，通过问题了解学生的思维的起点。让学生明确学习目标，这一点是非常好的。但是，这样也产生了一定的弊端，就是思维的路径有些窄。那么怎样解决这个问题呢，我们可以让学生有更加开放的空间。知道周长一定后，可以直观地让学生去想，发挥学生的形象思维能力，也可以让学生在钉子板上围一围。通过操作，换了一个路径，学生的思维更开阔，可能会出现围成圆时面积最大，这样学生的思维就冲出去了。当然一节课不能面面俱到，但是我们可以这样尝试一下。 评析：思维的过程重要还是思维的结果重要，这个我们都知道，当然是思维的过程最重要。所以，用一一列举的方法来解决问题，是这节课的重点。充分留给学生思维的时间和空间，让学生先动脑思考，再动手试一试，最后发现规律。

续 表

反思总结：周长一定时，长和宽越接近，围成的长方形的面积越大。 **问题 2：** 生：12 根 1 米长的木条，围一个长方形，怎样围面积最大？ 师：这次你准备怎样来解决问题呢？ 生：用一一列举的方法来做。 生：用已经得到的经验来做。 （独立思考、小组交流） 师：哪个小组来汇报？ 生：我们用一一列举的方法来做的。把 12 除以 2 得到 6，然后把 6 进行分解，1＋5，2＋4，3＋3。然后由 1×5＝5，2×4＝8，3×3＝9 这 3 个结果来看边长为 3 米的正方形面积最大。 生：我们组是用刚才得到的经验来做的。我们直接用 12 除以 4 得到了 3。 师：还有什么补充和问题吗？ 生：为什么题目说是围长方形，而他们组围成了正方形，这样可以吗？ 生：正方形是特殊的长方形，所以是可以的。 （用一一列举的方法来做的学生，做得比较慢，而用经验做的学生做得飞快，各自来介绍，发现优点和缺点。） 反思总结：周长一定时，长和宽越接近，围成的长方形面积越大；当围成正方形时，面积最大。	评析：思维的灵敏性在这个问题上有明显的表现，有一部分学生就能根据刚才的学习经验，马上应用到新的问题上，学以致用体现得淋漓尽致。
问题 3： 生：12 根 1 米长的木条，一面靠墙，围一个长方形，怎样围面积最大？ 师：这个问题和刚才的问题比较你发现有什么不同吗？ 生：这里需要一面靠墙。 （独立完成、小组交流） 生：用经验来做。 生：用一一列举的方法来做。 注：用经验做的孩子很快地得出边长是 4 米的正方形面积最大，是 16 平方米。这里，有个别孩子提出不同意，还有更大的面积。学生很困惑地提出：难道经验也能骗人吗？再回到原始一一列举的策略。找到长是 6 米，宽是 3 米的长方形面积最大。 师：问题出在哪里呢？你又有什么发现呢？	评析：培养学生思维的批判性特别重要。批判性其实就是质疑啊。学生提出的问题多好啊。我们经常说，提出一个问题比解决一个问题重要得多。教师可以通过学生的提问，发现学生思维的障碍点在哪，思维的流畅性如何，思维的深刻性怎样。

<table>
<tr>
<td>

生：前两个问题都是围成一个封闭图形，而这一次要围的是一面靠墙、不封闭的图形，所以不是经验骗人了，而是规律改变了。

反思总结：周长一定时，一面靠墙，长是宽的 2 倍时，围成的长方形面积最大。

三、自主拓展

师：你在以前的学习和生活中遇到用一一列举的策略来解决的问题吗？

生：学习“10 的加减法”时用过一一列举的策略。

生：学习除法“平均分桃”的时候用过一一列举的策略。

生：学习“元角分”的时候，怎样付钱用过一一列举的策略。

四、自主总结

师：通过今天的学习，你有哪些新的感受？还有哪些问题？

生：我感觉一一列举的策略非常实用，它帮助我解决了一些非常困难的问题。

生：我知道“怎样围长方形的面积最大”的几种情况的规律。

生：我知道了有时候不能只靠经验来解决问题。

生：我想问一个问题，既然有全封闭的，有一面靠墙的，那有没有两面靠墙、三面靠墙的问题呢？

师：这个问题提得非常有价值，课后我们再一起研究。

</td>
<td>

评析：保护大多数学生思维的时间和机会，让学生等待，让子弹飞一会，让悬念多待一会，不要及时纠正。教师要有很强的思维的洞悉能力，学生说出来了，思维可见了，教师如果不能给予及时的、必要的、正确的引领，效果也会事倍功半。

评析：思维的前瞻性，问题让这样的思维走得更远些。我们可以提出，或者由学生提出：是不是周长越长面积就越大呢？如果面积一定，周长有什么变化规律呢？当然最后一个学生提出的问题也非常有价值，让一部分感兴趣、有能力的学生进行深一步的研究，让学生的思维更加深刻。

</td>
</tr>
<tr>
<td colspan="2">

【总评】

构建“让思维可见”的数学课堂，这个提法是有新意的。我们都知道，最不好见的就是思维了，思维可见，作为一个研究对象，是一种隐性的东西，是一种挑战。有人说，能说清楚的一定是想清楚了，但能想清楚的不一定能说清楚。苏霍姆林斯基也说过，把应用题画出来。这都足以证明思维可见的重要性。思维可见要研究的内容很多：第一，思维怎样让人看见，主要任务落在学生身上。第二，教师要有思维的洞悉能力，要知道学生思维的起点、思维的路径、思维的障碍、思维的品质。第三，如何扬长避短的应对策略。例如，这节课在解决一面靠墙的问题的时候，一个聪明的孩子一下子就想出来了，教师没有让他第一时间里第一个回答，而是让子弹多飞一会，保护大多数，让大多数孩子多思考一会。总的来说，整节课是一节非常出彩的课，比较好地体现了自主开放，思维可见，体现最好的是自主，学生的思维也都画出来、说出来、做出来了。刚开始上课直奔主题，感觉思维的路径窄了一些，可以更开放一些。当然一节课不能面面俱到，思维可见要研究的内容还有很多，让我们一起边学习，边研究，一直行走在探索的道路上。

</td>
</tr>
</table>

王爱丽

王爱丽：轻松而高效的数学课堂

王爱丽，本科毕业，2000 年参加工作，一直在大马路小学任教数学学科，有 10 年班主任工作经历。曾取得“国家级心理咨询师”证书，善于营造和谐班级氛围，对学生进行心理疏导，所带班级的学生喜欢数学，思维活跃，成绩优异，获得学生和家长的高度评价。先后被评为徐州市鼓楼区优秀教育工作者、徐州市鼓楼区优秀共产党员、徐州市鼓楼区优秀班主任等。

教学主张：轻松而高效的数学课堂。

教育理念：为学生的可持续发展而教。

成长足迹

不断更新，自我跨越

2000年8月，我从徐州高等师范学校毕业，就走进了大马路小学，工作18年来，从一个初出茅庐的小姑娘成长为一个有着丰富教育教学经验、受学生喜爱的教师。回顾过去，盘点自己，我总结出自己成长经历中的几个重要阶段。

一、改变任教学科，确立新起点

刚毕业时，学校安排我担任二年级5班的语文教师兼班主任，我很快和孩子们打成一片，孩子们喜欢我，家长们信任我。一年的时间里，我读了不少语文教学方面的书，积累了一些经验。但是当我刚刚熟悉新的工作岗位，准备大干一场的时候，没想到第二年开学，学校因为工作需要，通知我改教两个班的数学。尽管我很喜欢数学，也欣然接受了学校的安排，但是我心里直打鼓：这一切都要从头开始，如何下手？我能胜任吗？顶着压力、带着遗憾、怀着忐忑，我确立了新的起点。

作为年轻教师，要想成长，最好的办法就是拜师了。听听优秀教师的课，琢磨琢磨自己的课，很快就会有所提升。特别巧合的是当时鼓楼区在我校搞试点，用的是北师大的数学教材，新的教材新的起点，教师们都感到有些茫然，年轻的我成了实验教材的首批教师，看来只有靠自己摸索成长了。好在是北师大的实验教材，每年都会安排培训，尤其是寒暑假，学习的机会就更多了，我幸运地一次又一次地接受培训，抓住每次机会如饥似渴地学习，记下了很多笔记。和以前懵懂的我相比，我的头脑渐渐清醒了，学习了前沿的教学理念，掌握了先进的教学方法，聆听了名师的优质课堂，阅读了一些教育教学专著：《走近最理想的教育——著名教育家朱永新教育精华》《陶行知教育文集》《为了中华民族的复兴　为了每位学生的发展》……渐渐地，我对数学教学有了自己的粗浅认识；渐渐地，我真正爱上了数学教学；渐渐地，我的课上得越来越好，学生越来越喜欢数学学科了。

二、走进良师益友，学到新理念

有句话说得好："读万卷书不如行万里路，行万里路不如阅人无数，阅人无数不如名师指路，名师指路不如自己去悟。”成长路上离不开“良师益友”，我就遇到了两个贵人，他们的“指路”让我领悟到了教育教学之道，促使我不断进步。

工作之初，学校为了栽培年轻教师，专门请了鼓楼区教研室朱友明老师跟着我听课。朱老师非常专业负责，我不敢有丝毫懈怠，几乎每天晚上都要备课到9点多，还要把第二天的课对着镜子反复练习，直到自己满意才休息。有一次，因为我的课上得不尽人意，朱老师说了我几句，我竟然在课堂上当着学生的面哭了。但是我并没有放弃，而是擦干泪水，到另一个班继续上。就这样学习—备课—上课—修改—再上课—再学习，经过几年的锻炼，我迅速成长起来。2002年、2003年分别获得鼓楼区优质课一、二等奖，2004年获得了徐州市优质课一等奖。同时我写的多篇论文在省、市、区级比赛中获奖。这迅速成长的几年，要深深感谢朱老师对我的严格要求和专业引领。

如果说朱友明老师是我的一大贵人，遇到刘杰老师则是我的另一大幸运。2007年寒假过后休完产假的我，新接手了三年级两个班的数学教学，其中一个班正好与刘杰老师配班。配班四年，我和刘老师成了很好的朋友。无论是工作上，还是生活上，刘老师对我的影响都很大。刘老师总是教育学生“要让别人因我的存在而感到幸福”，这让我明白了为什么她的班级民主和谐，学生互敬互爱；刘老师非常会抓紧时间，做事情总是那么轻松愉快，我跟着她学会了“利用边角料时间”，逐渐提高了做事的效率；刘老师非常勤奋，笔耕不辍，在她的引导下，我也开始读书写作，她帮我修改的几篇文章要么获奖要么发表，激起了我继续写作的热望；刘老师也特别乐观开朗、幽默风趣，这也让我形成了良好的阳光心态，遇事总往好处想，很少抱怨……四年里，和刘杰老师共处，我收获良多，留下了极为美好的记忆。

三、接受班主任工作，迎接新挑战

2010年，教了多年数学的我遇到了教学生涯中的又一个挑战——担任数学教师的同时兼任一个班的班主任。面对这个新的挑战，我内心忐忑不安，我将如何管理班级，我将如何培养学生，我能否胜任班主任工作……一系列的问题在我脑海里萦绕。

静心思考之后，我觉得班主任工作的重中之重是建设一个“书香班级”，形成良好的班风。而阅读的习惯应该从老师做起，于是我在业余时间开始疯狂地阅读，班级管理、数学学科、专业理论的书是我的首选。在我的带动下，学生们也开始亲近书本了，而我也不断为学生推荐适合的书，科学地安排阅读训练。低年级，我侧重培养学生的阅读兴趣，推荐学生阅读绘本和童话故事；中年级侧重培养阅读习惯，我会推荐一些短篇小说或浅显的儿童文学作品给学生，并指导学生写好批注；高年级侧重培养阅读方法，我会推荐学生读一些经典名著，让学生能够在阅读中与大师对话，提高写作能力的同时，提高修养，提升品位。另外，我也不遗余力地为学生安排丰富有趣的读书活动，提高学生的阅读兴趣。例如坚持每天讲故事活动；续编绘本故事，动手创作，深入品读活动；阅读科学图书，设计开心辞典活动；好书推荐活动；共读名著，表演名著活动……

班主任工作中还有一个重要任务——转变“问题学生”。问题学生来自于问题家庭，所以班主任不仅担负着教育学生的重任，还担负着培训家长的责任。而“阅读”是引导的捷径。我们班的小胡同学，是个学习困难学生，学习效果明显比别的同学差很多。经过了解，我得知，孩子上一年级之前，家长没给他读过几本童书，小胡妈妈竟然都不知道徐州市博库书城在哪儿。我有些哭笑不得，但还是耐心地告诉小胡妈妈书城的地址，又列了书目，要妈妈去买，同时教会她如何进行亲子阅读。在学校，我对小胡“特别照顾”，每天从家里带一本绘本，找时间和他一起读，一起说说书上的内容，同时对他能坚持听完一本书大加赞扬。一个月，两个月，一学期过去了，小胡渐渐地喜欢上了读书，从有图到无图，从图多字少到字多图少再到纯文字，现在他能长时间专注地读书了，理解能力增强了，学习成绩也提高了。

虽然担任班主任时间不长，但是我认为自己接受了这一挑战，做得比较成功。我努力把班级建设为了“书香班级”，培养了一个个小小读书人，学生的气质是高雅大方的，班级的氛围是积极向上的，师生关系是融洽和谐的，班级前景是广阔美好的。

四、加入团队新航程

随着课程改革的不断推进，我越来越感到自己的理论功底太浅，一直在思考数学教学中如何让我的学生学得更加轻松高效。为了上好每一节课，我总是深入钻研教材，不断探索改革教学的方法及手段，努力挖掘教材的内涵，坚持以理论武装自己，实践新理念新方法，我还不断地向书本学习，向实践学习，向同行学习，总之，利用一切机会向别人学习。但是我还是觉得远远不够。

2014 年 4 月，学校为了培养青年教师，引导教师专业发展，成立了“自主成长团队”。团队建立之初，学校针对每个教师的情况，请教师们绘制自主成长表格，明确发展目标，做好职业规划。我看到参加团队的都是优秀教师，心生羡慕，想加入其中，却觉得自己差距太大。一年后，我在刘杰老师的鼓励下，鼓起勇气，主动提出了加入“自主成长团队”的申请，没想到团队的小伙伴们伸出温暖的手臂欢迎了我，让我备感激动。我们一起制订读书计划，每月围绕阅读章节开展读书活动，在读书交流中掌握教育教学原理。团队成员会围绕专题轮流上课，非常注重互相交流、专家引领，每个人都走上讲台，每个人都把自己的教学想法付诸实践。我们就这样踏踏实实学习，在实践中遵循规律、掌握规律、运用规律，让教学更加游刃有余，让学生更加受益匪浅。团队同时还布置了写博客的任务，要求大家每周写一篇千字以上的博文上传，我精心设计了我的“小豆豆”博客，把我的所思所想通过一篇篇博文传达出来。渐渐地，我成了一个善于反思、乐于写作的教师。在这个过程中，团队教师都确立了自己的教学主张。我思考自己的教学，坚定地选择“追求轻松而高效的数学课堂”作为我的主张。主张确立之后，我的努力方向更加明确了，教学中，我寓教于乐，大胆创新，采用小组合作、分层布置作业的方法，有效地唤醒学生的创新意识，并在课内外通过让学生改题、创编题来发展学生的创新思维，让学生学得轻松、高效。

回顾自己 18 年来的成长，我感到自己一直在“不断更新”中。当新的起点、新的变化、新的航程出现的时候，我总是能够调整自己、欣然接受，然后确立目标，积极努力，在不断尝试和改变中自我完善、自我超越！

教学主张

轻松而高效的数学课堂

我工作的第二年开始教数学，年轻的我有幸能参加一些教材、教法的培训，经常听一些专家的课和各种观摩课。通过学习、实践、感悟，我慢慢地对数学教学有了一些自己的理解。为了发现问题，我会把自己的课录下来听或回看。我发现，有时课堂过于热闹，学生的思考浮于表面不深入；有时学生的学习兴趣不够浓厚，学习热情不够持久；有时学生在课堂上表现得过于被动，不能积极主动地去思考问题。课后，我与学生们聊天，发现竟然只有较少的学生认为数学作业较容易完成，先做数学作业，而多数学生是把数学作业放到最后完成，认为数学作业有难度、不容易做对等等。“怎样才能让学生喜欢数学，享受数学带来的愉悦感和成就感呢？”经过不断地学习思考，我提出了“轻松而高效的数学课堂”这一教学主张。

“轻松”在现代汉语词典上解释：不感到有负担，不紧张。“高效”在现代汉语词典上解释：效能高的，效率高的。所谓“轻松而高效的数学课堂”，是指在数学课堂上营造一种民主、平等、宽松的学习氛围，让学生没有心理负担，能够放松、愉悦地参与数学活动，积极思考，乐意质疑、探索分析、深入研究，努力提高学习效率，轻松享受数学学习的过程，获得成功的体验，从而形成较强的学习能力，为学生的可持续发展奠定学习的基础。

如何才能实现“轻松而高效的数学课堂”，我在自己的教学实践中采取了以下做法：

一、良好的师生关系，让学生“亲其师，信其道”

“亲其师，信其道；尊其师，奉其教；敬其师，效其行”，这句话一语道破了良好的师生关系对于学生学习的重要性。良好的师生关系能使学生拥有良好的情绪去学习。学生对一门课的喜欢程度，多数与对任教教师的喜爱程度有关。正如苏联教育家苏霍姆林斯基说过，教育技巧的顶峰即师生之间心灵交往的和谐境界。教师和儿童之间应该永远保持和谐的、富于人情的、相互关怀照顾的关系。

怎样才能和学生之间形成“亦师亦友”的和谐、融洽的师生关系，让学生喜欢我们教的学科呢？我认为学生喜欢某位教师，不仅是因为其教学水平高、教学风格独特，更是因为其对待学生的态度温和友好。教师首先应该尊重、信任学生，不能随意地、居高临下地批评学生，否定学生，而要善于肯定、表扬学生，要用欣赏的眼光发现每位学生身上的闪光点。其次要理解学生，真正走进学生的心灵，知道学生心里想的是什么，需要什么。还要对学生宽容，像朋友一样，不斤斤计较，不抓住学生的错误不放，对于学生的错误能心平气和地、艺术地化解。学生一旦喜欢上了教师，就会爱屋及乌，喜欢教师所教的学科，学起来也会兴趣盎然。

在十几年的教学中，每次接到一个新班，我总是想方设法让学生喜欢我，进而喜欢数学。如2017年接的六年级的一个班，有个学生叫小张，他不喜欢学习，各科作业都不做，上课不听讲还喜欢弄点动静影响别人。教师和学生自然都不喜欢他。我了解情况后，观察了几天，发现他其实比较聪明，但是得到的批评多于表扬。于是只要他有一点做得好，我就在全班面前表扬他。"小张上课坐姿最好，漂亮！"于是他把腰挺得更直了；"今天这个问题回答得真完整，有进步！"于是他上课听得更认真，发言更积极了；"这次作业书写得很工整，全对，棒！"于是他每次数学作业完成得更好了。渐渐地，他改变了，爱上了数学也爱上了我，学习成绩提高明显，居然在一次测验中得了90多分。他激动地说："王老师最好，最喜欢我，我也喜欢王老师，我不能辜负她，要好好学习数学。"可见，让学生"亲其师，信其道"非常必要。

二、激发学习兴趣，让学生觉得数学"真好玩"

爱因斯坦说过"兴趣是最好的老师"。无论教师的教还是学生的学都要建立在兴趣的基础上，数学学科比较枯燥、抽象，学习数学首先应该让学生对数学充满浓厚的兴趣，产生亲切感，感到数学好玩，从而能够主动探求知识。这要求教师要千方百计地变"枯燥"为"有趣"，深入钻研教材，精心设计教学活动，引导学生获得知识、增长智慧。

1. 生活化的数学情境，让学生学得容易

在教学中我经常发现，面对有的数学题目，学生无从下手，但如果换成生活中的他熟悉的情境，一下就解决了。

案例：三年级下册的练习

看图列式计算。

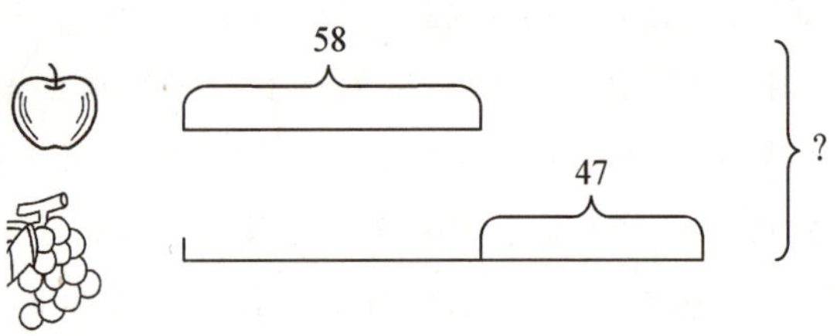

这是已经讲过的内容。但是一位学生对着这题思考了很久，眉头皱成一团，还是不懂。我询问过情况后，换成了他熟悉的钱：

你有58元钱，我比你多47元，我们一共有多少元钱？

他看过之后微笑着就完成了，一点不觉得难。可见，陌生的情境是阻碍学生学习的因素之一。教师可以把抽象的、陌生的情境换成生活中学生熟悉的情境，这样学生学起来就容易多了。

我们生活中处处都有数学。在教学中，我经常让学生举举生活中的例子，比如大家都要吃饭，吃饭时每人一个碗一双筷子，家里有几口人就要盛几碗饭，拿几双筷子，这种一一对应就是数学；再比如我们去市场或超市购物，买完东西付钱、找钱都要计算，这也是数学。积累生活经验，可以让学生用数学的眼光去发现生活中的数学。生活经验积累多了，学起数学会感到很容易。

2. 有新意的数学情境，让学生学得有趣

教学六年级下册"树叶中的比"这一内容时，为了激发学生探索的欲望，我让学生课前去采几片树叶，了解它们的种类。课堂上让学生欣赏几幅生活中的常见美景时，我配乐诗朗诵："秋风漫送微凉意，金缕织成锦绣裳。小扇轻盈枝上跃，蝶姿婀娜暮中翔。纵无夕阳斜照水，依旧翠色染清江。一霎霜风惊起处，漫山遍野着红妆。"在数学课上听到老师朗诵诗歌，这一学生从未接触过的事，激发了学生的好奇心。大家都不知老师葫芦里卖的什么药，感到好玩，也有探索下去的愿望。教学情境的设计应让学生感到有趣，有探索的兴趣和价值，这样学生才能逐渐形成积极的学习态度，学得兴趣盎然。

3. 游戏中学习，让学生学得轻松

爱玩是儿童的天性。教师可以利用学生的这一天性，根据教学内容设计游戏环节，让学生玩中学，学中玩，轻松完成学习。

如三年级下册学习"分类统计"这一内容时，我就设计了摸牌游戏。

每4人一个小组，每组准备扑克牌：A、2、3、4、5，把它们反扣在桌面上。小组合作，每次任意摸出两张，记录这两张扑克上的数相加的和，共摸20次。在组内分工，轮流摸，并根据记录情况思考：

(1) 一共出现了几种不同的和？和最大是多少？最小呢？

(2) 按和的大小整理上面的数据，把结果填入下表。

和							
次数							

(3) 和其他组交流整理的结果，有什么发现？

学生们的兴趣一下子就被点燃了，迫不及待地想去摸扑克。我给学生充分的时间玩，边玩边记录，再分类填表，思考为什么5、6、7出现的次数多。经过小组内讨论，问题迎刃而解。学生们玩得开心，学得轻松。

课堂上采用比赛的形式也能激发学生的学习兴趣，可以小组比赛，男女比赛，还可以师生比赛。如在记忆50以内的质数时，学生们的热情不高，总是记不住。我这样激发学生：愿不愿意听老师背一背？有的学生喜欢看老师出丑，就大声喊“愿意”。我以非常快的速度准确背完，学生们立刻报以热烈的掌声。此时，我微笑着说：“有愿意与老师比试比试的吗？”有几个举手的。“给你们几分钟准备时间，练一练吧！”这时学生不服输的劲儿被激发了，个个都非常积极地投入练习。只有把学生的学习兴趣点燃了，学生才能持久有效地学习。

三、宽松氛围、有效评价，让学生觉得“我真棒”

德国的教育家戈特福尔德·海纳特说过，“凡欲促进他的学生的创新就必须在他们班倡导一种合作民主社会一体的作风，这也有利于集体创新力的发挥”。同时心理学研究发现人在愉快放松的环境下学习效率最高也最容易产生创新灵感。因此教师要用无私的大爱、真诚的微笑面对每一个学生，通过有效的评价，尽可能为学生营造宽松、平等、民主、充满信任的教学氛围。学生可以畅所欲言地发表自己的意见或建议，不管对错，教师都不批评，其他学生也不嘲笑，这样学生就会没有思想负担，无所顾忌，心情放松，大胆想象，尽情地主动地去思考，畅所欲言。学生的想法就会多起来，学生与学生之间也会碰撞出思维的火花，出现意想不到的效果。教师只要把足够的空间和时间留给学生，适时点拨一下，微笑着看着这些可爱的学生们怎样擦出思维的火花就可以啦！

德国教育家第斯多惠说：“教学艺术的本质不在于传授，而在于激励、唤醒、鼓励。教学评价是一门艺术，如果你想成为一名优秀教师，首先你要学会评价学生。”课堂教学评价就是教师在教学过程中对学生的学业、行为、听课状态、课堂表现等做出的评价。我对于学生的评价主要是以鼓励为主，同时具有指向性，不仅使学生受到鼓舞，而且让他们从中受到启发。例如学习“小数的加减法”时，计算3.4＋2.8，怎样用竖式计算？一个学生说：“我是这样列的，先把相同的数位对齐，再计算。”我适时评价：“先把相同的数位对齐，这句话说得特别准确！”这个学生明白了数学语言的表达贵在准确，对其他学生也具有指导作用。对于学生的精彩发言或巧妙的解题思路与方法，我喜欢用命名法表扬，这种评价方式对学生也是极大的鼓舞，如“李氏方法”“赵氏方法”等，下次再遇到类似的题型时学生一下就能想到这是“李氏方法”，那是“赵氏方法”等等。教育家陶行知先生提出“小先生”的做法，我也非常倡导“让学生当小老师”的方式。小学生好胜心强，有好为人师的心理，利用这一心理，我经常请学生当“小老师”给别人上课、指导，有时给全班讲，有时给家长讲，有时给其他同学讲。学生们都乐意担任“小老师”的角色，在教别人的过程中巩固了自己的知识，激发了自己的积极性，提高了学习数学的能力。在这个过程中，我总会竖起大拇指，赞叹道：“真精彩，非常感谢小刘老师的讲解！”“你真像一位真正的老师！”“来，同学们为李老师热烈鼓掌！”看着“小老师”们自豪的笑容和不断成长的学习状态，我也感到很愉快。我坚持的原则是：凡是能让学生做的我绝不插手，凡是学生能够自主完成的我必然“放权”。让学生通过自己的努力获得成就感，得到精神上的愉悦，我只要给学生提供展示的平台和锻炼的机会，并及时点拨、积极评价、巧妙引导就可以了。

四、丰富多样的学习方式，让学生学得“真轻松”

在认知心理学中，人们把知识分为陈述性知识和程序性知识两类。一般陈述性知识，学生可以通过识记习得，而程序性知识的学习则必须通过操作来完成。要让学生最大限度地感受、体验学习的快乐，学习方式必须符合他们的学习能力。因此教师就要采取多种教学方式，让学生学数学、用数学，学得快、学得好，学得兴致盎然，学得轻松高效。

二年级学习完“统计”这一单元时，我布置了一个作业：“统计本年级有多少人？男女生各有多少人？”这时学生们面露难色，这似乎一个人很难独立完成，我微笑着说：“请你们小组合作，列成表格。组内商量商量，怎样才能更快更好地完成任务。”各个小组的学生经过讨论明确分工，一组 4 人，本年级有 8 个班，每人调查 2 个班，汇报给组长，由组长负责汇总，其余人负责计算，副组长负责班级汇报。明确了分工，各小组分头行动，短短的 5 分钟就都各自调查回来了，接着汇总，分析讨论。学生经历了数据的采集、具体的统计、数据的分析、积极的讨论，不仅学到了统计的知识，更重要的是学会了统计的方法，提高了学习能力、合作能力和分析问题的能力。

教学中，我还经常使用“导学单”促进学生自主探究学习。如学习“和的奇偶性”时，我采用了如下的“导学单”：

小组活动：观察比较，发现规律。

学习提示：

(1) 写一写:任意选 3 个、4 个、5 个或 5 个以上不是 0 的自然数连加,算出它们的和。

(2) 观察每个连加算式,和是奇数还是偶数,与这些加数中的什么数的个数有关?

(3) 说一说:你发现在什么情况下和是奇数?什么情况下和是偶数?

算式	加数中几个奇数	加数中几个偶数	和是奇数还是偶数

学生根据导学单的学习提示开展自主学习,不用教师过多的指点和硬性的灌输,自己就能发现规律,总结规律。学生通过自己的努力掌握逻辑思维的方法、解题的方法和技巧,这是最有价值的!

我还喜欢在复习时引导学生用思维导图自主复习,梳理知识点,帮助学生理清知识点之间的关系,拾遗补漏。我一直倡导写数学日记,用数学的视角记录所见所闻,帮助学生将数学知识运用到生活中去,感受数学的实际价值和真正魅力。我也经常组织学生办数学小报,帮助学生将数学和其他学科有效融合,提高审美素养,提升综合能力……当然,开展各种数学活动,不仅仅是激发兴趣,也不仅仅是图个热闹调动个气氛,更重要的是通过各种活动,发展学生的数学思想。正如《数学思想领悟》一书中指出:"数学思想是数学内容的精髓,是知识转化为能力的桥梁,是使学习者在处理数学问题时有思有想:由思激疑,在思疑中启悟;由想反思,在思辨中省悟;由思导验,在体验中领悟。认识在启悟中升华,思维在省悟中开拓,能力在领悟中形成。"因此,无论是课堂的 40 分钟,还是课外的各种数学活动,我都不忘数学教学的"核心任务",千方百计训练学生的对应思想、分类思想、数形结合思想、归纳思想、类比思想、转化与化归思想等数学思想。因为我知道,这对于提高学生解决问题的能力大有裨益,一定会为学生将来的学习奠定坚实的基础。

在追求"轻松而高效的数学课堂"的过程中,我发现学生们学习数学越来越愉快,每次走进教室看到学生们纯真的笑脸和期待的眼神,我都感到做一名数学教师的幸福!而学生学得轻松高效的背后是教师教得轻松有效,这样我就可以从繁重的教学工作中抽离出来,有更多的时间读书学习,我更加享受和学生们一起徜徉数学的美好时光!

课堂实录

（本课为2016年徐州市小学课程建设现场会公开课）

在综合实践活动中提升学生的思维能力

——“树叶中的比”课堂实录与评析

执教：王爱丽　评析：庄洪英

一、诗意的引入：教师配乐有感情朗诵

师：同学们跟着老师一起走进大自然。（出示课件）

秋风漫送微凉意，金缕织成锦绣裳。
小扇轻盈枝上跃，蝶姿婀娜暮中翔。
纵无夕阳斜照水，依旧翠色染清江。
一霎霜风惊起处，漫山遍野着红妆。

评析：用诗歌的方式引入教学，加上教师声情并茂的朗诵，学生兴趣一下子就提起来了。这在以往的数学课上是不多见的，可见王老师在教学中非常有自己的想法。可见数学也可以上出浓浓的诗意。

师：同学们，这些美景中你认识哪些树叶？你能说说还认识哪些树叶吗？

生：这些是黄杨叶、银杏叶、夹竹桃叶、枫树叶。我还认识杨树叶、桃树叶。学生边说边举起手中的树叶。

生：这是香樟树叶。

生：这是海棠树叶。

师：大自然中的树叶形状各异、颜色多样。你认识这些树叶吗？仔细观察，你有什么发现？

生：我发现有的树叶细细长长的，有的树叶较宽，有的比较圆。

生：我发现这些树叶的颜色不同，有绿色的，有红色的，还有黄色的。

生：我发现夹竹桃叶细长，桑树叶较宽。

师：数学中怎样规定树叶的长、宽呢？（课件出示）你能指出每片树叶的长、宽吗？

师：同学们看这两片树叶，夹竹桃叶与桑树叶的长、宽怎样呢？银杏叶比较特殊，它的长、宽在哪里？

生：夹竹桃叶的长比宽长得多，桑树叶的长与宽差不多。

生：夹竹桃叶的长是宽的7倍多，宽是长的$\frac{1}{7}$；桑树叶的长与宽的比是1∶1。

评析：王老师引导学生注意观察生活中常见的树叶，指出这3片树叶的长与宽，培养学生认真的观察能力和准确使用数学语言的表达能力。小小的环节，折射出了王老师的数学思想。

续 表

生：银杏叶的长比宽短。 师：从数学的角度看，树叶的形状与它的长、宽还真有点关系。 **二、操作、探索、发现** 1. 定方法。 师：同学们，我们从数学的角度去研究树叶中的比，怎样研究呢？ 生：我们可以测量出每片树叶的长与宽，并计算出长与宽的比值，再比较。 生：我们可以比较同种树叶和不同种树叶的比值。 师：老师这儿有几片树叶，我们来看看，你认识吗？ （师一一出示6种树叶） 师：请你根据它们的形状排排序吧！ （学生讨论排法） 生：我们组讨论按树叶的长，从长到短排或从短到长排。 生：我们组讨论按树叶的宽，从大到小排或从小到大排。 师：我们就按照树叶的长，从长到短排。谁到黑板上来排一排？ （一生排好，依次是大枇杷树叶、红叶石楠叶、小枇杷树叶、香樟树叶、夹竹桃叶、银杏叶） 师：我们就用测量、计算、比较这些好方法来研究树叶中的比。 2. 分组活动。 师：老师给每组都准备了树叶，下面进行分组活动，请看活动要求，谁来读一读？ （生阅读） 活动要求： （1）每组测量同一种树的树叶。 （2）每人测量一片树叶的长和宽，算出长和宽的比（得数保留一位小数），并报给组长，组长记录下来。 （3）将测量计算的结果与树叶的形状对照，在小组里说说你有什么发现？并记录下来。 3. 小组汇报、分享。 师：我们一起来分享一下学习成果。请一个小组到前面来。	评析：确定方法非常重要，学习数学贵在引导学生掌握学习方法，并积极运用方法，在运用的过程中不断对这个方法进行反思和完善，这是真正的学数学、用数学。同时让学生体会到掌握学习方法比掌握学习知识本身更重要。 评析：学生通过亲自测量、计算、比较发现规律——同一种树叶长与宽的比值比较接近。这是很有价值的结论，不是依靠教师的讲解，而要学生亲自参与活动才理解得清楚，记得牢固。

续 表

<table>
<tr><td>生:我们组测量计算的是香樟树叶长与宽的比值,请同学们看看,比值比较接近 2.3。
第一层次:同一种树叶长与宽的比值比较接近
师:这是他们小组的发现,请其他小组观察一下你们组的数据,是否也有这个规律呢?我们再来分享一个小组的数据。
生:我们组测量计算的是红叶石楠叶长与宽的比值,请同学们看看,比值比较接近 2.8。
师:香樟组的发现在红叶石楠组得到了验证,树叶长与宽的比值也比较接近,这是为什么呢?
生:同一种树叶长与宽的比值比较接近。
师:比值虽然很接近,但都不一样,想用一个数来代表这种树叶长与宽的比值,你认为是多少?
生:我认为是 2.8～3.2 之间,因为比值最少是 2.8,最大是 3.2.
生:我认为可以求这些比值的平均数。
师:请同学们以小组为单位求出每组树叶比值的平均数,得数保留一位小数。
师:红叶石楠叶长与宽的比值是?
生:2.5。
第二层次:智慧猜比值游戏
师:请以红叶石楠叶长与宽的比值为参照,选一片你喜欢的树叶,猜猜它的长与宽的比值是多少,说说你是怎样猜的。谁先来?
生:我猜银杏叶是 1.3。
生:我不同意,银杏叶的长比宽短,比值应该比 1 小。
师:同意吗?
生:同意。
师:哪组测量的?说说看!
生:比值是 0.5。
师:谁再来猜猜看?
生:我们组猜的是枇杷树叶,长是宽的 4 倍多,比值大概是 4。
师:我们有两组测量的枇杷树叶,一组是大枇杷树叶,一组是小枇杷树叶,你们说这两组树叶长与宽的比值相同吗?</td><td>评析:这里的猜比值可不是瞎猜,要根据树叶的形状猜比值,还能根据比值猜树叶的形状,在猜中引发学生思考,把学生的思维引向深入。学生们学得积极投入,课堂气氛热烈。总之一句话,就是要想办法把课上得有意思、有宽度、有深度。</td></tr>
</table>

续　表

生:我认为不同,大枇杷树叶长与宽的比值应该比小枇杷树叶长与宽的比值大。因为大枇杷树叶的长、宽都比较大。 生:我觉得应该是比较接近的,因为它们是同一种树叶,虽说大小不同,但是长与宽的比值是相同的。 师:说得对吗?请这两组报出比值。 生:大枇杷树叶组是 4.2。 生:小枇杷树叶组是 4.2。 师:刚才这位同学说得太对了,真是学以致用。(指着板书说) 师:哪组来猜猜夹竹桃叶? 生:我猜是 7～8 之间,因为长是宽的 7～8 倍。 生:我猜是 7.8。 生:我猜是 7.5～8 之间。 师:来,夹竹桃叶组公布结果。 生:夹竹桃叶组是 7.8。 师:猜得比较准确,香樟呢? 齐声:2.3。 **第三层次:比值越大,树叶越狭长** 师:6 片树叶的比值都出来了,重新理一理,按什么顺序呢? (一生到黑板上重新排一排,按照比值从大到小排,依次是:夹竹桃叶、枇杷树叶、红叶石楠叶、香樟树叶、银杏叶。) 师:同学们观察这些树叶的形状,对照它们的比值,这里是不是隐藏着什么规律?请在小组里讨论讨论。 生:我们组发现,比值越大,树叶越狭长。 师:同意吗? 齐声:同意。 **第四层次:不同的树叶,形状相似,比值也接近** 师:世界上没有两片相同的树叶。不同的树叶,形状相似,比值也接近。(指着香樟树叶和红叶石楠叶)拿出你的树叶,量一量长、宽,算出比值,看谁量得准算得快! (学生测量自己带的树叶) 师:谁来说说你测量的树叶长与宽的比值? 生:冬青叶的比值是 2。 师:比值接近 2 的请举起手中的树叶,看看形状怎样? 齐声:比值接近,形状相似。	

第五层次：生活中的树叶抽象成数学中的图形 师：请同学们放下手中的树叶。我们通过测量、计算、比较，发现了树叶中隐藏的那么多的规律。让我们大胆想象，把树叶想象成和它同长同宽的长方形，随着 比值越来越大，长方形的形状会怎样变化呢？ 比值越来越小，长方形的形状会怎样变化呢？ 比值越来越接近"1"，长方形的形状会怎样变化呢？ 闭上眼睛想一想。 （学生闭眼想象） 师：谁来说一说？（学生边说教师边画） 生：比值越来越大，长方形的形状会越来越细长；比值越来越小，长方形的形状会越来越宽；比值越来越接近"1"，长方形会越来越像正方形。 生：我补充，比值越来越大，长方形的形状会越来越细长，最后会变成一条线；比值越来越小，长方形的形状会宽比长要长。 师：你见过细长的叶子吗？ 生：见过，松树叶。 生：还有仙人掌的刺，那个刺就是仙人掌的叶子。 师：说得太好了！掌声送给他。我这儿正好有马尾松和仙人掌刺的图片，同学们看看。大自然中树叶的形状与数学里的图形有着这么奇妙的联系！难怪有人说，生活中只要是科学的、美的就是数学的。 **三、回顾与反思** 师：回顾一下，通过这节课的学习，你有什么收获？ 生：我从没有这样从数学的角度研究过树叶，知道了树叶的形状与长、宽的关系。 生：我不仅学到了知识，还学到了"测量、计算、比较"的研究方法。 师：同学们说得真好！你还想研究树叶的什么？ 生：树叶的形状与其生长的地理位置有什么关系？比如银杏叶在热带长成什么样？ 师：看来有关树叶的数学还有很多很多……需要同学们用数学的眼睛去探索、去发现。	评析：这个环节从"生活中的树叶"自然地走向数学中的图形，把生活中的树叶想象成与它同长同宽的长方形，就是把具体的事物抽象成数学图形，这样的寻找规律，归纳总结，更利于学生理解、思考、分析、研究。

续　表

【总评】 这是一堂生动有趣的课！这是一堂有思想有深度的课！王老师首先在课前深入钻研，把握教材，精心准备。她考虑到：要研究数学中的比，精选合适的树叶是很好的选择。无论是指导学生收集树叶还是教师自己到大自然当中去寻找，都花了相当大的功夫，去找适合本课的不同类的树叶，测量树叶的长、宽，计算比值，为学生上课提供了充足、恰当、有趣的道具。上课伊始，王老师选择 4 张精美的树的风景图片并配乐朗诵诗歌，使学生带着愉悦的心情、轻松的状态开始一堂课的学习。课上，学生们共同探索树叶中的比，研究的方法是学生自主提出的，研究的过程是学生亲身经历的，他们自己测量、计算、比较，自己探索、发现、归纳，总结出规律，同时习得了学习的方法。在这个过程中学生经历了 5 个层次的研究：第一层次，同一种树叶长与宽的比值比较接近；第二层次，看树叶的形状猜比值，根据比值猜形状；第三层次，比值越大，树叶越狭长；第四层次，不同的树叶，形状相似，比值也接近；第五层次，生活中的树叶抽象成数学中的图形，把树叶想象成长方形，不仅渗透极限思想，更重要的是让学生的思维有了一个突破，从大自然中的树叶到更高的领域。每一个层次的推进，学生的思考越来越深入，思维越来越灵活。最后，王老师的“你还想研究树叶的什么”这个问题把学生的思维又激活了，学生们再次被王老师引到积极探究的状态中。总之，王老师在这节课上引导学生进行有效的研究，经历学习的过程，体验学习的乐趣，学生们不仅学得愉快轻松而且受益匪浅、收获很大！

张岚

张岚：智慧 reading

张岚，本科学历，中小学高级教师，在大马路小学担任英语教学和教导处工作。曾获得第七届全国小学英语课堂教学优秀课展评一等奖，江苏省杏坛杯优秀课评比一等奖，徐州市、区评优课一等奖。在省、市级刊物上发表教育教学论文10余篇，在省、市、区范围内执教公开课、研讨课、开设讲座20余次。先后获得江苏省“课改”先进个人、徐州市“学讲计划”推进工作先进个人、鼓楼区十佳青年教师、鼓楼区优秀教育工作者等称号。

教学主张：智慧 reading。

教育格言：Reading, is one of the best learning.

成长足迹

回首成长轨迹，感受教育幸福

每一个孩子都是一朵花的种子，每一颗种子都有着自己特有的花期。有的种子很快就绽放笑颜，有的则缓缓地默默生长。但是，无论快慢，种子总会发芽、开花。作为陪伴孩子成长的我们，又何尝不是这样？教育之路，也是发芽、开花之路。阳光的滋润、雨水的灌溉、自己的努力，每一小步都是成长，每一小步都值得收藏！

年华似水，岁月飞逝，蓦然回首，我已在小学英语教学领域"摸爬滚打"了21年。自认与卓越还相距甚远，但也留下了点滴智慧。回顾工作上的过往，我发现自己一直在稳步成长和发展着。

初见——鼓励暖心、渐入佳境

19岁那年，我懵懵懂懂地踏入母校——大马路小学的大门，只不过这次的角色从学生变成了教师。进到学校，见到以前教过我的老师们，我还有着些许紧张和局促，对自己未来的教学生活也有着一丝茫然和无措。开心的是老师们对我仍然是关爱有加，班里的学生对年轻的新老师也报以无比的热情，以及对第一次出现在他们面前的新学科——英语也展现了浓厚的兴趣，这些都帮助我很快找到了做教师的良好感觉。

后来才发现，学生们对年轻教师如此的热情对于稚嫩的我而言未必是好事。由于英语学科起初从五年级开始开设，我的学生只比我小七八岁，他们很清楚我的稚嫩，因此热情很快就变成了无拘无束，课堂的效率逐渐变低，这让我的心里很着急！一段时间以后，我发现如果哪一节课的设计足够紧凑、足够有趣、足够有吸引力，那节课学生就会不那么随便，就会忘了走神说笑，热情地投入到英语学习中去！于是，我开启了换位思考模式，每天晚上坐在书桌旁认真备课两个小时以上，把自己想象成高年级的学生，不断地换位思考：如果是我会不会喜欢这样的教学活动，会不会觉得幼稚，会不会有所收获？当时学校要求备课内容是要写在备课本上的，可是我从来都是备课两份，自己一份，交给学校一份，因为学校备课本的空间实在不够抄写我细致翔实的备课内容。为了让自己的教学能够持续地吸引学生，我真是绞尽了脑汁！不断地思考，推翻；再思考，再推翻。慢慢地，我逐渐摸清了孩子们的脾气；慢慢地，我建立了良好的课堂秩序，教学渐渐地走上正轨！直到现在，我都感慨当时的自己纯粹毫无杂念的努力，庆幸我不是学着怎样用严厉的惩罚来控制学生，而是选择了走入儿童的内心，是通过改变自己来改变学生！虽然当时的我完全不知道什么是科研，也不懂应该有什么样的理论支撑，但是诚挚、热忱、单纯的努力让我第一次明白了什么是教学，明白了教学设计要适应学生，明白了付出总有收获。

刚上班没几周，区里的领导来校听课。当时教研室的朱友明老师来到我的班级听了我的一节英语课。听完课后他在当时的梅小毅校长面前大大赞扬了我，说："这个老师这么年轻就能掌控课堂，课上得有意思，对学生很有爱，是个可造之才！"这样的赞扬让年轻单纯的我特别开心和激动，中午从来不回家的我还专门跑到父亲单位向他蹦蹦跳跳地分享自己得到的进步。梅小毅校长也很看好我，欣然收我为徒，像亲人一样的严格要求和关怀指导让我到现在都受益良多、感动不已！那温暖的话语，温馨的鼓励，不仅肯定了我的付出，更激发了年轻的我继续努力、不断向前的工作热情！

这以后，我更加全身心地投入英语教学中！除了坚持每晚备课，还经常把作业拿回家批改，那时候学生多作业本也厚，车筐里会放不下，我就经常用绳子捆好带回家。那时一周只有两节英语课，我有时候觉得时间不够用，就找班主任或别的老师要一点琐碎的时间，尽我所能让学生有更多的收获。不懈的努力没有白费，第一年工作的我渐入佳境！1996年底，徐州市英语教研员杨敏老师在听过我的课后，推荐我在全市范围开设字母教学的公开课。公开课收到了很好的效果，杨敏老师还赞扬我适合课堂，一站到讲台上整个人都不一样了！1997年5月，徐州市开始了第一次小学英语评优课的评选。我一路闯关，取得了评优课一等奖的好成绩！

所有的这些，对刚刚踏上工作岗位的我都弥足珍贵，这些成绩和经历给了年轻的我无限的动力，帮助我爱上教师这个职业，昂起头大步向前走！

积累——创新实践、科研提升

生活就是一个7日接着另一个7日，课堂就是一个40分钟接着另一个40分钟。对于学生而言，每一个40分钟都是学习提高的时间；对于教师来说，每一个

40分钟是不断思考、反思、沉淀的舞台。在这个舞台上，我慢慢地积累着、成长着。

2002年，又是当年第一个给予我温暖鼓励的朱友明老师，非常敏锐地在《中国教育报》上了解到了“见词能读、听音能写”的“福尼斯英语”，并推荐给了当时的刘文琪校长。福尼斯为Phonics音译，即自然拼读。在邀请该教材主编进行专业的培训指导后，学校了解到自然拼读对于刚入学的儿童来说是非常适合的学习方法。因此，学校在尊重儿童发展，尊重课标要求的基础上，决定引入“福尼斯英语”。可是，没有亲身实践就推广是有些草率的。因此，学校先创设了两个实验班进行“福尼斯英语”教学实验，同时和其他使用普通英语教材的班级进行研究和对比。当时对此非常感兴趣的我主动请缨带这两个班，我同时还担任其中一个班的班主任。

在使用“福尼斯英语”教学了一段时间后，我在教学中发现了以下情况：低年级儿童喜欢趣味性的学习形式，喜欢语言表达，热爱表演。但是“福尼斯”既定教学内容和环节的限制使得教学的形式较为单一；其次，遵循福尼斯教材“听读领先”的策略，达到一定输入量之后才开始说、写训练，儿童缺少了很多使用英语表达的乐趣。为此，我思索良久，认为这样下去是肯定不行的，一定得改变，一定得思考，一定要创新！因此，经过认真深入的学习、研究和思考，在针对低年级儿童心理特点，同时也尊重“福尼斯英语”教学原理的基础上，我们对“福尼斯英语”的教学进行了有创意的调整和改进。在市教研室杨敏老师的建议下，我们根据低年级自然拼读的学习进程，从中年级的译林版教材中选择难度、内容、情境适合的词汇和口语交际内容，整合到自然拼读的学习中来。这样做，既分解了中高年级的学习难度，又为热爱语言表达的低年级学生提供了丰富的语言材料。其次，在教材既定教学模式的基础上，创设多样的教学组织形式，如丰富的语言情境、表演创编、游戏歌谣等，增强自然拼读教学的趣味性。在使用“福尼斯英语”教学的过程中，我总在思考如何让自己的教学更有智慧，如何让学生的英语阅读也能更有智慧。在不断的思考和实践中，我逐渐形成了自己的教学主张：智慧reading。

基于以上思考和研究的论文《福尼斯英语教学本土化的研究》获得了江苏省教研室举办的论文比赛的一等奖，并发表在市级教育教学刊物上。这也是我第一篇正式发表的文章，对我的成长有着里程碑式的意义。此外，在学习“福尼斯英语”（语音教学法）的班级和学习普通教材（全词教学法）的班级经过一年的对比实验并经过细致的数据分析后，我撰写的论文《语音教学法和全词教学法教学效果差异的研究》也获得了省论文比赛的奖项。我校和市教研室、教科所还联合举办了“福尼斯英语”暨英语教学方法研讨会，受到了各方专家、多省市英语教师以及福尼斯教材主编爱文女士的高度赞誉。

但最让我欣喜的并不是这些，而是我的学生们！我从一年级带起来的这班学生，他们得益于“福尼斯英语”，得益于教师深入的研究与实践，他们的优异有目共睹！这些学生由于在语音、阅读和积累上的明显优势，被到我校来听课的许多教师所称道，连来自北京的小学英语部编教材的主编刘岩女士，到我校来听完我的福尼斯英语课之后，都对学生们啧啧称赞！让我的教学、我的思考和我的研究造福我的学生，这是我为人师最大的幸福，也是我教育人生最宝贵的积累！

沉淀——学习成长、脚步不停

回忆起来，我成长中还有一个重要的关键点，就是加入学校的自主成长团队！大约三年前，为了敦促我校的部分骨干教师快速成长，我校的全国模范教师、江苏省特级教师刘杰老师带领我校十多名教师组成了自主成长团队。刘杰老师为我们精心设计了《大马路小学名师工作室成长保险启事》，并一直用她深厚的专业素养和对教育的无比热忱指导着我们、引领着我们、影响着我们，陪伴着我们一起成长！

我们的团队成立后，刘杰老师坚持“系统读书＋实践反思＋勤奋写作＝教师成长之路”的成长公式，要求我们坚持读教育原理书籍，每月进行一次读书交流活动；每周反思总结，完成一篇千字博文；钻研教育类杂志，每月投稿一次；团队成员将原理书籍中学到的理论知识运用到实践教学中，轮流进行教学展示，团队共同听课评课；成长团队还定期邀请教育科研方面的专家对我们的读书、论文写作、科研课堂等方面进行高屋建瓴的指导……

记得刚进入这个团队的时候，我的心里是有些发怵的，感觉自己的水平和团队的其他成员比起来有不小的差距。读原理性书籍的时候，经常会感觉有些地方读不懂；写博客的时候总是犯难，明明自己心里有好多想表达的东西，可是语言却总是组织不到位；团队活动进行读书交流的时候会很紧张，生怕自己说得不够好……但在学校领导的支持下、在刘老师的指导下、在专家们的高位引领下、在团队伙伴们的鼓励下，我一天天、一周周、一月月、一年年地坚持下来，我逐渐发现现在的自己有了明显的改变:首先,读书的理解力更强了,能够更好地把握重点并联系教学实践进行思考;其次,反思和科研能力更强了,个人课题的研究和结题更加顺利,新的市级规划课题也已经如期开题;此外,语言文字的组织能力、谋篇布局的能力也有一定的增强。这些点滴的成长和改变令我自己感到欣喜,我非常明白这一切都得益于我们成长团队给予我的力量!

这几年来我也收获颇丰,有 4 篇论文发表于省级以上的教育教学刊物,3 篇文章发表于市级的教育教学刊物,开设市、区级公开课和讲座近 10 次,获得徐州市“一师一优课、一课一名师”活动一等奖,获得徐州市“学讲计划”推进工作先进个人称号……2017 年下半年,还顺利地获得了中小学高级教师的职称。这些成长的足迹是那么清晰,那么珍贵,也是那么令人难忘!

不忘初心、静待花开!我一定会继续坚持自己的教育梦想,不断努力、不断成长,执着地把对教育的信念如潺潺流水般滋润进儿童心底那片肥沃的土壤!在那一株株花蕾绽放的时候,感受教育带给我们的幸福!

教学主张

智慧 reading

英语是一门语言学科,最终的学习目的即为阅读和交流,而阅读又是交流的基础,从短小的对话到大段的语篇,没有阅读就谈不上英语学习,因此,阅读是英语学习的灵魂。阅读除了能发展语言,同时也能发展儿童的思维,而科学的阅读指导,能够使儿童的阅读更有深度,更有思想,更加智慧,更有个性!对于儿童的个性发展来说,不仅仅是有深度的语篇阅读可以达到,而且诸如读唱歌谣、英语剧表演、配音活动等阅读的不同表现形式也能够从不同角度促进儿童的个性化发展!对阅读本质了解越多,就越明白阅读对于儿童的成长有多么重要!英语阅读,是儿童习得语言最自然的一种学习方式。“智慧 reading”,就是依据英语课标和学校教学实际,采取适合儿童英语学习的教学方式和多种阅读方法,以支撑学生的自主阅读,引领学生的深度阅读,并发展学生的多元阅读,最终形成学生英语阅读的能力。

一、福尼斯英语，支撑儿童自主阅读

自然拼读的方法是支撑儿童英语自主阅读的一种工具。十余年前，《中国教育报》的一则文章中提到的“见词能读、听音能写”的“福尼斯英语”，引起了我们的兴趣。福尼斯为Phonics音译，即自然拼读。在邀请教材主编进行专业的培训指导后，我们了解到自然拼读兼具语音、阅读及拼词的教学功能，而语音能力和早期阅读能力以及拼读拼写能力的培养是儿童英语学习启蒙重要的方面，因此自然拼读对于刚入学的儿童来说是非常适合的学习方法。在新课标二级目标要求中，也提到要“能根据拼读规律读出简单的单词”及“能借助图片读懂简单的故事或小短文，养成按意群阅读的习惯”。因此，在尊重儿童发展，同时尊重课标要求的基础上，我们决定开始使用“福尼斯英语”进行教学。

自然拼读是阅读的方法，单词是末，阅读才是本。国外的自然拼读教材，都有另外一个名字，叫作Learn to Read，可见“Phonics”一词是和学习阅读而非背单词联系在一起的。就阅读本身而言，自然拼读也的确可以起到更好更高效的辅助作用。因此，自然拼读的教学和儿童阅读能力发展是一种互为支撑、相辅相成的关系。美国自然拼读的成功在于它是依托于科学阅读的框架体系，是作为技能来训练的，而不是作为一种知识、一种规律来学习的，并不是记住了词句就可以的。他们的自然拼读教法是：先有阅读接触的基础，再系统梳理一下规则，然后通过大量阅读合适的读物来巩固强化。最终达到的结果是：一个规则不管在什么样的阅读材料中出现，学生们都能够以最快的速度给出反应。甚至说，最后将自然拼读这种有形的规则变成了阅读中无形的感觉。而这种内化的过程，就是一种语言能力。

因此，使用“福尼斯英语”作为学校英语的校本课程，着力配合英语绘本阅读教学，着力支持学生自主阅读能力的提升。学习自然拼读既能够培养学生自主阅读的技能，同时自然拼读能力的本身也会在阅读中得到训练和提高。自然拼读的学习离不开有意义的拼读，因此经过精心选择的《丽声拼读》系列绘本就是它最合拍的搭档。学习音图“b”时，我们就带着孩子阅读 *Bob Bug*、学习音图“i”时，我们就一起阅读 *Fish and Chips*；学习音图“th”时，我们就读绘本 *This and That*…

为了让自然拼读的学习不再枯燥，我们还从中年级译林版教材中选择难度、内容适合、和儿童生活有链接的语言知识，整合到自然拼读的学习中来。这样做，既分解了中高年级的学习难度，又为热爱语言表达的低年级儿童提供了语言材料。在教师的思考和努力下，译林版教材的学习、绘本阅读的教学以及“福尼斯”自然拼读教学更加有机融合、相辅相成，更好地支持了学生自主阅读能力的提升和英语综合语言能力的发展。

基于以上思考，我撰写了《福尼斯英语教学本土化的研究》一文，获得了当年省论文比赛一等奖并在杂志上发表。此外，我校和徐州市教研室、教科所联合举办的“福尼斯英语”暨英语教学方法研讨会，也受到了各方专家、多省市英语教师以及福尼斯教材主编爱文女士的赞誉。

二、不断深入研究，引领儿童深度阅读

课程需要整合，需要整体的把握、细致的设计，才能真正发挥不同教学资源的作用。因此，我们每学期初开展整体把握教材活动，根据低年级儿童的认知规律和学情对自然拼读、绘本阅读以及活动课程制订具体整合计划，对每节课的整合目标进行思考和设计。教师在品读学生的基础上深入研读所有教学材料和课程资源、理清脉络、把握重点、全面思考后进行统整规划，制订出整体把握教材系统分析表和单元整合计划表。现在，我们已经做到站在教材之上来关注低年级儿童整体阅读水平的发展。

为了让英语阅读教学的教研更具专题性和指向性，我在“学讲计划”研究的基础上，根据英语学科的本质将英语绘本阅读教学模式作为研究重点，并把在阅读教学里包含在综合语言运用能力中的合作交流能力、英语阅读能力（如观察、预测、联想、归纳、辩证思维、按意群阅读等能力）、自然拼读能力的培养作为教学教研的专题进行了深入的研究。这几种能力相辅相成、不可分割，成为英语阅读教学的能力体系研究方向。

现在，我们的英语绘本阅读课已经形成了富有特色的“三步教学法”：

第一课时——语音解构

第二课时——故事建构

第三课时——文本重构

1. 语音解构，自主学习解析语言

英语是一种表音文字，英语的每个单词由音素构成。“语音解构”就是指导学生利用自然拼读这个语音工具进行单词、句子的拼读和语音解析，解决英语阅读的基础第一关：语音。在这一课时中，学生们会初读绘本，对绘本中出现的

新单词进行梳理和语音的解构。学生们在自主预习的基础上，针对拼读任务进行小组合作学习，对新单词的音素进行分析解构和拼读。之后，教师对学生自己解决不了的语音规则进行指导。如：阅读中出现单词 stone，由于含有开音节的语音规则，学生无法直接拼读，因此教师就会针对这一语音规则进行指导和训练。

学生们在自主解构和教师指导下，自主阅读能力不断提高，为阅读第二课时故事建构，打下坚实的语音基础。

2. 故事建构，深入理解构建语言

在“故事建构”课时中，学生在能够正确朗读绘本的基础上，经过教师的指导开始对故事架构进行更深入的理解和分析，梳理语言之间的关系，建构自己的语言知识体系。故事建构的策略有很多种，比如：绘制思维导图、图片环游、拼图阅读、抓关键词等等。在这一课时中，学生的合作能力、联想预测能力、归纳总结能力，以及最重要的综合运用语言的能力会得到较充分的发展。

以《丽声拼读故事会》的其中一本绘本 *Moan，moan，moan* 的教学为例。

这节课我设计的教学环节不多，从开始用高频词回顾绘本故事，到利用思维导图梳理文本脉络，再到确定主题准备和进行辩论，主要做的事情只有三件，但这三件事完全是学生们做主角！教师只是作为配角适时出现，帮助主角们准备得更充分、思考得更透彻、表演得更出色而已！

在利用高频词回顾阅读之后，学生们开始小组合作，将故事中妈妈唠叨的琐碎语言进行梳理。教师提示：可以按时间线，可以按地点线，当然也可以按你们心里所想的那条线运用思维导图来进行梳理。用思维导图来梳理故事内容其实就是学生自主建构文本的一个过程。在这个过程中，故事结构逐渐清晰，语言架构逐渐明确。加上最后小组对合作完成的思维导图进行的讲解展示，在这整个环节中学生们的合作能力、表达能力、梳理和归纳的思维能力以及综合运用语言的能力都得到了不同程度的锻炼。

在孩子们对绘本故事中的妈妈不同场合不同时间都喋喋不休的唠叨产生了强烈的共鸣时，我让孩子进行投票。想和书中主人公一样让小鱼当妈妈，就把蓝色的贴纸贴在胸前；如果相反，仍然还是想要自己的妈妈，就把红色的贴纸贴在胸前。孩子们投票后，全班自然分成两个阵营。可以看到，第一次投票两大阵营势均力敌，说明还是有很多同学对妈妈无休止的唠叨是非常反感的！之后学生们分组讨论，进行辩论。随着辩论的不断进行，思考的不断深入，学生们在自己给自己建构的语言场中逐渐对妈妈唠叨的深意有了更进一步的体会……最后，教师让孩子们进行第二次选择……这一次，学生之间的相互对话使得选择结果发生了很大的变化！学生们不再片面地看事情，而是能辩证地从不同方面来看待妈妈的"moan"了，感受到了妈妈的唠叨其实是为了帮助自己成为更好的自己。在这个过程中，思辨能力、综合语言运用能力得到了明显的提升。

这节课中，我既关注了教材中显性资源的使用，又适度地把握和挖掘了文本中隐藏的思想内涵。学生们走进文本，畅游文本，在与文本的对话中感受文本的内涵与价值；最后走出文本，拓展文本，实现了有深度的阅读！

3. 文本重构，创设情境运用语言

绘本阅读教学的第三课时为"文本重构"。在这一课时中，学生会通过不同的方式用自己的语言重构文本、创新文本、运用文本，用自己创设的情境来综合使用语言！进行"文本重构"的形式主要有"写作重构"和"表演重构"，这两种形式的使用视具体文本内容或者学生的学情而定。尤其"表演重构"是学生们最喜欢的学习方式。学生们在绘本阅读的基础上合作创编小剧本，用自己的语言对台词进行调整，自主排练后进行展示。这个环节是学生们最感兴趣、最全情投入的一个环节，更是充分培养学生综合运用语言能力以及合作交流能力的重头戏！这个环节中学生们可以大胆地使用语言、自如地运用语言，感受真实语言的乐趣！

英语绘本三步阅读"语音解构、故事建构、文本重构"的教学模式也是我区对于英语阅读教学的不断思考和研究的勇敢尝试。在这个模式下，我们明显感受到了学生阅读能力以及综合语言运用能力在逐渐提高。

三、设置多彩课程，发展儿童多元阅读

多元阅读是指学生在教师的指导下，阅读的内容、方式、特点等更加丰富多样，更加立体，更加个性化。传统的阅读注重的是对"书"的阅读，甚至是背诵，方法上过于单一，而多元阅读可以让阅读的范围更广，更不受条件的局限。学生可以在教师的指导下，通过网络、手机、视频等媒体所提供的文学作品进行阅读。

因此，为了让英语阅读更加多元，我们利用读唱歌谣、英语剧表演、配音活动等作为阅读的不同表现形式，努力从不同角度促进儿童的个性化发展。每个儿童都是不同的，为了满足不同孩子的喜好和发展需求，我们开设了"i"系列英语特色课程，供孩子自由选择。包括："i" Reading Club（"外教和我读"，外教带着孩子一

起来阅读讨论有趣的英语绘本)；"i" Movies Club("英语电影赏析"，感受经典电影中台词的魅力)；"i" Music Club("爱听英文歌"，通过英文歌曲的学习和演唱，熟悉原汁原味的英语口语)；"i" 配音 Club("英语趣配音"，通过趣配音软件为经典动画、电影、绘本来绘声绘色的配音)；等等多个英语俱乐部社团课程。学生们都积极热情地报名，非常踊跃地参与这些社团活动。特色社团课程全部纳入学校的课程管理，课程目标、内容、评价方式等得以明确，社团课程活动得以有品质的开展。

此外，我和英语教研组的教师们经过精心设计，举办了系列英语特色活动课程，如每年一度的英语绘本节、英语绘本表演大赛、绘本朗读者比赛、Phonics 拼读大赛、趣配音比赛、原创英语绘本秀、圣诞小邮局、英语跳蚤市场等等。在丰富多彩的活动中进行语言、文化、思维的融合，从不同维度丰富和完善了英语阅读校本课程，为儿童自主学习能力提升以及个性化发展提供了有力的支撑。

除了在课堂上带着孩子共读绘本，各班还开设"读书交流会"供孩子们分享课外绘本阅读；学校的阅览室也开设了英语绘本阅读区供学生在校内享受阅读，同时也可以借走慢慢品读。

在"智慧 reading"的情境下，让学生个性得到最好的成长，这就是我的教学主张和理想追求！The best way out is always through！我一定会不断前行，找到最好的那个方向……

课堂实录

(本课获"一师一优课、一课一名师"教学评比活动一等奖)

合作学习，让学生唱主角

——译林版五下 Unit 4 Seeing the doctor Story time 课堂实录与评析

执教：张岚　评析：曲琳娜

【说明】 本课为译林版教材五年级下册第四单元 Story time 板块内容。本课教学除了聚焦语言知识和语言技能的培养之外，还灵活地利用了阅读内容的板块性着重培养学生的自主学习能力和合作学习的技能。	

续 表

1. Lead-in. 师:OK, class begins. Good afternoon boys and girls. 生:Good afternoon, Miss Zhang. 师:Sit down please. 生:Thank you. 师:Ok, boys and girls. Look! It's a beautiful day in spring. The children are going to have an outing. So they are happy, yes? 生:Yes. 师:But where are Su Hai and Mike? Look. They are in the hospital. Oh, poor children. Now do you know what are they doing in the hospital? Oh, you don't know. Let's watch the cartoon and find the answer, OK? (放 PPT)	评析:通过 free talk 自然导入 Su Hai 和 Mike 去医院就医的情境。师生之间自然对话、互动交流,为下面的英语学习做了很好的铺垫。
2. Presentation. a. 师:Ok, boys and girls. Can you answer me? What are they doing in the hospital? You please. 生 1:They are seeing the doctor. 师:Yes or No? 生:Yes. 师:They are seeing the doctor. So today we will learn Unit 4 *Seeing the doctor*.(板书) OK, boys and girls. Now, this is a picture about Mike and the doctor. What do you want to know about Mike and the conversation between them? You can ask questions. Who can try? Let me see. You please. 生:What's wrong with Mike? 师:Oh, what's wrong with Mike? (板书 What's wrong) Thank you. Second question. You please. 生:Why does Mike have headache? 师:Why does Mike have headache? (板书 Why) And others? (继续提问) You please. 生:What should Mike do? 师:What should Mike do? (板书 should) OK, another question. You please. 生:What shouldn't Mike do?	评析:张老师引导学生观察图片,提出自己对第一段 Mike 就医情境有关的问题。学生们的问题提得很好,几乎包括了教师希望学生去解决的所有问题,对下面的自主解决问题起到了很好的引导作用。

续 表

师：What shouldn't Mike do?（板书 shouldn't）Another?（继续提问）You please. 生：How does Mike feel? 师：How does Mike feel?（板书 How）OK. Your questions are very good. You all ask the questions about? 生：Mike! b. 师：Mike.（板书）OK，boys and girls. Can you try to find the answers by yourself? Let's learn the text together. Let's learn the text together and try to solve the problems.（放PPT）OK? OK! Now you can read silently. If you find the new words and phrases. You can learn them in your group. OK? OK. Now begin. You can write your new words in your card and put it on the blackboard. 师：（巡视）Read first. （生读课文） 师：You can learn the new words in your groups. But if you can't solve them，you can put it on the blackboard. （生在黑板上挂卡片） 师：Careful! And others? （生讨论） c. 师：OK，boys and girls. Please look at the blackboard. Maybe there are some difficult words for you. But I think some of you can teach us. Yes or No? Who knows the word? Who knows? Who can teach us? You please. 生：Dentist. 师：Dentist. Follow him. 生：Dentist. 师：What does dentist mean? 生：牙医。 师：How to speak in English? Is dentist a doctor? 生：Yes. 师：Yes. He is a doctor who can help with our ? 生：Teeth.	评析：学生在教师的引导下阅读相关的部分课文，尝试解决自己提出的问题。教师对同学们合作自学这一段落的方法提出了清晰的建议。学生们在小组内自主学习，自己圈画出的新的单词，组内解决不了的问题，派代表将之写到黑板的相应位置处。有利于全班交流、共同学习。

续 表

师：Yes! He is a doctor who can help with our teeth. OK. Again.（手指单词卡） 生：Dentist. 师：What about this one? Who know this word? Oh, so many students can teach us. You please. 生：Anything. 师：Follow her. 生：Anything. 师：What does anything mean? 生：任何东西。 师：Can Mike eat anything now? 生：No. 师：This one. Who know this word. Yang Zirui. 生：Bedtime. 师：OK, I think you know the words. And you can understand the text. Now, try to answer the questions in your groups. OK? OK, now begin. （生小组讨论） （师巡视、指导） d. 师：OK. Stop, boys and girls. Which group can have a show? This group please. （一组展示） 师：OK. Thank you. Sit down please. Are they right? 生：Yes. 师：But I can't follow. Why does he have a toothache? Why? All of you. 生：Because he eats a lot of sweets. 师：Eat a lot of sweets? 生：He eats too many sweets. 师：He eats too many sweets. So, what does too many mean? 生：许许多多的。 师：You please. 生：太多了。	评析：张老师引导学生们在全班范围内解决刚才小组内没有解决的问题和全班同学无法解决的个别问题，针对难点和共性问题，教师恰当的介入很有必要，真正发挥了教师的指导、点拨和引领作用。

师：Is it equal to so many? 生：No. 师：Maybe so many is good. But too many is bad! You can't eat too many. Can you eat too many sweets? 生：No. 师：You should only eat a little sweets. Other information about Mike? 生：No. 师：OK. Let's ask and answer together. What's wrong with Mike? 生：He has a toothache. 师：Why does Mike has a toothache? 生：Because he eats a lot of sweets. 师：How does he feel? 生：He feels awful. 师：OK. He feels awful. You please. 生：He feels very terrible. 师：He feels very terrible. OK. Go on. You please. 生：He had a bad toothache. 师：A bad toothache. Thank you. OK. Sit down please. What should he do? 生：He should brush his teeth in the morning and before bedtime. 师：What shouldn't he do? 生：He shouldn't eat a lot of sweets. 师：OK. Very good, boys and girls. I think you learn this part very well. Now let's check. I have .... One two begin. 生：I have a toothache. I can't eat anything. I shouldn't eat a lot of sweets. I should brush my teeth in the morning and before bedtime. 3. Learn the next part by themselves. a. 师：Excellent! Now can you learn this part in your group. (放 PPT) 生：Yes.	评析：张老师利用学生自己提出的问题，自己找到的答案进行语言训练，一切都来源于学生。之后张老师引导学生体验牙疼的感受并尝试用英语来描述，这是基于儿童的需要，表现出对儿童极大的尊重，遵循了学生学习规律的教学必然是高效的。

续　表

师：Yes，I think you can. But let's recall how you learned the part about Mike just now? How did you learn? First we? You please. 生：First we read text. 师：First we read text? First we? Think it over. 生：First we make the form. 师：We make the form? You do something then I can make the form. You? 生：Ask questions. 师：Yes，you ask questions first. Then? You please. 生：Then we ... 师：You can speak Chinese. 生：然后我们交流解决了。 师：直接就交流解决了吗？通过什么？You please. 生：We are watching cartoon. 师：Watch cartoon first. 问完问题我们看卡通了吗？再想一想。You please. 生：Read the story. 师：Yes. 读课文。Learn by yourself? Yes or No? Then? You please. 生：Then we are answering the questions in the classroom. 师：In your group. And then ? At last what did we do? You please. 生：最后我们解决了问题。 师：Yes or No? We answer the question and have a show. So，I think we should "ask questions，learn by yourself，help each other and solve the problems". Yes or No? I think you can learn the problems about Su Hai follow these steps. OK? 生：OK. b. 师：So let's learn the part about Su Hai. I think you can draw a mind map. Then read and try to answer. If you have new words，you can put it on the blackboard too. At last，you may practice to show. Now begin. （生合作交流）	

续 表

师：Don't forget read the text first.（巡视指导） （自学约 15 分钟） 师：Now are you OK? 生：OK. c. 师：So which group can have a show. Oh，so many groups. This group please. Can you show us your mind map. （生出示思维导图） 师：OK. I'll help you. （两组同学进行展示） 师：Thank you very much. Sit down please. Very good. But did you find some mistakes? 生：第二个句子。在课文里她发烧了。 师：She has a fever so she has a headache. So do you have a headache when you got a fever? 生：Yes. 师：Yes，maybe. If we have a fever we will have a headache too. Yes or No? And you should ask what should she do. Understand? 我还发现有两位同学 feel 后面没后加 s. She feels cold. One two begin. 生：She feels ... 师：Again. 生：She feels cold. 师：OK，boys and girls. I think you understand the part of Su Hai too. Now let's check.（放 PPT）I have ... One two begin. （生读 PPT 内容） 师：OK，very good. Now let's listen and read.（放 PPT） （生跟读 PPT） 师：You should take some medicine and drink some warm water.（纠正读音） （生跟读） 师：OK，good，boys and girls. You have a good pronunciation. Now can you try to read in roles? Let's act out this play，OK? （生小组合作角色扮演）	评析：张老师激起学生自主合作学习的兴趣，引导学生回忆刚才 Mike 就医篇章的学习采用了哪些自主学习的方法。在确定了这些学习方法的作用后，选取适合自己小组也适合这一段语篇学习的方式，组内合作进行第二篇章的自主学习！

续 表

（师巡视指导） 师：Are you OK? 生：OK. （两组上台表演） 师：OK，thank you. I like your action，it makes us happy. OK，boys and girls. Hands down. You have a good co-work I think. Look，the children want to go an outing with Su Hai and Mike，but they do not know they are ill. So，they go to ask Mr. Li where they are.（放 PPT） 师：You may begin. （生合作讨论） （师巡视指导） 师：OK，stop，boys and girls. Can you have a try? This group please. （一组进行展示） 师：OK，you all did very good. Now I will give you another topic. You will see good friends are ill，the children feel very sorry. They hope everybody could be healthy.（放 PPT）Now do you have some healthy suggestions? Can you share your healthy suggestions? （生讨论） （师巡视） 师：OK. Who has some suggestions? 生：We should eat lots of vegetables and fruits everyday. We should drink some warm water. We shouldn't eat too many ice creams. We shouldn't drink some cold water. 师：OK，cold water is bad for us. Let's say one by one. One sentence. 生：We should wash our hands before breakfast. 师：OK，good. 生：We should do some sports everyday. 师：It will makes us strong，yes or no? OK，boys and girls. Very good suggestions. Now I think if we have a good diet and get up and go to bed on time or do sports everyday everybody can be healthy! Yes or No?	评析：张老师的课不仅仅是在教英语学科知识，更是关注学生们的成长。此环节的设计旨在引导学生根据同学的身体情况提出合适的健康意见，从而也同时提高自己的健康意识。培养学生的健康意识是非常有必要的，如果在小学阶段就懂得健康的生活，学生将终身受益！

续 表

<table>
<tr><td>生：Yes.
师：Now, this is your homework. Make your own thinking map. Then give your parents some health suggestions(PPT). OK, class is over, goodbye children.
生：Goodbye Miss Zhang.</td><td></td></tr>
<tr><td colspan="2">【总评】
五年级的学生具有了一定的合作技能，围绕主题进行某一问题的交流、合作都能达到较好的效果。这个语篇的阅读对于五年级的学生来讲难度不大，而且这个班学生有较高的预习能力，因此张老师在本节课尽量放手让孩子自主学习，自己合作，以提高学生的有效合作能力、智慧阅读能力。
本节课的语篇分为相对独立但结构相似的两段，这两段都是学生进行的自主的合作阅读。第一段语篇在合作学习的过程中，张老师做了一定程度的指导，比如在合作学习的顺序以及新单词的学习处理方面，但是第二段语篇就全部放手交给学生们自己阅读了。之前，先请同学们回忆了学习第一段的步骤(预设问题—自读—互学—解决问题—展示)以及平时学习语篇阅读曾经用过的方法(运用思维导图、梳理关键词等)，之后请同学们思考第二段语篇阅读可以用什么方法和步骤来合作。学生们自己设计阅读学习过程，自己决定学习内容，学得积极投入，合作得兴致勃勃！从下课前的学生展示和反馈环节都看出：张老师的大胆放手、尊重学生，使得学生在这节课中学得更自主、更智慧！</td></tr>
</table>

王银娣

王银娣：体验即生长

王银娣，教育硕士，大马路小学教师，担任语文教学、品德教学和班主任工作。曾被授予全国思想道德展评先进教师，江苏省科研先进教师，徐州市“五一劳动奖章”，徐州市优秀教育工作者，徐州市家庭教育先进工作者，徐州市责任教育先进个人，徐州市第五届“学生最喜爱的教师”，徐州市青年骨干教师，鼓楼区名教师，鼓楼区十佳共产党员。主持省首批品格提升项目“全景式自主体验”德育范式的构建与实施，完成7个市级课题。曾获全国思想道德展评一等奖，“一师一优课”部级优课，江苏省品德评优课一等奖，徐州市品德教师基本大赛一等奖，徐州市班主任基本大赛一等奖。在国家、省、市级刊物发表教育教学论文10余篇，开设公开课、专题讲座30余次。

教学主张：体验即生长。

教育格言：唤醒生命成长的自觉！

成长足迹

在“体验课题”中体验成长

2017年9月，我的第七个市级个人“体验课题”完成研究任务，顺利结题。回顾课题研究过程，感慨万千。“体验课题”研究给我的专业发展提供了深刻、广阔的空间，我是在“体验课题”研究的过程中逐渐进入了研究状态，养成了勤动笔、多反思的习惯，一步一个脚印，体验着自己的专业成长。

一、“邂逅”体验，完成教育硕士论文

2006年9月，我从沛县第四中学调入大马路小学，众多优秀的教师让我看到了自己的差距。面对着一个个可爱的孩子，面对着一张张求知的面孔，我扪心自问：家长把这些可爱的孩子交到我的手里，我该如何扮演好教师的角色，承担起教师的责任，如何让学生们得到和谐的发展。我因为自己的能力不足而感到深深的苦恼。苦闷之时，学校为引领教师的专业发展开展了读书活动，向教师推荐并购买了大量的书，我开始徜徉在书的海洋里，一有时间便捧卷攻读，从理论中吸取营养，在与名家的对话中汲取智慧。不知不觉，我的课学生喜欢听了，我的工作也得心应手了。看着孩子们茁壮地成长，我体会到了作为一名教师的幸福。

工作生活掀开了新的篇章，新的机遇、新的挑战给了我继续成长的力量，2006年10月，我参加了教育硕士的全国联考，2007年3月被徐州师范大学录取，学习、进修为我打开了一扇扇知识之窗，开阔了视野，让我渐渐明白教育的本质与真谛，获得了智慧的启迪。在学习中，我逐渐认识到“体验”对个体生命成长的意义，开始将“体验即生长”作为自己的教学主张。2008年，硕士论文开题，我把“体验”作为研究、撰写论文的主题和方向。同年，徐州市教科所第一年组织教师开展市级个人课题研究，我及时申报了第一个“体验课题”——“小学六年级体验式作文教学的研究”，并成功立项。立项后，我以课题为抓手进行读书学习和体验教学实践，取得了很好的教学效果，也为硕士论文的写作积累了大量的素材。2009年，我的第一个“体验课题”顺利结题。2010年，我完成了5万余字的硕士论文，通过

预答辩、答辩、抽检、三盲审查，成为第一批硕士论文答辩成功的学员，并获得专家组一致好评，并于同年 12 月获得硕士学位。之后，我于 2011、2012 年又完成了第二、第三个市级个人“体验课题”的研究并顺利结题。

二、爱上“体验”，品德教学特色鲜明

2012 年，在一次品德教研活动中，我认识了市教研室左兆军老师。在交谈中，我不仅感受到左老师的人格魅力，更认识到品德课程在学生生命成长中的分量。左老师的鼓励和支持，让我坚定了从事品德教学这一发展方向。在品德教学研究的过程中，我逐渐认识到体验活动在促进学生的品德生长乃至生命成长中起着重要作用。基于此，我开始申报品德教学市级个人“体验课题”，在品德教学中开展了体验教学的实践研究，逐步探索以体验活动促进学生品德生长的方式与方法。

我的第四个市级个人“体验课题”是“低年级‘体验式’品德养成教育的研究”。在课题研究的过程中，我积极探索低年级“体验式”品德养成教育的策略途径，扎实开展形式多样的体验活动，充分尊重学生的主体地位，以儿童的生活为基础，以正确的价值观引导儿童在生活中发展、在发展中生活，形成良好的道德品质；重视儿童在生活实践中的情感体验和个性化的创意表现，把道德知识和丰富的实践生活联系起来，通过创设有效的教学情境，把学校小课堂和社会大课堂联系起来；以正确的价值观引导儿童从小热爱生活、发展自我、亲近自然、参与社会生活、形成良好的行为习惯。在充满探究体验与创造乐趣的童年生活中，为学会生活、学会做人、学会创造打下坚实的基础，实现德育教育效果最大化。通过第一个品德个人课题研究，我越来越深刻地体会到：儿童的品德形成源于他们对生活的体验、认识、感悟与行动，儿童获取知识的主要途径是通过活动主动地进行建构，来获得对自然与社会的亲身体验和感受，获得丰富的知识或经验，获得创造性能力和实践能力的发展。所以，在教学和日常生活中，我开展了丰富多彩的体验活动，引导学生真实体验生活、主动参与生活，使儿童的生活体验与道德体验，知识学习与社会参与等彼此渗透、相互促进，实现生活、教育、发展的三位一体，这些活动也对学生的品德养成起到了很好的促进作用。但在实践中，我也感受到许多体验活动存在着“泡沫”现象，具体表现为目标定位有偏差、认知活动内容肤浅、活动不能真正激发学生兴趣、体验活动表面热闹实则无效等。

为解决体验活动中存在的问题，2013 年，我又申报了第五个市级个人“体验课题”——“品德教学中体验活动有效性的研究”，打算在体验活动的有效性、实效性上下功夫，对相关问题做进一步的深入研究。在课题研究的过程中，我开展了一系列体验活动，比如围绕“我与小动物”一课的教学，开展“寻访小动物”和“饲养小动物”的活动；围绕“爱牙护齿我能行”一课的教学，开展“走访调查”“现场刷牙”等体验活动；春回大地，校园里春意盎然，带着学生到校园里寻找春天，到滨湖公园春游；为学会做一个文明的小客人，开展了“‘我是文明小客人’情景体验话文明”的情景剧表演活动；特别是围绕“春天的种植”一单元的教学，开展了系列种植活动，取得了很好的效果。在研究的过程中，我渐渐明晰：有效的体验活动能引发学生内心而非表面的道德情感，能培养真实而非虚假的道德认知和道德行为，能真正促进儿童的发展。品德教学过程中开展的体验活动也要以学生的现实生活为依托，努力拓展空间，使教学面向学生的整个生活世界，充分体验品德与生活之间的联系，学以致用，实现体验活动的有效性。儿童品德和行为习惯的形成、知识和经验的积累、能力与智慧的增长是在其生活中综合实现，是一个连续发展的过程。在品德教学中，要引导学生收集生活中的点滴感受和信息，将细微的生活经验带进课堂，在体验活动中反刍，获得再体验，从而提高认识，明理导行。

我的第六个市级个人“体验课题”是“在品德教学中依托体验活动实现‘学进去 讲出来’的实践研究”。“学生的品德发展源于他们对生活的认识、体验和感悟”，遵循这一理念，我在品德教学中以体验活动为教和学的基本形式，指导学生直接参与各种主题活动、游戏或其他实践活动，提供给学生自主感知、领悟、实践的学习机会。在活动中激发学生的好奇心，挖掘和发展学生的学习潜力，引导学生用自己的眼睛观察，用自己的心灵感受，用自己的方式探究。学生在体验活动中获得真实的感受、真切的体验，形成品德认识，实现知识的主动建构，并进一步指导行为。学生参与体验活动实现主动建构，获得亲身体验和感受，获得知识或经验，形成品德认识，即“学进去”之后，引导学生彼此间讲述活动过程，分享探究发现和活动体验，交流成果和活动心得，表达自己的观点，实现“讲出来”。而“讲出来”也可以帮助学生体验到成功感，增强“学进去 讲出来”的自信心和主动性，落实学生学习主体地位，激发学习动力，深化学习层次，巩固学习成果，提高教学有效性。

随着课程改革的不断深入，“体验”已成为一种新的价值源泉。小学品德教学尤其要注重学生自身的体验，充分发挥学生的主观能动性，激发学生的自主参与意识，使学生通过体验感受外部世界事物、自然、社会等带来的生命活力和存在价值。这就需要我们在品德教学中注重体验活动的设计，关注其人文素养和品质提升。由此，我又开始了第七个市级个人“体验课题”——“小学品德体验教学活动的设计研究”。本课题针对小学品德课程的特点，通过教学内容、教学形式、教学手段的改革，设计不同水平层次的体验活动，让学生亲历其活动过程，探索小学品德体验课程建设的策略和方法。该设计是一种应对人才素质培养诉求而开展的新的教学模式，其实质就是给学生营造一个教学的“体验”环境，使学生经历一种由浅入深的、不断递进的“体验”过程，在受到教育的同时经历多种水平层次的体验。旨在提升“体验”在教学中的价值地位，尝试和探索一种新的教学模式，营造一个教学的“体验”环境，建构一个由浅入深的“体验”历程，使学生在品德学习中经历从感官到关联多种水平层次的体验。在课题研究的过程中，我以学生为根本，让体验情境化；以现实为基础，让体验生活化；以生成为契机，让体验生命化；以资源为依托，让体验广泛化。

在这几个“体验课题”研究的过程中，我认真钻研业务，阅读了大量的教学论和教育理论著作，不断提高自己的教育教学能力和业务水平，勇于探索，推陈出新，成绩显著。我在2013年成为鼓楼区特级教师后备人才高级研究班的学员，2014年加入学校名师工作室。在读书的同时，笔耕不辍，在个人博客、课题博客、学校网站撰写心得、反思等500余篇。一分耕耘，一分收获。我的10余篇论文在各级各类报刊发表，我在各类比赛课、论文比赛中成绩突出，2013年被评为（徐州）市家庭教育先进工作者，2014年被评为徐州市第五届学生最喜爱的教师、徐州市青年优秀骨干教师、鼓楼区青年名教师，2015年被评为（徐州）市责任教育先进个人、鼓楼区名教师，2016年获得徐州市优秀教育工作者称号，并获中小学高级教师职称。2016年9月，我获得江苏省小学品德优质课评选一等奖。

三、提升“体验”，带给生命生长的力量

2017年，江苏省开始启动实施中小学生品格提升工程，深入贯彻习近平总书记系列重要讲话精神，全面落实立德树人根本任务，推动中小学以育人为中心的内涵发展，促进青少年全面发展、健康成长。

我以七个“体验课题”的研究为基础，提出了“‘全景式自主体验’德育范式的

构建与实施”这一项目的构想，得到了张艳校长的大力支持，组建团队，撰写方案，经过区审核、市级答辩、省级答辩，于 2016 年 6 月被江苏省教育厅批准为第一批“品格提升工程”项目。

在“‘全景式自主体验’德育范式的构建与实施”这一项目的建设过程中，我们致力于探索学生内心喜欢、知行合一、坚守不变的符合教育规律和青少年身心发展规律的育人范式。关注学生作为一个“完整”“独立”“自主”的人的成长与发展，确立了“培养乐观向善、个性张扬、勇于创新，具有自主发展能力的学生”这一育人目标。选择“自主体验”这一最鲜活、最能彰显学生生命色彩和生命意义的方式作为学生品格生长的突破口，凸显校园育人文化，立足课堂，以形式多样的体验课程为支撑，着眼于学生生活的整个场域、时空，关注学生作为“人”的全面发展，成长空间突破单一、有限、平面化的校园，创造一个打通校内外、连接家庭、走进自然、走向生活的立体场景，为学生创造潜能的开发提供广阔体验舞台，促进了儿童自然生命和精神生命的蓬勃生长，构建儿童挥洒生命活力的天地。

在这一范式之下，学生所有的学习、生活都成为体验的源泉与场景，学生由过去知识的被动“受体”到现在的体验、认知“主体”，在真实的情境中体验与探究，激活已有的生活经验，用体验认知尝试解决实际问题，形成由已知到未知的触类旁通、举一反三的思维深度发展，呈现思辨攀升的台阶状态，实现能力与智慧的螺旋上升，在主动探索、实践、思考、运用的过程中实现自主成长，品格的种子在学生心中扎根，立德树人也更加落地生根，“体验”成为学生成长的方式，校园里充满了生长的气息。

“体验”引人入胜，“体验课题”魅力无穷，“体验课题研究”带给我生长的力量，“体验”也将伴随我继续成长……

教学主张

体验即生长

教育必须倾听生命的发言，甚至是借助于生命力量的显现。现代教育的发展，使得人们越来越重视教育，越来越关注教育中"人"的生命成长与主动发展。随着课程改革的不断深入，"体验"已成为一种新的价值源泉。为此，在品德教学中，我提出了"体验即生长"的教学主张。

所谓"体验"，简而言之是指通过实践来认识事物，强调学生的"参与""活动""实践""探究""经历"等。"生长"，是从人的生物性意义上来看，就是生命体在自然状态下，通过自我发育，逐步走向成熟的过程。它具有个体性、自主性和生成性。用"生长"来定义教育，不仅是因为人具有生物性的特征，更是一种教育观的改变，即在人的生物性特征基础上，培养的是具体的、现实的、完整的、活生生的有生命力的人。"体验即生长"，就是以学生对生活的丰富体验为载体，帮助学生增加经验，获得知识，形成能力，提高素质，养成良好的品德，让学生感觉到生活的意义，展现生命的意志，从而实现人的生长，尤其是人的精神生长。

以行求知，体验中学，也是卢梭自然主义教育思想的一个基本点。在教育教学中开展活动，关注学生这一实践主体的内心体验，以身"体"之，以心"验"之，在实践探究中认知、明理和发展，在体验中把良好的道德内化为品质，外显为行为，养成良好的个性品质与行为习惯，促进生命的健康成长。

一、用体验创设生命舒展的形式

玛丽亚·蒙台梭利提出"儿童的一切教育都必须遵循一个原则，即帮助孩子身心自然的发展"。成尚荣先生的"所有的理解(教育)都要站在儿童立场上，聚焦儿童身上"等方面的教育思想，正是基于教育实践中忽视生命存在，压抑学生主动性和创造性发展等问题的存在而提出来的。

"体验"在促进学生的生命成长中起着重要作用。在品德教学中适时开展体验活动，遵循了学生生命发展的内在本性，符合学生成长的心理需求，是学生喜闻乐见的形式，给学生的主动发展和自主创新提供了可能性条件。学生需要在实践体验中不断成长，当他们在实践中获得真切的体验并积极开动脑筋时，他思考和解决问题的能力也在不断地增强。他们在体验情境中尝试探索新的世界，遇见未知的自己。

在"一分钟有多长"一课的教学中，我设计了一个"一分钟夹豆子"的活动环节，每个学生一袋黄豆(30 颗)、一双筷子、两个杯子，教师用秒表计时。通过在一分钟时间内看看谁夹的豆子数量多就获得胜利，学生可以感受到一分钟的时间长度和价值。这样的活动设计营造了轻松活泼的教学氛围，符合了学生爱玩、爱挑战、想成功的心理需要，培养了学生做事专注、讲究方法、敢于挑战的学习精神，让学生在体验活动中获得真实的学习感受，查找不足，力求进步，促进成长。正是因为学生能够积极参与到体验活动中去，心里有挑战的欲望和学习的需求，课堂上的精彩才能得以实现，教育之目的得以体现。

又如，在"我想要，我能要"一课的教学中，学生先交流现在的"我"最想要的是什么，一位学生说："我想要一辆房车。"我问他："你为什么想要一辆房车呢？"他激动地说："有了房车，出去旅游，就可以开着房车，像在家一样舒服！"从孩子的语气中，我可以感觉到他对房车有强烈的渴望，但这是不是他真正想要的东西呢？如果是，基于他的现状他能要吗？等等这些又值得思考。随着交流的深入，他表示："我现在不能要，要了也是浪费。我要等长大了、工作了，考了驾照，自己努力挣钱买辆房车。"他有骨气的话语引来同学们热烈的掌声。另一位学生说："我想要父母的爱。"原来，她的妈妈给她生了一个弟弟，她感觉父母给予她的爱减少了，想要更多的爱。这也是非常符合学生心理特点的，是学生内心诉求的真实表达。这些真实的想法激发了他们积极向上的愿望和动力。

以上事例看出，体验活动把学生作为学习的主体，把学生的心理需求作为活动设计的起点，通过让学生亲自参与其中，在活动中感受，在感受中发现，在发现中探究，在探究中挑战，一次次完成心智的历险，一次次完成生命成长的飞跃。

二、用体验浇铸生命成长的根基

卢梭指出："大自然希望儿童在成人之前就要像儿童的样子……儿童是有他们特有的看法、想法和感情的，如果想用我们的看法、想法和感情去代替他们的看法、想法和感情，那简直是最愚蠢的事情。"杜威也提出："为了成人生活的造诣，而不管学生的能力与需要，是一种自杀的政策。"教育先哲的这些话值得我们重新审视今天的教育与教学活动。

《义务教育品德与生活(社会)课程标准(2011 年版)》中指出，儿童是在真实的生活世界中感受、体验、领悟并得到各方面的发展的，"儿童品德的形成源于他们对生活的体验、认识、感悟与行动"。这些都充分说明了教育要建立在"儿童生命发展"之上，要注重学生的生命体验，决不能用教师的想法、做法、情感去替代学生的想法、做法和情感，要在尊重学生生命教育的理念指导下，设计我们的教学内容，开展相关的教学活动。

在“我从哪里来”一课的教学中，我设计了两个体验活动，一个是“我长大了”，学生先交流课前调查了解的内容：妈妈怀孕时吃了哪些苦头？如出生时的情况是怎样的？是顺产吗？然后拿出自己的幼儿时期用的物品、穿过的小衣服等，看一看、比一比、穿一穿、说一说，体会成长的快乐。另一个是“当一回妈妈”，把书包背在胸前，做系鞋带的工作，感受妈妈怀孕时的辛苦和母亲的伟大。就这样，学生在活动中体验自己的成长历程、在体验中感悟父母的艰辛与恩情，心灵受到震撼，更懂得了珍视关爱生命，努力追求生命的意义，不断完善，努力做更好的自己，这也将成为他们生命成长中受用不尽的精神财富。

在“我有一双黄金眼”一课的教学中，从学生角度出发，以学生的眼光看问题、找方法，先组织学生讨论“怎样才能有一双黄金眼”，在学生说出“要观察”之后，再次组织学生讨论：“只观察，行吗？怎样才能够有一双真正的黄金眼呢?”由此得出：除了仔细观察外，还要多思考，注重内心的情感体验和表达。接下来，我和学生一起走出教室，走到室外，来到校园里，学生用自己的眼光和心灵去发现学校的美，包括学生以前常见却并未用心留意过的校园的美。在交流中，许多学生有了新发现、新体验、新想法。学生说：“车棚旁边有一棵黑枣树，结了好多小黑枣，果实就像它的孩子，在枝头随风摆动，一个个不离不弃，真好。”学生还发现了食堂、花坛、楼梯等处的细节变化，甚至是学校深层次的文化建设等等。这样的体验教育是看得见、摸得着的，不是教师空洞的说教，是触及学生心灵的教育，是感染学生灵魂的教育，是学生获得内心体验与生命成长的教育，我们需要这样的教育。

三、用体验润泽学生的人文情怀

学生作为生命的个体是需要“一点精神的”，更需要一些“人文情怀”。当前的教育正是缺少了这部分“人文情怀”才使得教育功利、浮躁。要让学生拥有人文情怀，离不开教师、家长的言传身教，离不开学校积极健康环境的营造，离不开各学科人文情怀的渗透，更离不开体验活动的探索实践。

小学《义务教育品德与生活(社会)课程标准(2011 年版)》是实施体验活动的依据，它以学生为主体，以学生的生活为逻辑，设置“我和我的同学”“我要安全回家”“我的成长与家庭”等主题，使学生正确地认识自我，学会保护自我，正确地与老师、同学、家人进行交往，学会共同生活。这些对学生来说是非常重要的，对学生的身心发展会产生重要的影响。

曾经读到一篇文章，记述了美国某小学发生火灾，许多学生从火海中逃离出来，但老师发现少了两个学生，于是命令所有的学生到火场外去寻找他们。但一位来自中国的同学却认为，他们两个一定在火海中没有出来，于是没有向老师报告，就奋不顾身地冲进火海。我们的“小英雄”不幸遇难，而他要救的那两个美国小朋友早就顺利逃生。更令人不可思议的是，就这个在我们看来“真正”的英雄，美国学校竟没有“表扬”，更谈不上“追认”什么了，反而校方因为没有教好学生如何逃生而受到地方当局的处罚。美国教育的这一做法，值得我们反思。中国教育“英雄式”的人物榜样，如“奋不顾身扑火的小英雄赖宁”之类的英雄壮举，不一定值得没有自我保护能力的学生去效仿，反之，对于这种缺乏人文情怀式的传统教育，我们应该摒弃，从而开辟新的教育方式。

在“家庭的记忆”一课的教学中，学生们一起寻找家庭中的美好记忆，感受家庭生活的幸福瞬间。一位学生说：“有一次，我和妈妈在我房间睡午觉，爸爸穿上了妈妈的裙子，带上假发，还穿了妈妈的高跟鞋，悄悄打开门，对我说：‘宝贝，你有两个妈妈啦！’我和妈妈看到了，都笑得肚子疼，我们拿起床上的枕头砸他，我爸爸赶紧躲，结果高跟鞋一崴，摔倒在地上，我和妈妈都放声大笑，爸爸不好意思地爬起来，狼狈地出去了。”另一位学生说：“有天晚上，我已经睡着了。我爸爸喝酒回来，到我房间逗我，可我实在太困了，没有反应。我爸爸逗我半天，看我没反应，就把他的臭袜子脱了放我脸上。第二天早上，我醒来以后，觉得哪里那么臭，睁眼一看，才发现是我爸爸的臭袜子。”对于学生来说，这样的体验充满了温馨和幸福，是活生生的，是甜蜜的，是值得享受和回味的。

正如教育家蒙台梭利所言：“一件事，我听说了，随后就忘记了；我看到了，也就知道了；我做了，很自然就理解了。”生命成长需要在活动中体验，在体验中提升生命的质量，学生只有通过亲身体验获得的东西才是真正意义上的学习和获得，教师不能越俎代庖，其核心价值是让学生在自主体验活动中获得成长，促进发展，呈现生命的精彩。外化于行，内化于情，拨动学生心灵的琴弦，奏响最美、最动听的人生乐章。

课堂实录

（本课获2016年江苏省小学品德优质课评选活动一等奖）

具身体验，调控情绪

——“我在变变变”课堂实录与评析

执教：王银娣　评析：左兆军

【学情分析】

二年级的孩子，在学习和生活中遇到问题时，常常会产生伤心、急躁、难过等不良情绪，有了不良情绪，他们往往不懂得控制，从而产生任性的行为，导致严重的后果。所以，让孩子们不任性做事的解决办法就是引导他们懂得要调整不良情绪，用愉悦的心情面对生活中遇到的问题。

活动一：故事屋里明道理

师：同学们，让我们一起走进故事屋，看看“小熊溜冰”的故事。（出示故事绘本）

（1）小熊可喜欢溜冰了，它感觉在冰面上溜像飞一样，真快活。刚到冬天，小熊就天天盼着河面赶快结冰。一天早上，小熊发现河面真的结冰了……

师：你们觉得小熊现在的心情怎样？

生：高兴！

生：开心！

生：激动！

小熊兴高采烈地急急忙忙地跑回家，对妈妈说：“我想去溜冰！”……

（2）妈妈温和地对小熊说：“孩子，冰面很薄，危险，不能去。”

师：小熊满心欢喜地去找妈妈，可妈妈却不让去。同学们，如果你是小熊，你的心里会觉得怎样？

生：失望！

生：伤心！

生：难过！

师：你想去做的事别人不让你做，可能就会有不良情绪。（板书：不良情绪）小熊有了不良情绪之后，它会听妈妈的劝告吗？

评析：王老师采用的“师生一起走进故事屋”的教学形式，新鲜有趣，学生乐于接受，再加上师生及时互动，在故事里走个来回，入情入境，体验、感受小熊的情绪变化，认识不控制不良情绪、任性行为导致的严重后果，孩子们在感觉风趣的同时不知不觉地领悟到其中的寓意，起到了启迪学生心智的效果。

续　表

(3)(出示画面)小熊掉进了河里！ 师：为什么会出现这么严重的后果呢？ 生：小熊不听从妈妈的劝告。 生：小熊太任性了。 生：小熊有了不良情绪，它没有控制自己的不良情绪，没有听从妈妈的劝告，而是任着自己的性子去做事，结果差点淹死。 (4)幸亏乌龟伯伯把小熊救了上来，要不然它会被淹死的。 (5)经过这件事，小熊自己也认识到——任性让我吃够了苦头。 师小结：(指板书)遇到不如意的事情，小熊(失望、急躁、生气、烦恼……)，它有了坏情绪，不听劝告，又不想去调节，(板书：不变)任性地去做，(板书：任性)结果差点丧命。所以，有了坏情绪，不去调节，任性做事，危害会很大！ **活动二：联系生活说情绪** 1. 说说自己生活中曾经有过的坏情绪。 师：坏情绪人人都会有，生活中，我们也常常会遇到坏情绪，你曾经有过什么样的坏情绪？(同桌交流) (师生互动交流) 生："十一"放假，爸爸答应带我去钓鱼，结果爸爸的朋友约他去吃饭，他就不带我去了，我很失望。 生王×：爸爸在外地工作，我晚上常常想爸爸，心里难受，睡不着觉。 生：有一次，爸爸拿我的零花钱，我很生气！ 生：妈妈把我最心爱的玩具手枪摔坏了，我气坏了。 生：昨天，我拿爸爸的手机玩游戏，爸爸打了我的屁股，很疼，我心里很难受。 生：我想买一个玩具，妈妈不给买。妈妈教育我说不付出努力，就不会有回报，每个人想得到什么东西都要付出努力。可我还是很伤心。 生吴××：奶奶去世了，我很难过，老想哭。 师：奶奶以前很疼爱你，你也很爱奶奶是吗？ 生吴××：是。	评析：生活中，每个人都会遇到不良情绪，孩子也不例外，他们年纪尚轻，心智不够成熟。王老师在教学中引导学生联系生活剖析自己有过的不良情绪及它的危害，创设情境，学生在体验中直面自己的不良情绪，敢于表达自己的不良情绪，这一点对孩子的成长来说非常有意义。

续 表

师：爱我们的人和我们爱的人永远地离开了我们，我们心里都会很难过。王老师的母亲因肺癌去世的时候，我也难过了很长时间，所以，王老师特别能理解你的心情，让王老师抱抱你，好吗？（教师拥抱学生吴××） 2. 创设情境，体验情绪的低落。 师：看来，我们的确经常会遇到坏情绪。王老师还给同学们带来了一段动画片《菲菲生气了》（出示视频画面），动画片的主人公是一个叫菲菲的小女孩，她生气了，发出了火红火红的咆哮，她为什么会这么生气呢？你们想知道吗？ 生：想。 师：那就让我们一起来看看吧！（教师点击播放按钮，动画片播放不出来。其实是教师故意创设情境，让孩子体验情绪的低落） 师：同学们，动画片放不出来了。 （很多学生唉声叹气，情绪低落） 师：你们现在的心情怎样？你桌上的三个表情图哪个能表示你现在的心情，请把它贴到黑板上来。 （全体学生上台贴表情） 师：我们一起来看看，大多数都是“哭脸”，看来，大部分同学遇到这样的事情都不开心。但是呀，同学们，遇到坏情绪，你们能够勇敢地面对自己的坏情绪，敢于表达出来，你们真了不起，先给自己鼓鼓掌。（生鼓掌） 生：发现还有不同的表情，有同学贴的是高兴和平静的表情。（表情中有 2 个高兴的表情和 2 个平静的表情） 师：同样一件事情，我们大部分同学情绪都不好，可是这 4 位同学却和大家的心情不一样，他们是怎样想的呢？（请 4 位同学上台） 生：我贴的是高兴的表情，我觉得动画片看不成了，还可以学到其他知识。 生：我贴的是平静的表情，一开始我也觉得不开心，但是我又想动画片可以回到家再看，然后我就深呼吸，后来就不难受了。 生：我贴的是高兴的表情，我觉得动画片放不出来，老师也很着急，我不想让老师伤心。 师：你真是一个善于体谅别人的好孩子，谢谢你！ 生：动画片看多了对眼睛不好，看不看无所谓。	

师：你们看，他们一开始也不开心，但是有的同学自己开导自己，有的同学想办法调整自己的情绪，改变了自己的坏情绪，心情就变好了。（板书：变） 师：可是，我们大部分同学现在还很不开心，我们可不能经常保持坏情绪，这样会对我们的身体健康不利。经常有坏情绪的人，肠胃往往不好，还会经常头疼。（出示小知识——科学家研究发现：90%以上的癌症患者都和情绪有直接或间接的关系） 师：课前，我们进行了一个小调查，我们班共有 48 位同学，来看看统计结果： A. 家人要外出几天，你不舍得，伤心难过。（36 人） B. 受到家长、老师的批评，情绪低落。（42 人） C. 和同学、朋友有了矛盾，心里难受。（22 人） D. 作业多、写得慢，心情急躁。（32 人） E. 比赛、考试成绩不理想，情绪低落。（22 人） F. 家长的承诺没有兑现，你很生气。（33 人） G. 心爱的物品、小动物丢了或坏了（生病了），很难过。（44 人） H. 要东西，家长不给买，生气。（20 人） J. 其他坏情绪。（41 种） 师生交流并小结：人人都会有坏情绪，有些坏情绪是我们自己引起的，有些坏情绪是别人带给我们的。在我们不能改变别人时，我们就要努力地改变自己。一生的路很长，我们还会遇到很多坏情绪，我们要学会调节自己的情绪，做情绪的主人。 **活动三：合作体验探方法** 1. 探究调节情绪的方法。 师：坏情绪不可怕，遇到坏情绪，积极想办法，努力改变它。生活中，你曾经用什么方法改变过自己的坏情绪或者你知道什么方法可以调整坏情绪？ （学生四人一个小组交流）然后，请一个小组上台发言。（★教师根据学生发言，相机赠予“情绪小主人”臂章）（适时用 PPT 出示学生所分享方法的科学原理动画，让学生“见象生意”） 生：心情不好的时候，我常常听音乐。	

续 表

师:(出示动画,解释)音乐可以让我们身体放松,心情愉快。 生:有时候心里烦,我就下楼到小区广场上跑几圈。 师:除了跑步,我们还可以打打羽毛球,踢踢毽子,运动也是调节坏情绪的好办法。 师:(出示动画,解释)我们做运动的时候,大脑里会产生一种快乐因子——多巴胺,多巴胺这种物质会让我们感觉兴奋,还可以提高记忆力,让我们的学习棒棒的!所以,有时间要多运动运动。 生:可以找心理辅导老师帮助。 师:我们还可以把自己心里不高兴的事情给老师、同学、朋友、爸爸妈妈说一说。说完以后,你就会觉得轻松许多。 生:看看幽默的视频、漫画。 师:(请生做鬼脸,学生们哈哈大笑)你们看,哈哈一笑,心情变好了。生活中要多一点笑声! (师生交流,其余小组继续分享方法) 生:上次妈妈批评我,我自己待在房间里看书,看了一会,就忘了妈妈批评我的事了。 师:看书,或者看看喜欢的电视节目也是一种调节情绪的好方法。还有一些绘本(PPT 出示),也可以教会我们很多改变情绪的方法,可以读一读,你会有很多收获。 生:心情不好的时候,我经常吃巧克力。 师:(出示动画,解释)像巧克力等一些甜食、海鱼、蔬菜、水果,都可以帮助我们调节情绪。 生(一个女孩子):我觉得难过的时候,大哭一场,就舒服了。 师:女孩子难受了,哭一场就好多了,那你们觉得男孩子遇到坏情绪能不能哭呢? 生:我觉得男孩子不能哭,有句话说"男子汉大丈夫,哭了就是臭豆腐"! 生:我也觉得男孩子不能哭,战场上军人叔叔都是流血不流泪,男孩子要像他们一样坚强。 生:我觉得男孩子可以哭,我就哭过,哭完感觉心里就不太难受了。女孩子可以哭,男孩子为什么不可以?! 生:上次我爸爸妈妈吵架,我爸爸还哭过呢! 师:流泪也是一种宣泄情绪的方法,如果我们用其他办法都不能改变坏情绪,哭一场你会感觉轻松很多。"男儿有泪	评析:以心"体"之,以身"验"之,王老师引导学生主动参与活动,在合作体验中探究调节情绪的方法,学生在活动中探究,在探究中体验,在体验中获得个性感悟。儿童品德的形成源于他们自身的体验、认识、感悟与行动,学生学习的过程是在教师指导下主动参与、探究体验、创新感悟的过程,不是被"教"会的,而是"学"会的。

续 表

不轻弹”并不是不能弹，但也不能动不动就哭，那样可就真成了“臭豆腐”了（学生笑）。如果真的不好意思，也可以悄悄地流眼泪，比如睡觉时蒙上被子，看一部感人的电影趁机流泪……

如果你用什么办法都改变不了坏情绪，也不能总憋在心里，可以采取合适的方式宣泄出来，大哭一场，或者到心理宣泄室打几下人偶，但是要注意，不要伤害到自己，也不要伤害到别人。

2. 活动体验，尝试调节情绪。

师：同学们，刚才大家分享了很多调节情绪的方法，你们想试试哪一种？

生：我想听音乐。

生：我想吃糖。

生：我想活动活动。

生：……

师：王老师给同学们带来一首好听的歌曲——《剪子包子锤》，我们跟着歌曲一起做一做剪子包子锤的游戏，好吗？

（学生听歌曲《剪子包子锤》，做游戏）

（学生谈感受）

师：王老师还给同学们带来了软糖、葡萄干和巧克力，请小组长拿出食品盒，你可以挑选最喜欢的一种，把它放进嘴里，静静地闭上眼睛，慢慢嚼，品味品味。

（师拍照，投影展示学生吃甜食的表情）

师：你们刚才在吃的时候，心里感觉怎样？

生：我觉得很开心。

生：软糖特别甜，一直甜到了心里！

师：你们平时在家里吃过甜食和巧克力吗？有这么快乐吗？为什么现在感觉这么快乐呢？

师小结：好的东西大家一起分享，会更快乐！刚才，我们是慢慢品味的，当我们慢慢吃、细细品的时候，体验到的快乐是可以翻倍的！

活动四：儿歌书签导行为

师：今天我们大家一起分享了很多调节情绪的方法，以后

续　表

再遇到坏情绪，你们打算怎么做呢？ 生：我打算看故事书。 生：心情要是不好了，我就唱唱《虫儿飞》(低、中年段孩子很喜欢的一首歌曲)。 师：(走到王×跟前)以后再想爸爸的时候，你打算怎么做呢？ 生王×：我可以给爸爸打电话，发微信，聊聊天，还可以看看课外书，听听音乐，打打羽毛球。 师对王×说：王老师希望你能做个“情绪小主人”。(赠予“情绪小主人”臂章) 师：(走到吴××跟前)以后再想奶奶的时候，可以做什么呢？ 生吴××：我可以去溜旱冰，还可以跟妈妈一起去散步。 师：(和吴××握手)我们一起做情绪的主人，好吗？(赠予“情绪小主人”臂章) 生吴××：好！ 师：同学们，王老师把调节情绪的方法编成了一首儿歌，我们来读读吧。 师：(总结)今天我们认识到了有了坏情绪、任性的严重后果，还学会了很多调节情绪的方法，王老师把它们编成了一首儿歌，一起来读一读。 坏情绪，危害大。不任性，改变它。 跑步跳绳听音乐，不行我就忘了它。 有烦恼，说出来，读读书，讲笑话。 每天都在变变变，心情舒畅笑哈哈！ 师：王老师把它们印在了书签上，送给大家，同学们可以夹在书里，经常读一读，遇到不良情绪，试着用一用。 师：坏情绪，不可怕。有了不良情绪主动改变，不任性，每天拥有好心情，笑口常开！(贴大笑脸) **【课后拓展】** 把带有情绪调节方法的儿歌夹在书里，经常读一读，遇到不良情绪，试着用一用。 不良情绪，不可怕。有了不良情绪主动改变，不任性，每天拥有好心情，笑口常开！	评析：儿歌朗朗上口，既是对调节情绪方法的总结，又能对学生今后的行为做出指导。品德课程要面向儿童的整个生活世界，“导之以行”非常关键，把学到的东西迁移运用到自己的日常生活中，养成良好个性品质与行为习惯。王老师在课的末尾，拓展到学生的生活领域，引导学生在生活中学会改变不良情绪，为学会生活、学会做人打下基础，这对孩子的成长尤为重要。

续 表

【总评】 王银娣老师一直坚持“体验即生长”的教学主张，认为生命成长需要在活动中体验，内化于情，外化于行，在体验中提升生命的质量。在这一课的教学中，王老师在充分了解学情的基础上，“故事屋里明道理”“联系生活说情绪”“合作体验探方法”几个板块的层层递进，引导学生在故事里走个来回，入情入境，认识不控制坏情绪、任性行为导致的严重后果；剖析自己在生活中有过的坏情绪及它的危害，敢于面对自己的坏情绪；通过小组合作，探究调节坏情绪的方法，在活动体验中感受情绪改变后的快乐。着力解决如何通过体验活动，调动学生各种感、知觉，引导学生探究改变坏情绪的方法，感受坏情绪改变后的快乐，通过听音乐、做游戏、品尝甜食等活动体验，培养学生积极向上的乐观精神，实现在活动体验中促进学生生命成长。 学生学习的过程中，思维活，学得真，入得心，沉浸在生命成长的幸福感中，体现了课堂境界的深与广。王银娣老师的这堂课不愧是一堂“走心”的课，在课堂里看见的是更完整的人，好课堂里出了好故事，好课堂里更出了好性格！

袁晋

袁晋:手脑同构,做思共生

袁晋,本科学历,大马路小学科学教师。曾被评为江苏省优秀少先队辅导员,徐州市十佳少先队辅导员,徐州市鼓楼区青年名教师,徐州市鼓楼区青年优秀骨干教师,徐州市鼓楼区优秀教育工作者,徐州市鼓楼区师德先进个人,徐州市鼓楼区优秀德育工作者,徐州市鼓楼区未成年人文明礼仪养成教育先进工作者。曾获得全国 NOC 大赛科学团队教研一等奖,江苏省辅导员基本功大赛一等奖,一师一优课省级优课,徐州市科学评优课一等奖,徐州市实验教学说课比赛一等奖,徐州市少先队活动优质课一等奖。

教学主张:手脑同构,做思共生。

教育格言:用一颗玩心培育出一颗匠心。

成长足迹

成长路上无捷径，唯有足迹记芳华

如淅淅沥沥的春雨，如沙沙而过的夏风，如轻轻舞动的秋叶，如悄悄飘落的冬雪，我的教师成长过程在时光的诗集中一页页翻过……告别一个个春华秋实，经历一个个夏欢冬乐，在大马路小学的教育教学工作之路已经迈过了 14 年的沟沟壑壑，旅途中印下了我歪歪斜斜深浅不一的足迹，勾勒出我的教师成长之路。

一、我和我的红领巾

——做“勤奋”型辅导员，搭建少年儿童成长舞台。

2005 年 1 月，学校原任大队辅导员工作调整，我这个刚工作半年的新师范生机缘巧合下走上了大队辅导员的岗位，那时的我年轻、执着、热情、勤奋，就这样一干，干了 12 年：绵绵的春雨中，我与队员们到福利院为孤儿们捎去缕缕温暖；炎炎的夏日里，我组织全校师生为四川灾区捐款、为灾区小朋友做爱心卡片；金秋十月，我又忙着组织全校各中队进行主题队会比赛；数九寒天，我仍在操场上训练国旗仪仗队队员……由于工作的特殊性，节假日里，别人与家人共享天伦，我却奔忙于学校、校外活动基地，今天外出开展“为小树挂牌”活动，明天又组织“学校开放日”，清晨，检查队员的仪容仪表，深夜，还在加班谋划活动方案……一年四季、白天黑夜……这些活动，从设计方案到组织实施，从策划准备到现场指挥，从幕后安排到现场主持，从整合力量到争取资源，每一样无不凝聚着我的心血和汗水，它们是集体智慧的结晶，是团队力量的彰显，是师生配合的成果。

——做“爱心”型辅导员，浇灌少年儿童成长花朵。

我一直要求自己把对孩子的爱心放在工作的首位，把少先队工作与学校工作融为一体。在开展工作时，我热爱每一位少先队员，做队员们的知心朋友，并时刻提醒自己：要用发展的眼光看待每一个孩子，要尊重孩子、善待孩子，要允许队员犯错，要给予具体的帮助和指导，随时要把自己摆在儿童的新立场上；和孩子们一起游戏，一起进行科技制作，组织他们参观游览并做社会调查，指导他们设计有趣、有益的活动……与每个孩子分享生活中的苦恼与欢乐。我因爱孩子而爱红领巾，爱星星火炬；又因爱星星火炬，爱红领巾，才更爱孩子。在工作中，我始终把自己定位在队员的朋友这一角色。办公室里，经常有队员进进出出，他们把快乐与我分享，把烦恼向我倾诉。队员之间发生争吵，总是第一个找我"评理"。对此，我总是认真倾听，尽力帮助。因为我知道，冷了一个，就会冷了一群。同事们常戏说我太纵容队员，但我把这些理解为宽容和信任，因为宽容能吹开迟放的花朵，唤醒冥顽的灵魂。给队员一点宽容，让他有自我反省的余地，才能从根本上促使队员们形成良好的行为习惯。这一切既使我得到了孩子的信任和爱戴，又深受同事和家长的好评。

——做"科研"型辅导员，探索少先队工作新思路。

少先队工作是学校的工作重心，活起来，动起来，才能显示出生命的活力，才代表着成长的茁壮。只有通过丰富多彩的德育活动形式，队员们才能得到体验、得到锻炼、得到发展。我深深知道，由于社会的变革，少先队工作必须遵循少先队员身心发展的规律，必须以不断创新和发展的姿态来更好地服务于队员。工作中要不断反思哪些活动终能在学生心底打下烙印，成为他们成长过程中最难忘的活动，努力策划出成体系、成系列，形式新颖、内容精彩的活动，并朝着重体验、重实践的方向迈进，打造具有"大马"品牌的活动。在做好少先队日常工作的同时，我注意学习理论，借他人的成功经验，总结和反思学校德育工作，撰写体会文章，提高业务能力。通过观察和思考，我发现许多好的活动出现了生命力不强的现象。许多辅导员在开展活动时底气不足，以至于活动的到位率、成功率欠缺。有的教学动手动脑割裂开来，学生多是机械操作。通过科研的实践，我提出"手脑同构，做思共生"的教学主张。

为了进一步加强少先队管理建设，推出更多受队员欢迎、喜爱和接受的实效性活动，我阅读大量书籍，了解大队辅导员工作的职能、技能；通过网络，学习各地辅导员培训资料，了解各地少先队活动情况、发展动向；虚心向其他学校学习，积极开展"手脑同构，做思共生"的教学实践。就这样，我在博采众长中不断丰富和提升着自己。我申报了个人课题，加入了市少先队课题"太阳花"的核心组，编写队本教材，还经常组织"班主任沙龙"活动，通过这些科研实践，教师们的理论修养提高了，分析问题和解决问题的能力增强了，一支边实践边研究的"科研型"少先队工作队伍加速形成，为大马路小学少先队教育的可持续发展，提供了人力资源的基础和保证。

二、我和我的科学课

2017年，因工作调整，我开始担任学校的科学教学管理工作。面对新的挑战，我也曾悄悄地问过自己，那个曾经的袁大队能适应新的工作岗位吗？能顺利转型吗？

科学课每周只有两节，但难度挺大的，内容包罗万象，包括生物学（动物、植物、微生物等）、物理学（光学、声学、电学、磁力学、力学等）、化学（物质变化等）、工程学（材料构成、形状结构等）、天文学、气象学、生态环境、生命健康等等。追求高效课堂，是科学教学最优化的唯一出路。于是我带领科学组定时、定点、定内容，开展好不同层次的教研活动；坚持采用"科学知识对对碰"的形式促进自己科学知识的积累；开展读书沙龙活动，将理论与实践相结合；制订个人成长计划，积极申报个人课题，反思教学得失。仅仅一年，科学组的教师们都有着不同的收获：叶硕、陈娅和我申报的个人课题立项了。我撰写的论文发表两篇，获奖一篇。我获得了江苏省苏派青年教师课堂教学评比二等奖。陈琛和我获得了大市评优课一等奖。我获得了徐州市实验说课比赛一等奖。鼓楼区教学设计评比中，陈娅、陈琛和我获得了一等奖，吴浩、宋夏、刘城城获得了二等奖。"一师一优课"活动中，我申报的录像课，被评为省级优课。陈娅和我被聘为鼓楼区"学讲"推进名师走校团队导师，分别送课东华和八里小学。吴浩获徐州市首届科学知识展示活动优秀辅导奖。

我深知，科学课只是立足课堂，那是远远不够的，于是我带领科学组力争为学生提供更多的可供选择的拓展式科学课程，短短一年时间，先后开设完善了四个校级科学社团：韩端机器人社团、"疯狂家族"实验社团、"萝卜太辣"机器人社团、电子百拼社团。虽然我们的社团很年轻，但大家是一群对科学有着浓厚兴趣，喜欢动手操作的好拍档。社团的小成员们频频在各类大赛中亮相：韩端机器人社团的吴沛霖在刚刚结束的第八届淮海经济区机器人大赛中冲出重围，以全场总分第三名的好成绩获得了季军。"萝卜太辣"机器人社团的郭坪坤、韩译森，在第十五届全国NOC智能机器人比赛鼓楼区选拔赛中取得了满分的好成绩。"疯狂家族"实验社团的张茗杰、张曦元、刘天珑、吕思雨，在徐州市创客文化节科学探索家项目比赛中获得了二等奖。我也非常荣幸受邀成为这次创客盛会的裁判员，代表全体裁判员在大会上发言。电子百拼社团的三年级的小成员们刚刚起步，也努力为2018年徐州市创新大赛做了准备。

做科学我们可是非常认真的！我带领科学组努力打造出以培养学生的创新精神和实践能力为目标的活动课程：科技节。在2017年的科技节，我们以“科学在心中，创新在手中”为主题，陆续开展了创客成果汇报、展览、“STEM＋”科技小发明专题讲座、“STEM＋”小发明项目比拼赛、3D画展、冰雪奇缘科幻秀等丰富多彩的科技活动。

就在我为科学教育下一步该如何发展产生困惑的时候，从江苏省中小学教学研究室、江苏省青少年科技中心传来喜讯，我校获批江苏省中小学STEM教育项目试点学校，这无疑是一盏指路明灯，我将带领科学组牢牢抓住这个生长点，运用“STEM＋”的“去学科边界”理念武装自己的大脑，用一颗玩心培育出一颗匠心，在科学的道路上坚定前行。

三、我和我的成长团队

回顾自己的教学之路，我深深地感受到个人的成长离不开自信、钻研、毅力，但最离不开的是学校的环境和教师群体所形成的强大的精神后盾。

我校有一支令人称羡的教师队伍——大马路小学“自主成长团队”。团队的教师们每月围绕理论书籍开展读书活动，上研讨课，每周撰写千字以上的博文上传博客，踏踏实实读书，扎扎实实教研，在读书交流中掌握教育教学原理，在课堂实践中将理论与实践有效结合，我看到团队的教师们就这样收获着专业成长的幸福感。我是那么羡慕与向往，终于按捺不住自己，主动向团队导师刘杰老师提出了加入自主成长团队的申请，刘杰老师和团队的伙伴们对我表达了热烈的欢迎和极大的鼓励。加入团队的我，开始积极参加成长团队的各种学习交流活动，再加上伙伴们的帮助，自己的教学由此奠定了很好的基础。2017年5月我准备参加江苏省杏坛杯青年教师课堂展评活动，前前后后试讲了近10次，每一次试讲，都有不同的团队老师前来听课，课后和我交流、研讨、磨课，而我自己也通过不断地在实践中修正和总结，引发了新的思考，收获了新的认知。

教师在不同的成长阶段所关注的问题不同，福勒和布朗根据教师的需要和不同时期所关注的焦点问题，把教师的成长划分为以下三个阶段：关注生存阶段、关注情境阶段、关注学生阶段。能否自觉关注学生是衡量一个教师是否成长成熟的重要标志之一。我想，正是自主成长团队的帮助让我开始进入了教师成长的第三个阶段：关注学生。我会考虑学生的个体差异，认识到不同发展水平的学生有不同的需要，某些教学材料和方式不一定适合所有学生等等。

多一分投入，多一种学习，多一些反思，多一点执着。解决教学中遇到的困惑问题，关注自己的实践，不断反思自己的经验，我相信：迎接我的必将是一路馨香，鲜花相伴！

教学主张

手脑同构，做思共生

儿童的科学学习是其身体与自然界直接相遇与感悟的过程，是其身体感性与理性的统一。现在的科学课堂，由于班级规模过于庞大，大多数选择了集体听讲的学习方式，忽视了动手做之前的讨论以及对设计方案的猜想与假设，动手与动脑脱节，使探究失去价值。有一些课堂，教师一提出问题，实验方案也随之列出，儿童只需要按部就班地进行操作，得出的结论也是千篇一律。学生在这样的探究中仅仅是动手完成了一个设计好的流程，能力没有得到提高，也体验不到探究的曲折与失败，体会不到科学的本质。

从教学主张的角度而言，我认为科学教学应倡导儿童“手脑同构，做思共生”的理念。“手”是指学生要亲自动手；“脑”是指让学生开动脑筋；“同构”就是指实践与认知达到结构上的一致，即知行合一；“做”侧重于动手、操作、经历、体验与实践；“思”侧重于动脑、思考、反思；“共生”的核心要义是共存、互利、合作、互补、和谐与共进。只有将以科学思维为核心的脑活动和以操作技能为核心的肢体活动有机结合，把实践性的直接经验与反思性的思维活动有机结合，为儿童提供做科学和思科学的时空，才能最终达到手脑互动、做思统一的目的。而“思”是“做”的目的和保障，“做”是“思”的验证和表现。“手脑同构，做思共生”就是将儿童科学学习中外显的动手与内隐的动脑，从认知发生与思维发展的角度表征为做与思，尝试构建一种以具象认识为原型，以动作思维为支撑，以操作表象为纽带，以知行合一为特质，以动作技能为外显，以心智技能为内隐，以智慧学习为底色的科学教学形态。这种教学主张有助于学生建构基本科学概念、形成技能方法，培养学生合作交往、语言表达的能力，使其获得善于思考、勇于开拓、实事求是的科学态度，从而促进学生主体意识的觉醒，提升学生学习科学的关键能力。

一、以儿童的视角，同构共生

我们很少有人花费时间来思考：为什么自然界是这样的？宇宙是怎样形成的？是否一直存在？是否有一天时间会倒流并且能影响从前发生的事情？……在我们的社会中，父母与教师仍习惯用耸耸肩来回答这些问题，但是儿童天生就对许多问题感到好奇。

其实，儿童从出生甚至出生前就开始认识世界了。他们玩自己的手和脚，玩自己的手指头和脚趾头，玩他们身边所有能够得到的东西。他们观察世界，他们动手操作，他们到处乱跑，他们追逐嬉闹。面对新鲜事物时，他们眼中总是充满着好奇与兴奋。所以，儿童是带着已有的知识经验和与生俱来的好奇及探究热情来到学校的。儿童是天生的科学家！我们要做的是因材施教，让儿童与生俱来的好奇与探究热情永不枯竭，多鼓励他们，为他们提供适宜的教学，支持他们动手操作、思考研究，主动地建构自己的认知结构。

在我的科学课上，经常会遭遇意外的提问，如我在教学蚂蚁、蜗牛、蚯蚓、金鱼这几课时，教学目标是通过观察了解这些小动物身体构造、运动方式、吃食、排泄上的特点。尽管我在课前做了充分的准备，但在实际教学中，学生突然的提问层出不穷：蜗牛是怎么交配的？蚯蚓分雌雄吗？蚯蚓切两半会变成两条蚯蚓吗？……作为教师的我并不完全知道学生问题的答案，但是我知道，无论我拥有多少科学知识都不能回答每个人的问题。教师与其绞尽脑汁，把无数科学事实、原理和概念装满儿童的头脑，不如改变自己的教学方式，与自己的学生一起学习、实验和探究，教学生以"做科学"的方式学习科学，这样既丰富了自己的知识，也激励了学生学习科学的热情。

何为"做科学"？简单说，学习化学要以化学家做研究的方式进行，学习物理要以物理学家探索物质世界的方式进行，学习生物则要以生物学家探究生命过程的方式进行。那这些科学家是怎样"做科学"的呢？随着时间的推移，人们逐渐认识到科学家是通过不断探究来"做科学"的，即：观察现象、提出问题、形成理论、发现更多的信息或挑战他人已经形成的观点。科学过程一般分为以下步骤：观察、分类、交流、测量、预测、推断、识别与控制变量、形成与验证假设、解释数据、界定变量的操作定义、实验与建立模型。发展学生的科学探究能力离不开这些科学实践，而科学探究能力获得后，又可促进学生对新科学内容的学习。所以我们应该在科学课堂上和孩子们一起研究，一起学习。教师与学生一起利用植物、动物学习观察，利用材料、岩石、矿物学习分类，利用工具测量实验数据，利用暗箱学习推测，利用我们的身体学习建立模型；教师通过身体力行、手脑并用、做思共生等方式进行教学，促进身体与知识的有效联结，重建身体与教学的天然关联，和孩子们一起快乐的“做科学”。

二、以儿童的需要，同构共生

日常的科学教学中，在提出问题方面，我们往往看到两种极端现象。一是教师把问题都准备好，让学生去解决教师提出的问题，科学探究因此变成了技术活，学生按部就班地完成观察实验即可，这对学生的思维和探究能力的发展很不利。二是让学生自由提出问题，把学生的一大堆问题罗列出来，不进行甄别，只是简单地让学生自己选择，在学生说出教师想要学生研究的问题时表扬一句“你真聪明”，这样会诱导学生总是猜测教师的意图，本末倒置。

2016 年我有幸到南京参加了新媒体时代“小科教改”国际论坛，亲身感受了一节美国小学科学课。授课的是林恩·布莱恩教授，学生是琅琊路小学二年级的孩子们，内容是模型的运用与建模。在这节课上，布莱恩教授带着孩子们充分地去比较了解地球仪、地图、地球有什么相同和不同的地方，细致地去引导孩子们思考、表达、探索、交流、发现，布莱恩教授为我们展现的这节科学课节奏极慢，我们真正听到了孩子们的声音，了解到学生在学习过程中真正需要的是什么，这说明孩子们的学习确实在真正发生，在这节课上我看到了孩子们专注的神情，兴奋的面孔以及发亮的眼睛！在这样的课堂上，学生们不仅是思考者、学习者，也成为参与者、贡献者、启发者、创造者，他们和教师共同构建教学过程。这是多么美妙的感觉啊！如果每个学生都曾经在这样的课堂上享受过，他们一定会更自信，更快乐，更热爱学习，更喜欢思考，也更懂得尊重他人……不是被灌输，而是被开启；不是被告知，而是被激发；是学生在教师的引导下积极主动地卷入，是教师在学生的“生成”中灵活开放地教学。

反思我们的课堂，学习真的发生了吗？有没有只关注了教学形式，而忽视了学生的实际收获以及实质性参与？有没有操作实践中“动手与动脑”相脱离？有没有小组合作时的低效？有没有探究学习的“水过地皮湿”？“热热闹闹”的课堂表象背后，学生的学习并没有真正发生！那么，如何掌握课堂节奏的平衡点，让孩子的探究学习活动真正发生，已然成为我们小学科学教师亟待思考的重要问题！

“生活中的静电现象”是科学四年级第一单元“电”的起始课，考虑到学生的前概念，大都经历过生活中的静电现象，如在干燥而寒冷的天气里，用手触及门的金属把手，经常会有被电击的感觉；脱下毛衣时，经常会发出“啪啪”的响声……但大多没有对静电现象进行深入的探究。因此，在设计本课时，我首先用几个生活中常见的静电现象，引发学生对静电现象的关注，激发他们学习的兴趣。然后通过摩擦起电等一系列的探究活动，使学生在课堂上再次亲身感受到静电的存在，认识到有些物体在受到外力作用时会产生静电，从而进一步认识静电产生的原因和电流的形成。课前准备实验器材时，我和同组的陈娅老师不谋而合，都说到了用两个悬挂着的气球做同种电荷相互排斥这一实验，结果实验时因实验的理想化导致成功率几乎为零，该怎么办呢？陈娅老师提议不如用支架和两根塑料棒来代替这个实验，难道就将这个实验直接忽略吗？我最终决定在课上试一试，如果不成功再用第二套实验方案。上课时，果真和预测的一样，第一套实验方案不成功。难道这时候我直接拿出第二套实验方案吗？学生解决问题能够达到什么程度？是不是要给学生一个思考的空间呢？要不要听一听他们的声音，了解一下学生学习的需要呢？让他们试着分析一下第一套实验方案不成功的原因？怎样正确引导他们观察、分析和讨论？通过学习，他们是不是学会和巩固了一种思考和解决问题的方法呢？

我想，作为教师，就应该围着学生转，帮助学生干，最终促使学生将外显的学习活动内化为智力操作活动，从而达到“手脑同构，做思共生”。于是，我放下教学任务，向学生抛出了核心问题：“为什么我们的实验不成功？”同学们各抒己见，发表自己的想法。在这样的教学环境里，学生被充分地尊重和信任，得到了充分表达自己思想感情的机会，不怕出错和失败。也只有这样，学生才能积极主动地参与学习过程，才能积极探索和思考，形成探索创新的心理倾向，最终形成良好的学习方式。结果是令人欣喜的，大家将实验不成功的原因归结到两点上：① 悬挂的气球容易 360 度旋转，实验时相对的两个球面并不是当初摩擦后的两个球面；② 静电电量非常微弱，外界稍微干扰一点，静电就释放掉了。“如何改进实验？”顺理成章地成为下一步要思考的问题，第二套实验方案也就出现得刚刚好。

其实，在引导学生直接参与探究的过程中，我们经常会遇到教学意外。这时，教师要积极引导学生对意外现象进行反思，适时调整教学内容，以培养学生的科学兴趣，引发他们的好奇心，其实利用问题，引导学生发现其中的奥秘，挖掘探究的深度，往往也能使学生获得意外的收获。设想一下，如果每个科学教师的实验思想都停留在教师提供器材、告诉学生标准化的实验方法、告诉学生为什么这样做实验，然后让学生去实验、去发现，最终根据自己的观察，推断现象的原因，而忽视了学生实验设计能力的培养，那该是一件多么可怕的事情啊。所以，我们应该选择后者，在整个探究过程中，教师应当起到一个脚手架的作用，来“帮”“扶”“引”，架起“做”与“思”之间的桥梁，而不能代替学生成为一个“设计者”。

三、以儿童的体验，同构共生

科学结论不会凭空产生，必须依托大量的事实与证据。学生的科学实践经历，无论成功还是失败，都将是他们攀登科学高峰的宝贵资源。好的探究实验设计是建立在对学生科学前概念的充分掌握的基础上的，教师在课前应该做好充分的准备，了解学生已有的知识结构和原有的概念水平。

比如，一般说来，学生认为大鸡蛋放入水中会沉，而小鸡蛋会浮，据此，在教学“马铃薯在液体中的沉浮”这一课中，我设计了把大鸡蛋和小鸡蛋放入盐水和淡水中的活动，使产生的现象与学生的科学前概念发生冲突，这种体验成功地把学生的关注点引向了“水”。帮助学生找到自己的“迷思点”，而学生的“迷思点”正是课堂教学的“生长点”。教学中教师努力构建并促进这种生长点的产生与发展，为学生搭建一个生动活泼、内容丰富的科学学习过程，让学生亲身经历以探究为主的学习活动。特别是一些概念理解过程中出现的想法，需要教师注意，教师只有充分了解学生在概念的形成过程中的思维变化，才能做出正确的教学判断，才能避免客观事实与学生的想法相混淆。

又如“点亮小灯泡”这一课，很多学生认为用一根导线将电引到小灯泡就可以点亮小灯泡。针对这一问题，课堂伊始，我就组织学生尝试点亮小灯泡，经过几番尝试、体验、总结，学生最终明确只有让电流流过小灯泡的灯丝，形成回路，小灯泡才会发光。带着这样的思考去动手尝试，科学概念才能够得以更好的建构，所以，单元学习前对学生的“前测”，会让课堂更有针对性，让教学最优化。

此外，我们在教学中要尤其注意指导学生客观地记录观察体验到的现象。如提示学生用文字、数据、科学图画、气泡图、网状图和柱形图等方式进行记录，教学活动中多给学生时间对自己的观察体验进行描述，这些方式都能够帮助学生“做”“思”对接。

首先，让数据“说实话”，帮助学生建构正确的科学概念。传统课堂上，我们经常看到教师在归纳结论的时候会抛出一个问题：你从中得出了什么结论？学生往往不能够从数据表或图中找到本质规律，只是去猜测教师可能想要哪个答案。如“抵抗弯曲”这一课里，研究纸横梁的宽度与抗弯曲能力的关系、纸横梁的厚度与抗弯曲能力的关系。学生很容易得出：纸的宽度增加，抗弯曲能力会增加；纸的厚度增加，抗弯曲能力也会增加。但是想更深入地揭示这些数据内涵就有些费力了！这时，教师应该在分析数据时，给学生留出充足的时间，引导学生带着问题对数据进行自主观察。比如换一种思路，将数据通过折线图进行变化的展示，学生就可以直接地领会到厚度比宽度更能大大增加纸的抗弯曲能力了。

其次，在课堂上出现异常数据是正常的，教师要引导学生学会正确面对实验中出现的各类数据，让学生明白科学探究是无法完全预知结果的。如“运动起来会怎样”一课，需要学生测量自己一分钟心跳和呼吸的次数。实验前教师应帮助学生明确以下几点：① 一呼一吸算呼吸一次；② 学会使用秒表、听诊器等小工具；③ 保持平静状态，测三次。实验结束学生汇报数据时，往往会出现较大的差异，这时教师应该抓住课堂生成，组织学生在争议中解决心中的疑问。实验的设计有没有问题？实验中要注意的地方都做到了吗？正确使用工具了吗？测量时是否处于平静状态？计数是否准确？……如果发现了问题，就请学生进行合理的调整再重复实验，看看结果是否发生了变化。如果没有找到问题，仍然请学生重复实验，从而强调任何科学实验的结果都必须是可以经受住反复验证的，从而鼓励学生实事求是，大胆质疑，学会甄别组织数据。

儿童的经验总是具体的、现实的，从做中学是儿童的天性，儿童通过做从经验中学习。而从经验中学习，并不是单纯地获得活动体验，而是要求学习者进行“反思性思维”，即把思想从活动结果返回到最初的假设和猜测，实现对经验的改造或改组，才能真正达到“手脑同构，做思共生”。

四、以儿童的发展，同构共生

探究式的学习，应该以儿童为主体，顺应儿童的发展，让儿童自己去发现、质疑、思考、概括，不能光做不思，而要努力促进“做思共生”的自然生成。有些教师因为课前没有探明学情，没有了解学生的思维，没有站在学生发展的角度上进行预设，因而干扰了学生的思维，迷惑了探究的方向。

一次外出听课，一位教师在教学“电磁铁”这一课时，首先出示了实验材料：指南针、导线、小灯泡、电池。让学生回忆之前曾经学习过的相关知识。紧接着提问：“如果把这些材料合起来玩，你会怎么做?”学生没有反应。教师再问：“如果把指南针和小灯泡在一起玩，怎么做?”终于有学生说：“可不可以绑在一起?”紧接着又有学生说：“用导线绑起来。”学生的想法越来越无效，教师最后用了很长时间，才导入正题：把电路接通后，把指南针放在导线或者小灯泡的附近，观察有什么现象发生。

另一位教师在教学“结构”这一课时，提问：“拱形受到力时向外向下传递，抵住拱足的力如果用书本代替，你怎么做?”一位学生回答：“当然是一本一本的加，逐渐增多。”这位老师紧接着说：“这样加太麻烦，现象不明显，我们要成倍成倍的加。”我们可以看到，教师没有加以引导，而是把学生的思考直接打断，强迫学生接受教学预设。

第一个案例提示我们，如果教学设计没有基于儿童的发展，没有多角度地进行预设，如果高估问题的指向性而致使探究目标不准确，那么，学生的思维之火是无法被点燃的。第二个案例则提示我们，教师在设计教学时，应多站在儿童的角度，灵活应对，有效引导，不可生拉硬拽，不能为了做而做，更不能对学生的思维进行束缚。

教学中，经常会出现这样的情况：一节课碰到两个探究实验时，一些教师会感觉比较难处理，通常会将一个实验调整为教师演示实验。但这样做，是违背儿童的发展的，学生不做而思，便得不到深入思考，甚至破坏了思维的连贯性，让思考断层。所以，我在教学“苹果为什么会落地”一课时，设计了大量的动手体验活动，学生首先通过活动“我要抓住你”“我是小牛顿”充分地认识到地球对万物都有吸引力，这时我再抛出一个新的问题：“地球对月球有吸引力吗？月球为什么没有掉到地球上来，砸到我们的脑袋呢?”从而引发学生的认知冲突，地球对月球到底有没有吸引力？月球不也是万物之一吗？既然是万物之一，当然也会受到吸引力影响呀！这种顺应儿童发展的连环问题设计，让学生在做的思考上越来越深入，有效地激发了学生进一步的探究欲望，让学生经历了肯定—否定—再肯定—再否定的过程，这样的科学探究带给学生的才是真正的动手又动脑的研究。最后，教师在学生探究有困难的时候搭建支架，帮助学生建立月球围绕地球旋转的模型，初步感知天体圆周运动可以产生离心力从而克服地球引力的现象。这样的设计可以让学生将无法亲眼看到不易理解的现象和生活中能具体观察到的现象联系在一起，完成了知识的迁移，降低了抽象知识理解的难度。而正是这种以儿童为发展的教学设计使得学生在主动深入探究的过程中，进入了自我矛盾的状态，产生了继续钻研的动力，“做思共生”就此应运而生。

好的科学教学就是要善于让学生动脑，动手以前先动脑，大胆设想办法，把要研究的问题深入思考，把自己的想法表达出来，想明白了再动手操作，做了以后再思考、再归纳结论。这种“思→做→思→说”的探究方式多了几许安静的思考、有序的矫正、科学的表达，更多了一些科学课堂应有的严谨和缜密。实践证明，“手脑同构，做思共生”的教学主张让我的科学课教学更加富有活力和成效。

课堂实录

（本课获2017年徐州市科学评优课一等奖）

玩中学，用中学，做中学

——“苹果为什么会落地”课堂实录与评析

执教：袁晋　评析：左兆军

【说明】 “苹果为什么会落地”是苏教版小学科学四年级下册第四单元“无处不在的力”的第三课。力是无处不在的，它与学生的生活实际密切相关，但在日常的生活中并未引起学生足够的注意。本课旨在通过引导学生开展一系列以认知为重要目的的观察、阅读、分析和实验活动，使学生认识力、了解常见的力，从而提高学生的认知水平、探究能力和研究志趣。	
一、游戏激趣，再现生活情境，引发学生思考 （课堂伊始） 师：同学们，今天老师给大家带来了一个好玩的游戏——让我抓住你！想玩吗？ 生：想！ 师：谁愿意到前面来，和老师一起玩给大家看？ ［师和甲同学演示：一人手执签字笔上端，放入另一人张开的手掌虎口处（不接触），一人松开签字笔，另一人想办法抓住签字笔］ 师：会玩了吗？希望同学们能玩有所获！待会儿老师要请同学们说一说自己在游戏中的感受和想法。同桌两人一组，游戏开始！	评价：通过游戏“让我抓住你”作为探究活动的开始，激发学生的探究欲望，让学生亲历活动过程，在观察、体验的基础上，自己去发现，自己去探究，从而置身在一个完整、真实的问题背景中，引导学生在活动中提出“为什么物体要落到地上？”并展开讨论，让学生充分地思考和

续表

<table>
<tr>
<td>
（生自由游戏）
（生自由发言）
生：我总是抓不住签字笔。
生：签字笔掉落的速度太快了。
生：我知道地球就像一块大磁铁一样，具有很强的吸引力，是不是地球把签字笔吸过去了，所以我们总是抓不住。
师：同学们，积极思考，提出疑问，很不错，在漫长的科学发展史上有一个非常著名的传说故事，讲的就是这个科学道理，你知道吗？谁能给大家讲一讲？
生：讲述牛顿发现万有引力的故事。
（课件揭题：苹果为什么会落地？）
二、设计实验，运用多种方法，研究重力问题
师：你同意牛顿的观点，地球对所有物体都有吸引力吗？同意的举手！不同意的举手！
师：你能找到证据吗？谁能设计一个实验来验证一下牛顿的结论！
师：请同学们独立思考 1 分钟，然后在小组里议一议，待会儿全班汇报。
（生独立思考，小组讨论）
（生自由发言）
生：可以找一些东西试一试。
生：我们小组认为要多找一些东西来试一试，这样才有说服力。
生：我们小组认为用来实验的物品要具有代表性，比如轻的、重的、大的、小的、不同材质的等。
师：同学们考虑得很全面，老师为大家准备了一些材料，气球、垒球、木块、纸条，同学们也可以利用手中现有的材料小组合作完成这个实验。
<table>
<tr><th colspan="3">问题：为什么苹果总是落到地上，而不落向天空呢？</th></tr>
<tr><th>物品</th><th>掉落方向</th><td rowspan="5">我们的猜想：</td></tr>
<tr><td>气球</td><td></td></tr>
<tr><td>垒球</td><td></td></tr>
<tr><td>木块</td><td></td></tr>
<tr><td>纸条</td><td></td></tr>
</table>
</td>
<td>自由地想象，提出各种假设，在此基础上，再进行揭题，告诉大家“大科学家牛顿就曾经研究过这个问题”。由此激发学生的好奇心和求知欲，并顺势引出科学家牛顿及本课研究的主题“重力”问题。</td>
</tr>
</table>

续 表

(生自由实验、记录) (生自由发言) 生:气球是飘飘悠悠地落到地面的。 生:垒球掉到地上会弹起,落下,再弹起,再落下。 生:纸条在下落的过程中会打旋。 生:我们小组发现不管是什么情况,物体最终都会掉落到地上。 生:我们小组想补充一下,大家都知道,物体的运动方向和它受到的力的方向是一致的。实验中我们发现无论是什么物体最终都向下落向地面,说明它受到了一个向下的力。 师:同学们的观察很仔细,分析得有理有据。这个力就是我们平时常说的重力,它是由地球引力引起的,我们可以用一个向下的箭头来表示这个力。(板书) 师:不过老师有个疑问,我们今天的实验是在咱们学校做的,当我们把实验地点换到地球的另一端美国的话,这些物品会不会掉到太空里呢?如果换到这个国家呢?这一个国家呢? 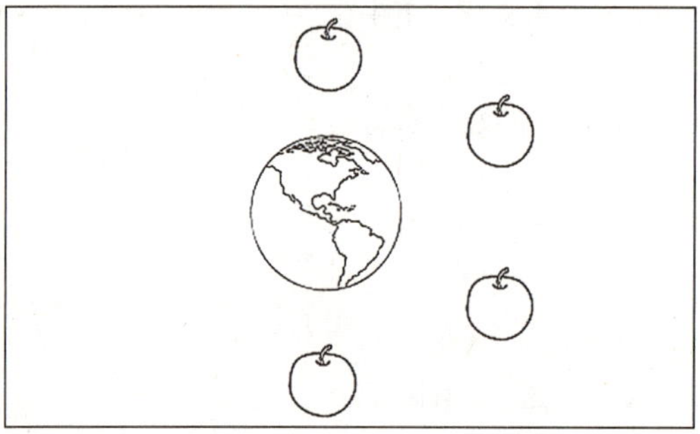 师:请小组两位同学商量一下,画在学习单上! (生自由完成) 师:哪个小组愿意在黑板上画一下? 师:你同意这个小组的观点吗?你发现什么规律吗? 生:无论在什么地方用什么物体做实验,地球引力都是竖直向下指向地心的。 (师板书:竖直向下、指向地心) 师:这个力,对于我们每一个人来说,都是每时每刻身在其中的,却很少察觉,在生活中,你有什么办法能感受到重力,或地球引力吗? 生:抬桌子。	评析:通过寻找地球对万物都有引力的证据,促使学生设计实验来验证牛顿的结论,力求让学生在一个宽松、和谐、民主的课堂氛围中,自己通过交流、体验、讨论、动手做等一系列活动去发现地球与物体之间存在着一种天然的力,而正是这种看不见的力把地面附近的物体都拉向了地面,从而认识重力,知道它的产生是由地球引力引起的,并通过辨析活动认识到重力的方向是竖直向下指向地心的,最后通过讨论交流、分享感受将课本上的知识延伸到生活中去。

<table>
<tr><td>
生：玩跳床游戏。
生：拎水。
师：看来地球引力的威力还挺大的啊！
三、引发冲突，建立宇宙模型，感知天体运动
师：到现在为止我们已经完成了一系列的游戏、设计和验证了，老师想问问大家，你现在完完全全同意牛顿的这个结论了吗？
生：完全同意。
师：既然地球对万物都有吸引力，那它对月球有吸引力吗？如果有，月球为什么没有掉到地球上来，砸到我们的脑袋呢？
生：可能没有吸引力。
生：我们小组不同意他们的说话，牛顿的观点是对万物都有吸引力，那月球也是万物之一啊！
生：我们小组想，是不是月球离我们太远了，脱离了地球引力的范围。
师：大家说了这么多的原因，听起来有点道理，到底是不是像你们说的那样呢？必须通过实验来验证，谁能设计一个实验来解开这个谜底！
（生陷入思考）
师：看来这个问题有点难，老师有个建议，想不想听一下，要想解决这个问题，我们必须先把月球和地球的关系弄清楚，有知道的吗？
生：月球绕着地球转。
师：你真是个宇宙小达人，月球确实是围绕地球旋转的，而且速度还很快呢，老师课前查阅了一下资料，每秒可达 1.023 千米！想不想来体会一下，那种飞一般的感觉？说不定会有新发现哦！老师带来了两样材料：塑料球、线，谁能用它们来模拟一下月球围绕地球旋转呢？
生：可以用塑料球模拟月球，绳子模拟地球引力，手模拟地球，手捏紧绳子甩动起来。
师：为了保障安全，请大家实验时戴上护具。
（生自由实验）
（生自由发言）
生：我感觉转得快，绳子拉得紧。
</td><td>
评析：通过前面的活动，学生已经充分地认识到地球对万物都有吸引力了，这时老师抛出一个新的问题，地球对所有物体都有吸引力，对月球肯定也有吸引力，可月球为什么没有掉到地球上来，砸到我们的脑袋呢？从而引发学生的认知冲突，激发学生进一步的探究欲望，并在学生探究有困难的时候搭建支架，帮助学生建立月球围绕地球旋转的模型，初步感知天体圆周运动可以产生离心力从而克服地球引力的现象。
这样的设计可以让学生将无法亲眼看到、不易理解的现象和生活中能具体观察到的现象联系在一起，完成了知识的迁移，降低了抽象知识理解的难度。
</td></tr>
</table>

续 表

<table>
<tr>
<td>生：我发现速度一慢下来，塑料球就掉下来了。
生：我刚才没捏住，小球就飞出去了，感觉小球想往外跑。
师：同学们的感受很深，似乎有两种力量在较量，旋转的物体想飞出去，为什么飞不出去呢？
生：有绳子拉着。
师：今天老师还带来了一个更加震撼的实验。想不想看？
（师演示：拿出一桶鸡蛋，慢慢倾倒，鸡蛋掉落另外一个小桶内）
师：请同学们睁大眼睛仔细看，见证奇迹的时刻到了，看看你有什么发现？
（师演示：甩动小桶上系着的长绳，鸡蛋不落地）
师：现在你知道月球不会掉到地球上的原因了吗？
生：月球是围绕地球飞速旋转的，总想飞出去，但是地球引力拉着它，让它既飞不出去也掉不下来。
师：是的，可以说没有牛顿的这个解释就没有今天的航天事业，牛顿的贡献是不是很大呀？
师：我们已经知道了月球不会掉到地球上来，那更远处的星星呢？太阳呢？它们会不会掉下来呢？他们之间又存在着怎样的引力呢？请同学们课后继续思考，我们将在以后的科学学习中，继续研究。</td>
<td>评析：让学生认识到没有牛顿对于“月亮为什么不落到地面上”的解释，就没有人类的航天事业，从而让学生了解到牛顿的贡献，体现出爱因斯坦讲的“提出一个问题，比解决一个问题更重要”的伟大意义。</td>
</tr>
<tr>
<td colspan="2">【总评】
这节课的总体设计思路是：发现地球引力—感受并了解地球引力的方向—迁移应用。每个探究活动均有其目的性，前一个活动与后一个活动是有层次性和递进性的。即既有统筹的顶层设计，又有具体设计。
袁老师在课堂上创设贴近学生生活的情境，并辅以及时、周到的指导，引导学生用符合他们自身年龄特点的方式去学习科学，在真实的观察、实验、讨论中获取知识、发展能力、培养思想情感，让学生真正地站在课堂的中央，这样，才能培养出具有长远的、可持续发展的学习能力的人才，从而适应社会的发展，科技的进步。袁老师能够根据学科特征、学生的年龄特点和认知规律，在教学中采用以探究式教学为主、体验式教学为辅的教学方式，主要目的是使学生在一个完整、真实的问题背景中，产生学习的需要，并通过学习共同体中成员间的互动、交流，即合作学习，凭借自己的主动学习、生成学习，亲身体验从识别目标到提出和达到目标的全过程。从而使学生适应日常生活，学会独立识别问题、提出问题、解决真实的问题。</td>
</tr>
</table>

王海芳

王海芳：顺应儿童天性的审美课堂

王海芳，本科学历，大马路小学教师，担任美术教学和美术社团教学工作。徐州市美术家协会会员，徐州市青年美协理事，徐州市美术教育专业委员会理事。曾被评为徐州市鼓楼区师德标兵，徐州市鼓楼区首届带头优师，徐州市少儿美术优秀辅导教师。曾获得教育部“一师一优，一课一名师”部级优课，省、市、区优质课比赛一、二等奖。在国家省、市级刊物发表教育教学论文 10 多篇，主编校本教材《黄河古道——水墨画》。参与并主持省、市级课题研究。

教育主张：顺应儿童天性的审美课堂。

教育格言：永远用欣赏的眼光看学生。

成长足迹

成长之路，贵在“坚持”

鲁迅先生说，其实地上并没有路，走的人多了，也便成了路。我想换一种角度来说，其实地上有很多路，找到属于自己的那条路，坚持走下来，人生一定会越来越宽广。每个人都有自己不同的人生之路。回望我做教师的20多年，自己走过的路，虽然不那么宽广，不那么平坦，却洒满了汗水和泪水，也留下了串串用心走出的深深脚印……

一、坚持上好每一节美术课

师范毕业了，我带着无限憧憬走上了三尺讲台。在最初的几年里，我对自己的要求是：坚持上好每一节美术课。当时，各种教学比赛比较多，我珍惜每一次上课机会，把每一次比赛都当成是对自己的历练。每次上比赛课，我都先要在校领导和同行教师的帮助下反复磨课，在校内上完，再到其他学校再上，请优秀教师再指导，每一节课的锤炼不少于10次。

记得一次参加市级优质课比赛，我上的是水墨画“家乡的荷塘”。经过八九次的磨课，课堂结构和教学方法等都没有了问题，但我觉得还是缺少点什么。于是我带上画具来到八里小学找张晓舟和王新明两位老师给我辅导，两位老师是我们鼓楼区美术学科的专家，具有丰富的经验。他们听完我的课，一针见血地指出这节课缺少亮点，缺少课堂的升华。他们有两个建议，一是在学生作品中要加上印章，学生不仅学习水墨画，还要学习水墨画的章法，要知道我国诗书画印是不分家的，是内涵深厚的优秀传统艺术，红红的印章加上去，画面立刻增色增韵，也会让学生赏心悦目。二是把学生的作品汇聚成精美的画册，像画家出版的画册一样展示给学生，尊重学生们的作品，激励学生们创作的欲望，从而提升他们的审美能力。我把这两个环节加上去，课上得很精彩。从这节课中，我学到了许多东西，原来一节优秀的课，包含着这么多丰富的内涵，如何去挖掘，如何给学生传递信息，如何引导学生进步，都要充分考虑，既要把内容融会贯通，还要从学生成长的角度进行设计和安排。

记得第一次上大市公开课的时候，我认识了市教研室的李亚伯老师，我的教案和试讲已经在李老师的指导下反复修改了好多次，但他还是不太满意。临近上课的前一天，他仍然不辞辛苦地帮我修改教案，提出了很好的建议。我连夜熟悉教案，夜里只睡了两个小时，一大早就来到学校做好充分的准备。当走进课堂面对许多听课的领导、教师时，我充满自信，出色完成了此次上课的任务，受到了领导和教师们的一致好评，看着李老师微笑的眼神，我内心非常感动。

在我成长的道路上，真诚地感谢帮助过我的同伴和教师们，我的每一步成长都离不开他们的鼓励。我也很感谢学校一次又一次给我上课的机会，让我在课堂上得到了那么多的历练，逐渐成熟起来。

二、坚持做好每一个科研课题

苏霍姆林斯基说过："如果你想让教师的劳动能够给教师带来乐趣，使天天上课不至于变成一种单调乏味的义务，那你就应当引导每一位教师走上从事研究这条幸福的道路上来。"要成为一名优秀的教师，首先要成为一名研究型的教师，不断研究思考是优秀教师永葆活力的妙方。而课题研究是教师成长为研究型教师的必由之路。我十多年里，坚持做好了每一个科研课题，努力成为一个优秀的研究型教师。

第一阶段是2002年，我校美术组承担了研究江苏省重点课题"徐州乡土美术教学研究"的子课题"儿童绘画教学研究"。我选择了"黄河古道文化"为研究内容，因为黄河古道就在我们学校旁边，黄河又是我们家乡的母亲河。我以水彩笔、油画棒作为绘画工具，以儿童画创作为表现形式，来展现黄河古道文化。我首先让学生在参观与欣赏中领略乡土文化的魅力，提高观察、审美能力。而后在教法上打破了传统的教学模式，坚持贯彻以学生为主体的自主学习、探究学习、交流合作学习方式。课前让学生主动深入到实践生活中去，多动手、勤动脑，尽可能多地搜索相关乡土文化的资料、信息，然后放到课上来交流、探讨，引导学生发现乡土美术的特色和风格，让学生认识到乡土文化的历史、发展、现状，让学生体会艺术与生活的紧密联系，再将所学的美术知识放到生活中加以运用，去创造未来更美好的生活。在这个课题的研究中，我执教了"黄河古道——夜景"的大市公开课，教学设计"黄河古道——桥"获江苏省说课比赛二等奖。还在2007年结题的时候主编了《黄河古道》一书。这一阶段，我萌生了美术教学应当顺应儿童天性的基本想法。

第二阶段是在2009年，"徐州乡土美术教学研究"这一课题再次深度研究，我还是选择了黄河古道文化，这一次的研究更深入更广泛，除了研究黄河古道上的桥，还研究了许多名胜古迹，比如黄楼、五省通衢牌坊、戏马台、云龙山、云龙湖等，同时以水墨画的表现形式来创作黄河古道的美景。这一课题的研究又是一个漫长的过程，因为水墨画对学生来说是一个比较生疏的画种，教授起来有困难，对我而言这是一个新的挑战，通过三年的练习才初见成效。这个过程中，我在水墨画教学中努力顺应儿童的天性，也看到儿童审美能力因此而不断提高。这个课题的研究最终也是硕果累累。我编著了校本教材《黄河古道——水墨画》，执教了徐州市展示课“黄河古道——迎宾桥”和“家乡的荷塘”，均获市级优质课评比一等奖；“黄河古道——作品欣赏”获得了部级优课，省说课比赛二等奖的好成绩。在这一阶段，我开始逐渐形成了自己的“顺应儿童天性的审美课堂”的教学主张。

第三阶段是 2015 年，我承担了江苏省课题“汉画像石”的子课题“水墨汉画”的研究，这又是一个新的起点。我努力在小学阶段将汉画像石资源引入课堂，将汉画像石的艺术精华传达给孩子们。我结合水墨画的技法带领孩子们通过绘画表现汉代的生活题材和现代的生活题材，提高了学生的美术欣赏能力和绘画表现能力，又培养了学生热爱家乡的淳朴情感。我带领学生社团开展研究，首先让学生们查阅有关汉代历史知识、汉文化的特点，了解汉画像石（砖），接下来走进汉墓、汉画像石馆，感受汉画之美，体会乡情之浓。我们多次在汉画像石馆现场临摹汉画，掌握汉画特殊的表现手法、构图形式、造型方法等，讨论对汉画的理解，运用水墨的技法进行汉画的创作。从而引起学生对汉画像石文化资源价值的认识和关注，增强其对汉画像石文化资源的保护和宣传意识，并激发其作为一个徐州人的自豪感。在水墨汉画的教学过程中，我积极实践自己的教学主张，努力构建“顺应儿童天性的审美课堂”。

通过一系列的课题研究，我收获巨大，在研究与实践中逐渐养成勤于反思的习惯，获取了不少教学智慧，提升了我的教育教学水平，增强了我的自信心和价值感。

三、坚持读好每一本理论书

著名教育家朱永新教授提出，勤于学习，充实自我，这是成为一名优秀教师的基础。2016 年，我走进了我们大马路小学的自主成长团队，特别感谢张艳校长建立的这个平台，特别感谢特级教师刘杰老师、吴音昊老师的引领，让我有机会进入到这个团队，进行教育理论的提升和专业水平的高位发展。

多次的读书沙龙、课堂研讨、课后讨论、博客交流，让我找到了教育的源泉、教育的路径和教育的智慧。在团队的带动下，我先后阅读了《教学设计原理》《认知心理学》《苏霍姆林斯基选集》等多种教育专业理论书，解决了很多困惑，收获了很多惊喜。当结合理论进行教学反思、开展教学实践的时候，我发现自己的教学目标更加明确，更加关注儿童的天性，美术课也教得更加轻松，课堂效率明显提高，学生们更加喜欢我的美术课了。比如，我在学习《认知心理学》中的"感知觉"这一章时，就想到要在课堂上让学生经历视觉、听觉、嗅觉、味觉、触觉的体验，让学生注意观察、积累感受，对绘画所要表现的对象产生感情，产生兴趣，产生好奇。在上人教版美术四年级上册"化平凡为神奇"一课时，我请孩子们品尝香蕉，观察香蕉皮不断发生的变化；在上"影子"一课时，我把孩子们带到操场亲自接触自己的影子，感受影子的不同形态……我清楚地看到，理论指导下的美术课堂越来越开放，儿童的天性越来越彰显，我的美术教学也越来越具有生命力，越来越有效地引导学生不断成长。

除了教育理论的学习，我还坚持专业理论、技术的学习。利用休息日外出写生，参加美术学科的各种培训，多次走进专家主动讨教。有一次，我专门跑到北京师范大学杨景芝教授那里学习少儿美术的教育教法。就这样，我如饥似渴地学习，笔记本上，密密麻麻的每一个字都是一颗颗宝贵的珍珠；每一点体会，都注入了我对未来的希望；每一份反思和设计，都印证了我坚持行走的足迹……

"认真做事只是把事情做对，用心做事才能把事情做好。"这是我最信奉的一句名言。我相信，认真不仅仅是一种态度，也是一种能力。回首过往，汗水相伴，泪水相随，笑声相依。经历了坎坎坷坷的探索，风风雨雨的磨砺，不求自己将来多么璀璨夺目，只求能够闪耀出属于我自己的生命光华！

教学主张

顺应儿童天性的审美课堂

"顺应儿童天性的审美课堂"是我在美术教育教学中的主张，是我 20 多年来在少儿美术教学中的沉淀和思考。

教育与天性的论述源于西方的自然主义理论，发端于古希腊一些哲学家的思想。亚里士多德在继承前人教育理论的基础上创造性地提出了教育必须适应人的自然发展的原则，认为教育应当遵循事物运动的法则和人的天性来进行。马克思将人的属性分为自然属性和社会属性，并首先肯定了人的自然性，“人直接的是自然存在物”“具有自然属性”。我国学者陈鹤琴的儿童观，则把儿童的自然状态称为天性，进而提出我们要顺应儿童天性教学。

所谓“天性”，在《教育大词典》（简编本）上注解，即人的先天本性。《实用教育大词典》上解释“天性”是“天然的品质或特性”“天然赋予”。我国近代美学家、教育家蔡元培先生说：“美育者，应用美学之理论于教育，以陶养感情为目的者也。”作为美术教育者，我认为应该顺应儿童的发展，提高儿童发现美、欣赏美、创造美的能力，因此我提出了“顺应儿童天性的审美课堂”的教学主张，我将从以下四个方面具体阐述。

一、审美情趣是审美课堂的基础

审美情趣是指人们在认识和接受事物的过程中判断事物美丑的兴趣和爱好。要提高学生的审美情趣就需要培养他们的审美意识，需要传授一定的审美方法，使他们在生活中获得审美体验，并能主动发现美、认识美、创造美。

《课程与教学的基本原理》中提到学习者自身的兴趣是教育目标的首要基础。爱因斯坦也说过：“兴趣是学生最好的老师。”心理学家和教育学家也一致认为，一个人如果对某一事物产生了浓厚的兴趣，他便会自愿地去钻研学习。同样，少年儿童对美术的学习也是如此。他们的兴趣可以在体验中获得，在实践中认识事物，亲身经历，通过自己的感觉器官对人或物或事情进行了解和感受。

艺术过程的体验比结果更为重要，要让学生有兴趣，首先要丰富学生的体验，培养学生对美术的兴趣。美术教学内容具有其他学科不可替代的灵活性和创造性，少年儿童特别是低幼儿童，最初参与美术活动应在松弛的状态中，在玩中学习。在课堂上教师也不应苛求孩子对操作对象的构图、色彩或画面布局的平衡要达到何种程度。我曾经把美术课搬到操场上，让学生们用水作画，体验用水创作的乐趣，学生们玩得兴致勃勃，他们用水画出了自己喜欢的图形，等到水干了，他们还可以再画新的图形。有的孩子沉浸在绘画的乐趣中，有的孩子对别人的画指指点点，有的两个人或者三个人一起创作，整个操场成了欢乐的海洋。我漫步其中，欣赏着孩子们用水涂鸦，不禁感慨：这样的美术活动激发了孩子们强烈的好奇心，增强了孩子们绘画创作的审美情趣，他们在“玩”中提高了审美意识。

以学生为主体的自主学习、探究学习、交流合作学习，让学生的学习方式变得多样化，也是激发学生学习兴趣的主要方式。在乡土美术课中，我们以“踏着历史的足迹寻找黄河古道之美”为主题，利用节假日带领学生参观黄河古道上的各座桥的景色，自拍视频和图片积累教材。春天花儿映衬下的桥生机盎然，夏天垂柳掩映下的桥羞涩妩媚，秋天凉风潇潇下的桥沉静庄重，冬天白雪皑皑的桥纯净无瑕。同学们欣赏到了不同季节桥梁的美和周边独特的景色以及与之相连的黄河古道历史文化的丰富内涵。他们还从艺术的角度寻找、发现桥的造型，桥墩的形状，桥梁上的花纹图案，周边的古建筑、风景等的艺术魅力。甚至利用休息日自己去观察去拍摄，儿童的天性得到充分的彰显。在此基础上，我引导学生欣赏画家和高年级同学笔下的黄河古道景色，引导他们观察作品细节的刻画，透视近大远小等表达方式，以及了解作品如何抓住黄河古道景色整体与局部的特点，表现黄河古道景色之美。学生们通过作业展示自己的创作思路，画出了许多各具特色的美术作品，潜移默化地提高了审美能力。

二、审美意识是审美课堂的源泉

审美意识是指人对自身审美需要的和外在对象的审美意义以及二者之间所构成的审美价值关系的心理反映形式。它主要包括人的审美愿望、审美趣味、审美观念、审美理想等内容。“源泉”比喻事物的根源。苏霍姆林斯基说：“我一千次的确信，没有一个富有诗意的情感和审美源泉，就不可能有学生全面的智力发展。”

美术教学活动中的各个环节都是和人的心理效应紧密联系的，教学过程只有符合受教育者的心理、生理发展规律，才能取得良好的教学效果。引导孩子画画要建立在孩子的心理成长和生理阶段特点之上，每个年龄段要求不一样。孩子在四岁左右画物体，大多使用的是单线造型，火柴棒小人、蝌蚪小人等，这个画面就是符合孩子的。十岁左右孩子则要求画的像物体，要掌握比例关系、特征样貌等，如果再用单线表现物体就幼稚了。学生观察事物和认识事物的能力提高了，简单的图形不能适应学生的审美需求，这一阶段要进行绘画基本技能技法的学习。例如我国传统的剪纸，是低年级学生喜欢的课之一，色彩鲜艳的彩纸在学生们手中时而变成树叶，时而变成窗花，时而又成为一张张不成形的碎纸片，学生利用拍印形成图画，还有零碎的纸片，撒在纸上，描下轮廓，想象添画。学生们看到的别样的艺术表现形式，激发了他们的审美愿望、审美趣味，这给他们投入创作提供了不竭的源泉。

儿童在进入三四年级后，也就进入了儿童绘画心理的中级阶段。这个阶段被人们称作儿童绘画的转变期或过渡期。在这一阶段，他们的绘画水平处于不稳定状态。因为这时期的儿童基本上能看出作品的不足，但又不知如何改变这种状况。此时他们的抽象思维能力还不具备，无法解决诸如物体的结构、比例、色彩等问题，因而作画的兴趣下降，缺乏以前的热情和信心，从心理学角度来讲，这显然是儿童从直观形象思维向抽象思维发展的过渡阶段。尤其是小学高年级学生正处于由儿童期向青春期过渡的关键时刻，处于心理发展的骤变期，随着兴趣、爱好范围的扩展，对美术的兴趣相对低年级有所减退，学生出现眼高手低，表现欲望下滑或者兴趣转移的现象。那些在低年级曾被认为是绘画天才的孩子，进入中高年级后对绘画敬而远之甚至厌倦。这个时期，教师要有针对性地引导学生注意观察、感受、体会周围的美，形成强烈的审美愿望、审美趣味、审美观念和审美理想。例如“自画像”课程的设计使高年级的学生在作业过程中提高了自我审美意识。上课时，每人一面小镜子，先进行自我观察，再小组进行比较分析。教学过程中请学生自己设计发型，强调疏密对比，黑白对比，轻重对比。也请学生观察自己眼睛的结构和自己的神态以及服装修饰，为自己设计一幅“自画像”。由于每个学生的审美不同，他们会有自己特定的绘画特点，青春前期的孩子又很在意自己的外形，所以美术教师应让学生在美术课上充分展示个性，才能把美术课上得别具特色，满足每个学生的心理需要。

有的学生画画的天赋不够，但他们动手能力很强，完全可以用手工的形式来完成作业内容，或者采用小组合作完成作品的方式，唤起审美的意识和创作的欲望。他们的作品或许出人意料，或许怪诞得匪夷所思，或许并没有我们成人眼中的美感，但是这些作品都体现了学生内心的感受和对于美的理解，教师要努力读懂他们的作品，读懂他们的心灵，发现他们内心的秘密、渴求、欲望、理想，并去相信、爱护和扶持孩子们这种对世界的美的认识。因此，对不同年龄段的孩子要求是不一样的，对年龄越小的孩子，要越侧重对美的感知、涂鸦和思维发散想象等综合素质培养；对年龄越大的孩子，要在想象发散等素质思维的基础上更加侧重方法技巧专业的培养，顺应儿童天性的教学才是正确的教学。我们作为教师，抑或是作为家长，看孩子的画时，不能以成人的眼光来看，更应顺应孩子的审美特点，规避掉很多我们成人所理解的标准。

三、审美自信是审美课堂的动力

审美自信是指在审美活动中表现出欣赏、品味或领会事物及艺术作品的美的自信心。审美能力的提高有利于创新能力的增强。美术活动是适应素质教育的要求，面向全体学生，以学生发展为本，培养学生的人文精神和审美能力，促进学生健全人格的形成，促进学生全面发展的活动。

每个人生来就有爱美的天性，在生活中，如果不注意培养审美自信并有效发展的话，爱美的天性就会退化，甚至泯灭，有的人对任何的美都麻木不仁、熟视无睹，更谈不上应该具有的审美自信了，而缺乏了审美自信，就缺乏了发现美的眼睛，缺失了创造美的动力。

例如，在美术活动中，孩子们会遇到各种问题，有的可以独立解决，有的难以解决，教师应该耐心地引导他们，给他们提建议，鼓励学生自己去解决难题，在问题解决的过程中挖掘自己的潜能，获取宝贵的自信。例如在教学水墨画的时候，学生非常兴奋，但是这么多的绘画工具该怎么摆放？尽管我一一交代工具的合理摆放建议，但是学生在创作的过程中依然不是碰洒了水，就是打翻了墨汁。这怎么办呢，如何摆放工具才能用起来方便？我觉得不要担心干净的教室被弄脏，也不要介意东西的摆放很无序，让学生们自己谈谈心得，说说自己的经验和感受。我发现，学生们在“做中学”，在“体验中成长”，有的学生说把工具放在右手边方便使用，有的学生说要按照工具的高矮摆放，水桶在最前边，盘子放在靠近自己的地方等。经过几次摆放练习，每个学生都能够找出方便使用的摆放方法，培养了做事细致有序的好习惯，同时增强了自己解决问题的信心，在下一次的学习中自己选择最佳学习方案。

再例如，学生在接触一个新的学习内容的时候，总是怀着期待、忐忑的心情，不知道自己是否能够掌握，如果能够及时培养学生的审美自信，就能够顺利地开展后续的美术学习活动。多年来，我一直致力于黄河古道文化的研究，鼓励学生以水墨画的表现形式来创作黄河古道的美景，但是水墨画对学生来说是比较生疏的画种，比起直接用画笔在纸上画画，其难度相当大，尤其水和墨的调和比例都是很有讲究的，或浓或淡，在宣纸上会呈现出不同的效果。我总是一步一步地引导学生大胆尝试，让他们亲身体验不同比例的水墨浸染在宣纸上的效果，感受墨的浓淡之美。渐渐地，学生从那些看似单调的线条、色块中感受到了中国传统绘画的魅力，产生了强烈的自信心，积极主动地学习水墨画的创作，从最初的乌黑一片到后来他们独自创作的山水、人物、花鸟、走兽。这个过程，让我深深体会到，课堂教学中培养学生的审美自信非常重要，缺了自信心，学生的审美活动就缺乏了内驱力、主动性。教师要有意识地锻炼学生做事情的坚持性，有目的地训练学生自己解决问题的能力，有针对性地展示优秀作品激发学生的荣誉感，有计划地引导学生一步步获得审美享受，这些都将培养学生的审美自信，推动着学生主动寻找美、追求美、创造美、享受美。

四、审美素养是审美课堂的内生力

审美素养是指人所具有的审美经验、审美情趣、审美能力、审美理想等各种因素的总和。审美素养又可以转化为审美文化的鉴别能力和审美文化的创造能力，成为审美课题的内生力。

情境创设是提升审美素养的重要途径之一，在小学美术课上被广泛使用。因为情境创设能大大激发学生的学习创作热情，提升审美能力。所谓情境，是情景、境地的意思，是指对人引起情感变化的具体的自然环境或具体的社会环境。这里的重点是指教学情境，为了达到既定的教学目标，教师从教学的需要出发创设与教学内容相适应的富有感情色彩的具体场景或氛围，可以发展学生的思维、想象、审美和情感体验，激发和吸引学生主动学习，帮助学生迅速而正确地理解和体会教学内容，促进他们的心理机能全面和谐地发展。教学情境的创设要注意符合孩子们的心理特点和认知规律，要根据不同的教学内容有所变化。以故事创设情境，以猜谜创设情境，以儿歌创设情境，以音乐创设情境，以表演创设情境等，这样都可以激发学生的想象力、创作能力，燃起他们的激情，调动起学生的兴致。教师不仅要在课内创设美术教育情境，还应在其他环境中设置美术活动情境，通过多彩的艺术活动，用多元文化教育理念，来培养儿童对文化交替及多元并存的认知力、理解力，以及对异质文化的接纳力，从而提升孩子的审美素养。

例如，汉画像石（砖）是家乡徐州世界级艺术宝藏，为了给学生一个更接近汉代古人的情境，我把美术课堂搬到汉画像石馆。学生在汉画像石馆里，亲身感受绘画与浅浮雕之间艺术表现形式的美。他们仿佛穿越到了汉代，与汉代人面对面对话，学汉人的礼仪，跳汉人的舞蹈，练汉人的竞技等。有了这些体验，学习起汉画就容易多了。学生好动、好奇的特性在这里得到了满足，学习的积极性高涨，对绘画技法的探索不用教师强行灌输，他们徜徉在奔放灵动、天真质朴的画境间。造型上似与不似，以形写意，立意成形的特点恰好符合小学生的作画状态。三三两两的围在一起讨论着，比画着，被线条的美深深吸引着，独特的图案边框增加了画面的装饰感。学生的审美素养逐渐提升，润物细无声正是美术基础教育之根本。

美术教育的最终目的是培养孩子对艺术的审美能力与创造能力，它强调对美的欣赏、创造要渗入到学习与生活的各个方面中，进而从狭义和广义两个维度培养孩子对美的认识、体验、感受、欣赏以致创造创新的能力，从而使孩子们具有高尚的情操、美好的品格、优秀的素养。为实现这一目标，作为美术教师要创设适应孩子天性的审美课堂，顺应儿童的生理心理发生发展的规律，通过美术基本技能和基本技法培养其审美能力。

有人曾说："审美的欲求是人的天性，也是生命品质的一部分。"我将继续努力实践自己的教学主张，尊重学生的学习规律，顺应学生的天性，引领学生走进审美课堂，提高审美能力，提升审美素养！

课堂实录

（本课获徐州市美术评优课一等奖）

体验、感受、创作

——"家乡的荷塘"课堂实录与评析

执教：王海芳　评析：张晓舟

【说明】

在美术教学中，新课标明确提出，美术课程要能引导学生参与文化的传承和交流。中国水墨画在世界上独树一帜，博大精深，源远流长，有着悠久的历史。水墨画融诗、书、画、印为一体，代表中华民族五千年的文化修养和内涵，是我们中华民族的国之瑰宝和骄傲，应让学生切身体验和感受到它蕴藏的文化含义。

一、导入新课，激发兴趣

师：欢迎同学们来到王老师的美术课堂！看桌子上，我们准备了一些绘画工具，有墨汁、毛笔、宣纸、水。线条大家会画吧？好，就请你们用桌子上的工具来画画你自己喜欢的线条。

评析：乡土教学"家乡的荷塘"一课，首先是多方面培养学生创新能力。画家赵少昂说过，岭南画派就

续　表

[活动:学生画线条,教师巡回辅导,有时提醒学生,有时给学生做做示范。学生在练线中引出用笔(中锋、侧锋)用墨(墨分五色)。学生先说自己是怎样画出细线、粗线、浓墨线和淡墨线,最后教师总结] 师:请看大屏幕,这就是水墨荷花,荷花被赋予高风亮节的品质意义,自古以来文人墨客喜欢赏荷、写荷、画荷。同学们能说说赞美荷花的诗句吗? 生:我知道杨万里写的《晓出净慈寺送林子方》——接天莲叶无穷碧,映日荷花别样红。 生:赞美荷花的诗句还有周敦颐的《爱莲说》——出淤泥而不染,濯清涟而不妖。这是对荷花品质的高度评价。 师:我们家乡徐州也有一个美丽的荷塘(板书课题)——家乡的荷塘,谁去过云龙湖欣赏荷花,能不能给大家介绍介绍? 生:去年夏天的时候我和朋友去那里游玩,被那里的荷塘美色吸引了,荷花开得太美了。我希望今年还去游玩! 生:我最难忘的是随风飘散的荷香味,使欣赏美景的人们更加流连忘返,不舍离开。 生:我每年都去观赏,还拍了许多美丽的照片呢!我建议同学们有机会也去观赏一番。	是国画中的改革派,它运用西方绘画的思想,画出另一种更接近诗的画法。 培养创新意识,首先创设一种“诗意环境”,使学生进入国画学习角色,产生乐于创造的要求。另外民主、亲密、平等、和谐的师生关系,是进行创造教学、培养儿童创造性的前提。
二、讲授新课,研究画法 师:刚才同学们谈得都很愉快,请同学们看我拍的照片(出示照片),请同学们欣赏荷花,咱们把它美美地画出来。好吗? 生:太美了! 师:我想请同学们仔细观察,分析荷花结构、荷叶结构、形状、颜色、组成部分等等。请同学们小组讨论后再发言。 生:我发现,荷花花朵是由一片片花瓣组成,花朵与水有花茎相连,花茎上有刺。 师:说得真好,你有一双善于发现的眼睛。 生:我经过观察,发现花瓣是椭圆形的,颜色有粉红色、白色等。我最喜欢白色,纯洁无瑕,美不胜收! 师:哇,真会表达!每一种颜色都有不同的美,我也和你一样喜欢白色! 生:荷花开得有大有小,有全开、半开、花苞。它们的高矮也不同。	评析:本节课水墨画教学内容王老师选择了荷花,这是学生们熟悉的、贴近他们生活的素材。这一选择符合学生的心理特征,所以他们绘画起来非常有劲,创造思维也得到培养。同时学生在进行绘画时经常考虑到如何用笔、用墨和用色,这对学生绘画综合能力的提高是非常有益的。在传统的基础上进行创新,是中国画学习的特点,让学生有法可寻,让传统绘画散发新的光彩,让程式化的画法更趣味化、生动化。

续 表

师：对，这是很关键的，荷花开的形态不同，高矮不同，所以才富有美感，不会那么单调。 生：我发现荷叶是圆形，大小、高矮也不同。 师：同学们真会观察！等会啊，同学们自己尝试画荷花，根据刚才练线的一些知识和对荷花结构的掌握进行作画。为了帮助同学们更好的创作，我们先来欣赏大师的作品，看看它美在哪里？ （教师播放课件欣赏名家荷花作品，学生赞不绝口，羡慕不已） 师：同学们，如果想把荷花画得更美，今天我教给大家一个新本领——勾线法。请看课件。 （课件展示如下） 勾线法： 花瓣分两笔完成，画时先画中间的，再画两边的，最后画后面的。 加上叶茎、刺。茎要画到纸边上，要注意墨色的变化。在后面加些花苞（淡墨）。 画荷叶也用勾线法，注意墨色的变化。 注意加上水，用细线淡墨画波浪线，画密些，画面稍加修饰，加上落款。 师：看，老师给你们做个示范，请大家认真看，不明白的地方不要着急，我们在练习的过程中就会逐渐掌握了。	评析：王老师技能技法讲得清晰，重难点突出，语言亲切，能很好地调动学生的积极性。同时，王老师的基本功很强，给学生做了很好的示范，对学生起到很好的指导作用。
三、体验作画，个别指导 师：下面，我们要开始动笔啦，请同学们先明确绘画要求。 （课件如下） 创作一幅荷花图。 要求：a. 用勾线法画荷花。b. 笔中水分的控制。一笔画出浓淡层次的调墨方法，运用中锋和侧锋。c. 墨色丰富，笔法运用得当，画面生动。d. 提供荷花的图片，巡回放映。 （学生创作，教师个别辅导，展示优秀画法，发现问题及时纠正） **四、自评互评，总结反馈** 教师请学生先自评再互评，教师总结。并请学生盖印章，在教室展示自己的作品，教师展示画册。	评析：作品展示是本节课的亮点。分两部分，一部分是镜框式展示，让孩子看到自己画成了作品，有成就感，增加了自信心。还让作者自己讲述创作过程和作品的优点，这又给了学生一次展示的机会。最后画册的展示，使学生作品又升华了，学生成了大师级的画家，在短暂的一堂课中出了一本自己的画册，太了不起了。

续 表

【总评】 王海芳老师致力于乡土美术教材的挖掘，重在让学生体验感受传统文化的博大精深。她引导学生发现美、感受美、表现美、享受美，遵循了学生学习绘画的规律。她极为尊重学生的作画意愿，满足了学生的作画需求，运用层层递进的方法，让学生从欣赏—感受—创作深入，以学生自主探究为主，教师引导为辅，完成水墨荷花的探究创作。王老师非常巧妙地指导学生认识水墨画工具，体会水墨画的笔墨趣味，熟悉水墨画基本的用笔、用墨的技巧，并进行了简单的造型表现，整个教学过程行云流水，轻轻松松地培养了学生的审美情趣、审美自信。学生兴趣很浓，大胆尝试，积极体验，掌握了水墨荷花创作的基本方法以及水墨画工具的独特性。在学生创作的过程中，王老师特别注重激发学生的信心，鼓励学生敢于创作、乐于创作，她有一双善于发现美的眼睛，总是抓住学生的点滴进步大力表扬，还及时展示了优秀的绘画作品。这堂课让学生感受到了中国传统文化的独特魅力，激发了学生们的民族自豪感，同时更加热爱自己的家乡，努力传承家乡的文化。整堂课在轻松、活泼、和谐、互动、探究、创新、开放的情境活动中进行，学生感受到了美术活动的乐趣，身心得到了舒展，情感得到了释放，审美素养得到了提升。

后　记

学校发展的核心是教师的发展，优秀的学校离不开优秀的教师队伍。打造优秀教师队伍、促进教师专业发展是学校发展的必由之路。基于此，2014 年，徐州市大马路小学成立了教师“自主成长团队”。近五年的时间里，学校一直致力于引领自主成长团队中优秀教师的高位发展，同时发挥他们在学校中的引领和辐射作用，从而带动更多的青年教师走上专业发展之路。

从成立自主成长团队到教师们确立各自教学主张的几年时间，团队的每一位教师都在读书中悄悄地改变，都在实践中渐渐地蜕变，都在研究中不断地走向完善和高位发展。《走向美好——徐州大马路小学教师自主成长团队纪实》这本书就是大马路小学自主成长团队所有教师的成长记录。本书通过个人名片、成长足迹、个人主张、教学实录四个板块的编辑，较为全面地展示了每位教师的成长故事、教育理念、教学主张以及课堂教学中的精彩案例，相信读者们在阅读中会思考优秀教师成长的路径，领悟优秀教师的成长智慧，从这些教师身上受到启发，增强自主发展的意识，积蓄自主发展的力量，确立自主发展的目标和方向，从而拓展专业成长的空间，成为更优秀的教师。

自主成长团队一路走来，有幸得到了徐州市教育科学研究所前所长郑飞的大力支持，他从优秀教师的培养策略、成长团队的建设发展、教学主张的确立表述、本书的编辑安排等诸多方面给予了全方位的引领和深入指导，对此，团队的教师深深感激郑飞所长。

特别感谢国家督学成尚荣先生，书稿初定时请成先生百忙中给予指导，他阅读后颇受感动，欣然为本书作序，期望通过本书的出版，鼓舞更多的年轻教师写下属于自己的句子，开拓属于自己的天空，找到属于自己的成长密码。

也要感谢南京师范大学出版社的各位编辑的支持和帮助，感谢自主成长团队编写组所有成员为本书的出版做出的诸多努力，在大家的齐心协力下，本书终于在 2018 年年底得以出版，与广大读者见面。在此对所有为本书编辑出版做出努力的同人一并表示感谢！

徐州市大马路小学自主成长团队编写组

2018 年 10 月